U0572905

BLUE BOOK

智 库 成 果 出 版 与 传 播 平 台

北京教育蓝皮书
BLUE BOOK OF EDUCATION IN BEIJING

北京教育发展研究报告（2023）

RESEARCH REPORT ON EDUCATION DEVELOPMENT OF BEIJING (2023)

主　编／冯洪荣
副主编／郭秀晶　高　兵　周红霞

社会科学文献出版社
SOCIAL SCIENCES ACADEMIC PRESS (CHINA)

图书在版编目（CIP）数据

北京教育发展研究报告 . 2023 / 冯洪荣主编 . --北
京：社会科学文献出版社，2023. 12
　（北京教育蓝皮书）
　ISBN 978-7-5228-2995-1

　Ⅰ.①北…　Ⅱ.①冯…　Ⅲ.①地方教育-教育事业-
研究报告-北京-2023　Ⅳ.①G527. 1

中国国家版本馆 CIP 数据核字（2023）第 253439 号

北京教育蓝皮书
北京教育发展研究报告（2023）

主　　编 / 冯洪荣

出 版 人 / 冀祥德
组稿编辑 / 邓泳红
责任编辑 / 吴云苓
文稿编辑 / 王雅琪
责任印制 / 王京美

出　　版 / 社会科学文献出版社 · 皮书出版分社（010）59367127
　　　　　 地址：北京市北三环中路甲 29 号院华龙大厦　邮编：100029
　　　　　 网址：www. ssap. com. cn
发　　行 / 社会科学文献出版社（010）59367028
印　　装 / 天津千鹤文化传播有限公司

规　　格 / 开　本：787mm×1092mm　1/16
　　　　　 印　张：17.25　字　数：258 千字
版　　次 / 2023 年 12 月第 1 版　2023 年 12 月第 1 次印刷
书　　号 / ISBN 978-7-5228-2995-1
定　　价 / 158.00 元

读者服务电话：4008918866

主要编撰者简介

冯洪荣　北京教育科学研究院院长，中学高级教师，中国教育学会常务理事。曾任北京宏志中学书记、校长，北京市东城区委教工委书记、教委主任，北京市教育委员会委员等职，长期从事各级教育行政管理工作。主要研究方向：教育发展战略、基础教育政策、课程教学、德育思政、创新人才培养。在《教育研究》《中国基础教育》《人民教育》等期刊发表文章多篇，主持或参与全国和北京市学前教育、义务教育、高中教育等多个文件研制工作。

郭秀晶　博士，研究员，北京教育科学研究院教育发展研究中心主任。长期从事教育宏观战略与政策法治研究。主要研究方向为战略规划、教育法治、教育管理与政策。

高　兵　研究员，北京教育科学研究院高等教育科学研究所所长。长期从事教育政策和区域教育规划研究。主要研究方向为教育政策、教育规划、高等教育等。

周红霞　副研究员，北京教育科学研究院教育发展研究中心业务骨干。长期从事比较教育与教育政策研究。曾主持北京市教育科学规划、北京市教育两委招标和委托等多项课题。

摘　要

　　党的二十大胜利召开，将教育作为全面建设社会主义现代化国家的基础性、战略性支撑进行系统谋划，极具战略意义和深远影响。2023 年是全面贯彻落实党的二十大精神的开局之年，是实施"十四五"规划承上启下的关键一年，教育工作要坚定主攻方向和重点任务，谱写加快建设教育强国新篇章。

　　"北京教育蓝皮书"《北京教育发展研究报告（2023）》继续秉持学术性、原创性和专题性相结合的原则，组织专业研究人员对北京教育改革与发展的历史、现状、重点、难点和热点问题进行研究，形成年度性报告，力图深入而全面地反映北京教育改革与发展的实际情况，发挥蓝皮书"存史、资政、宣传、育人"的作用，为全面推进北京教育高质量发展提供智力支持。

　　本报告分为总报告、分报告、专题篇三部分，共 14 篇报告。其中，总报告系统分析了北京市年度教育发展基本情况和各区教育发展概况，提出北京教育总体发展水平处于全国前列，达到世界发达国家平均水平。对照"十四五"时期教育发展规划，主要指标顺利达到预期，主要任务平稳有序推进。总报告同时指出，北京在教育、科技、人才工作，教育资源配置，全面高质量育人能力，教师队伍规模和素质，教育综合改革部分重点领域和关键环节等方面仍然面临诸多挑战，在未来发展中需进一步从服务城市建设和人民满意、服务国家和北京开放大局中谋求破解之道。分报告分别从学前教育、义务教育、职业教育、高等教育、老年教育和特殊教育领域回顾年度发

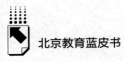

展概况。专题篇聚焦北京教育改革与发展的重点、难点和热点问题，包括北京教育满意度调查、"十四五"时期北京市加快义务教育优质均衡发展的难点问题研究、"十四五"时期北京教育现代化建设的区域实践样态、北京市民办教育法规修订若干问题研究、教育数字化的国际趋势及对北京教育的启示、从国际比较视角探索北京青少年科技创新实践能力培养模式等。

关键词： 教育发展　教育均衡　教育现代化　高质量教育　北京

Abstract

With the successful convening of the 20th CPC National Congress, education as the basic and strategic support for overall construction of a modern socialist China has been given a systematic planning, which is a decision of strategic significance and far-reaching influence. To fully implement the spirit of the National Congress and facilitate the constructionof the "14th Five-Year Plan", in the critical year of 2023, educational work and key tasks should be deployed under the main direction without any deviation, so as to write a new chapter in accelerating the building of China into a stronger power of education.

Under the principles of academic, original and thematic research by professionalresearchers on the history, current situation, key points, challenges and hot issues of education reform and development in Beijing, the "Blue Book" — *Perspectives on Educational Development in Beijing (2023)* has been compiled as an annual report with the aim of reflecting the actual situation of Beijing's education reform and development in a thorough and comprehensive way to give play to its role of "recording the history and assisting the governance in education and publicity", and provide intellectual support for overall promotion of high-quality development of education in Beijing.

This report is divided into three parts: general report, sub-reports and thematic reports, a total of 14 reports. In sum, the general report conducts a systematic analysis on the basic situation of the annual educational development and the general situation of educational development in various education in Beijing is ranking first in China and equivalent to the average levelin developed countries. Regarding the main goals and indicators set up in the "14th Five-Year Plan" of educational development, the main tasks have been implemented in a

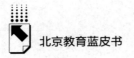

steady and progressive manner as expected. Meanwhile, the general report points out that in terms of education-related technology and talent capacity building, education resources allocation, comprehensive capability of high-quality education, teaching scale and competence, which are key areas and links in comprehensive education reform, Beijing is still facing challenges and needs to do a better work in serving the public and contributing to urban construction and opening upnot only in Beijing but also in the whole country. The sub-reports provide reviews of the annual development situation in respective fields such as preschool education, basic education, vocational education, higher education, lifelong education, and special education. The thematic reports provide insightful studies with a focus on the key and hot issues in education reform and development in Beijing, including the survey on school satisfaction in Beijing, the research on the obstacles in accelerating high-quality and balanced development of compulsory education in Beijing during the "14th Five-Year Plan" period, the education modernization in Beijing as a pattern of regional practice during the "14th Five-Year Plan" period, the research on issues concerning the revision of regulations on private education in Beijing, the international trend of education digitization and implications for education in Beijing, and the exploration of training mode in improving the youth students' practice of science and technology innovation from an international perspective of comparison.

Keywords: Educational Development; Educational Balance; Education Modernization; High-quality Education; Beijing

目 录 ⤴

Ⅰ 总报告

Ⅱ 分报告

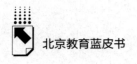

Ⅲ 专题篇

皮书数据库阅读 使用指南

CONTENTS ↖↘

I General Reports

II Sub-Reports

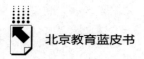
Ⅲ　Thematic Reports

总 报 告

General Reports

B.1
2022年北京教育发展报告

教育发展研究中心课题组 *

摘　要： 贯彻落实党的二十大精神，进一步优化对北京教育高质量发展的战略谋划，重要的基础性工作之一就是分析和把握北京教育发展的基本现状。2022年北京教育总体发展水平处于全国前列，达到世界发达国家平均水平。对照"十四五"时期教育发展规划，主要指标顺利达到预期，主要任务平稳有序推进。然而北京教育在发展过程中，国内外比较优势已经不再明显，在教育、科技、人才工作，教育资源配置，全面高质量育人能力，教师队伍规模和素质及教育综合改革部分重点领域和关键环节等方面仍然面临诸多挑战，在未来发展中需进一步从服务城市建设和人民满意、

---

* 课题组成员：郭秀晶，北京教育科学研究院教育发展研究中心主任、研究员，主要研究方向为战略规划、教育法治、教育管理与政策研究；高兵，北京教育科学研究院高等教育科学研究所所长、研究员，主要研究方向为教育政策和区域教育规划；雷虹，北京教育科学研究院教育发展研究中心副研究员，主要研究方向为教育政策、教育规划评估；曹浩文，北京教育科学研究院教育发展研究中心副研究员，主要研究方向为教育经济与管理；汤术峰，北京教育科学研究院教育发展研究中心助理研究员，主要研究方向为教育国际化。

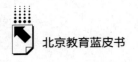

服务国家和北京开放大局中谋求破解之道。

关键词： 教育发展　事业发展　高质量教育　北京

习近平总书记强调，教育是国之大计、党之大计①。党的二十大报告首次把教育、科技、人才进行统筹安排、一体部署，并摆在"全面建设社会主义现代化国家的首要任务"即"高质量发展"之后的突出位置，强调要坚持教育优先发展、科技自立自强、人才引领驱动，加快建设教育强国、科技强国、人才强国。贯彻落实党的二十大精神，进一步优化对北京教育高质量发展的战略谋划，重要的基础性工作之一就是分析和把握北京教育发展的基本现状。本报告结合中国式现代化和北京教育高质量发展的主要特征，选取一系列较为重要且数据可得的教育指标，从国内、国际两个视角，对北京教育现代化建设基本现状加以梳理和分析，从而为首都贯彻落实党的二十大精神、做好教育高质量发展的战略谋划提供参考。

一　事业发展

2022~2023学年度，北京共有各级各类学校3606所，共有在校生331.8万人、教职工43.8万人，师生合计375.6万人，超全市总人口（2184.3万人）的1/6。幼儿园1989所，在园幼儿57.4万人，教职工10.0万人，专任教师4.9万人。中小学1403所，在校生163.9万人，教职工16.6万人，专任教师14.0万人。中等职业学校（以下简称"中职"）102所，在校生8.3万人，教职工1.3万人。普通高校92所，在校生101.5万人（其中本专科生60.3万人、研究生41.2万人），教职工15.8万人，专任教师7.5万人。在92所普通高校中，北京市属普通高校有38所，在校生21.0万人，教职工3.4万人，专任教师2.1

---

① 《习近平：教育是国之大计、党之大计》，"北京日报客户端"百家号，2018年9月11日，https://baijiahao.baidu.com/s?id=1611266193386378754&wfr=spider&for=pc。

万人；民办普通高校有15所，在校生5.3万人，教职工5477人，专任教师2968人。特殊教育学校20所，在校生0.7万人，教职工0.1万人（见表1）。

表1 2022~2023学年度北京市各级各类学校、教职工及在校生数量

单位：所，万人

指标	幼儿园	中小学	中职	普通高校	特殊教育
学校数	1989	1403	102	92	20
教职工数	10.0	16.6	1.3	15.8	0.1
在校生数	57.4	163.9	8.3	101.5	0.7

资料来源：《北京市教育事业统计资料》。

（一）在国内的总体发展水平

1. 人口受教育水平

从全国范围来看，北京市6岁及以上人口中大专及以上受教育程度者占比一直保持前列。2021年，北京市6岁及以上人口中，大专及以上受教育程度者占比接近一半，为49.14%，高于上海市38.65%的同期水平，在国内发达地区之中，北京在高学历人才保有量方面占据较为明显的优势（见表2）。

表2 2021年全国及部分地区人口受教育程度分布

单位：人，%

地区	6岁及以上人口	未上过学	小学	初中	高中	大专及以上
全国	1402340	3.65	26.09	34.74	16.66	18.86
北京	21991	1.05	10.70	21.84	17.27	49.14
天津	13849	1.89	15.56	30.54	19.06	32.95
上海	25369	2.11	12.22	27.40	19.63	38.65
江苏	85678	3.68	23.79	32.55	17.32	22.66
浙江	65702	4.23	27.63	32.11	15.83	20.20
广东	124845	2.45	22.10	34.97	20.55	19.94

注：2021年全国6岁及以上人口基于抽样调查样本数据，抽样比为1.058‰。

资料来源：根据《中国统计年鉴2022》中数据计算所得。

2. 师资队伍水平

与我国部分地区相比,北京各级各类教育的生师比均较低,说明师资力量相对充足。但是,北京普通高校的生师比已经被江苏、天津和广东赶超(见表3)。

表3　2021 年全国及部分地区各级各类学校生师比

地区	小学	初中	普通高中	中职	普通高校
全国	16.33	12.64	12.84	18.86	18.54
北京	13.92	8.87	8.08	7.86	16.31
天津	15.26	11.21	11.14	14.64	18.81
上海	14.10	10.80	9.00	13.53	15.48
江苏	16.31	11.85	11.07	14.08	16.80
浙江	16.80	12.24	10.97	14.62	16.02
广东	18.22	13.62	12.76	20.09	18.97

注:教师人数=1。
资料来源:《中国统计年鉴 2022》。

从各级各类教育教师学历来看,小学阶段北京专任教师的整体学历水平最高,教师队伍素质优势明显;初中阶段北京专任教师中本科及以上学历者所占比例为 99.24%,低于上海(见表4)。

表4　2021 年全国及部分地区小学、初中教师情况

单位:%

地区	小学		初中	
	专任教师学历合格率	专任教师中本科及以上学历者所占比例	专任教师学历合格率	专任教师中本科及以上学历者所占比例
全国	99.98	70.30	99.91	90.01
北京	100.00	95.45	99.99	99.24
天津	99.97	86.90	99.91	98.19
上海	100.00	88.91	100.00	99.49
江苏	100.00	93.04	99.99	98.89
浙江	100.00	88.95	99.99	97.74
广东	100.00	78.10	99.98	93.74

注:小学专任教师学历合格率=具有中等师范和高中及以上学历的专任教师数/专任教师总数×100%。初中专任教师学历合格率=具有大学专科及以上学历的专任教师数/专任教师总数×100%。
资料来源:根据教育部网站上的教育事业统计数据计算所得。

3. 教育投入水平

从公共财政教育支出增长幅度与财政经常性收入增长幅度来看，北京公共财政教育支出增长幅度较小，仅为 0.64%；与财政经常性收入增长幅度相比低 6.77 个百分点。与我国发达地区相比，北京公共财政教育支出已经不具优势（见表5）。

表5　2021年部分地区公共财政教育支出增长幅度与财政经常性收入增长幅度比较

单位：%，个百分点

地区	公共财政教育支出本年比上年增长	财政经常性收入本年比上年增长	公共财政教育支出与财政经常性收入增长幅度比较
北京	0.64	7.41	-6.77
天津	7.37	6.44	0.93
上海	4.15	10.30	-6.15
江苏	3.58	9.21	-5.63
浙江	7.99	7.88	0.11
广东	7.33	7.49	-0.16

注：公共财政教育支出包括教育事业费拨款、基建拨款、教育费附加。根据《2017年全国教育经费执行情况统计公告》，从2017年起，将"公共财政预算安排的教育经费"修改为"一般公共预算安排的教育经费"；将"公共财政教育经费"修改为"一般公共预算教育经费"；将"生均公共财政预算教育事业费"修改为"生均一般公共预算教育事业费"；将"生均公共财政预算公用经费"修改为"生均一般公共预算公用经费"。

资料来源：教育部、国家统计局、财政部关于各年度全国教育经费执行情况的统计公告。

从公共财政教育支出占公共财政支出的比例这一指标来看，2021年北京公共财政教育支出占公共财政支出的比例相比2020年有所下降。尽管江苏、浙江此指标也有所下降，但是与发达地区相比，北京整体上已经不具优势（见表6）。

表6　2010~2021年部分地区公共财政教育支出占公共财政支出的比例

单位：亿元，%

地区	公共财政教育支出		公共财政教育支出占公共财政支出的比例	
	2020年	2021年	2020年	2021年
北京	1128.00	1135.16	15.85	15.75
天津	440.53	472.98	13.98	15.00
河北	1581.74	1621.01	17.53	18.32

地区	公共财政教育支出		公共财政教育支出占公共财政支出的比例	
	2020 年	2021 年	2020 年	2021 年
上海	972.93	1013.35	12.01	12.02
江苏	2419.23	2505.13	17.68	17.18
浙江	1879.70	2029.90	18.64	18.43
广东	3537.82	3793.37	11.81	20.79

资料来源：教育部、国家统计局、财政部关于各年度全国教育经费执行情况的统计公告。

4. 教育国际化水平

从北京来华留学生各种学历层次所占比例来看，2017~2021 年，北京来华留学生的学历结构进一步优化，培训生所占比例明显下滑，本科生和硕士、博士研究生所占比例均呈上升趋势（见图 1）。

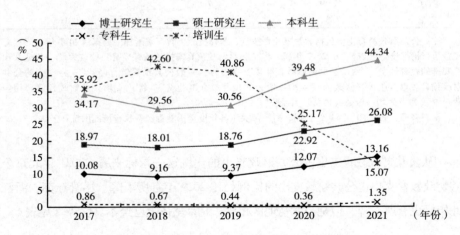

图 1　2017~2021 年北京来华留学生各种学历层次所占比例

资料来源：《北京市教育事业统计资料》。

但是，从本科教育中外合作办学机构和项目（含内地与港澳台合作）数量来看，北京与江苏、浙江相比在绝对数量上并不突出。2021 年北京本科教育中外合作办学机构数少于上海，项目数多于上海（见表 7）。

表7 2021年部分地区本科教育中外合作办学机构和项目（含内地与港澳台合作）情况

单位：个

地区	中外合作办学机构数	中外合作办学项目数
北京	11	59
上海	15	35
浙江	15	66
江苏	19	97
广东	15	29

注：数据统计截至2021年5月20日。

资料来源：教育部中外合作办学监管工作信息平台，https：//www.crs.jsj.edu.cn/index/sort/1006。

（二）在国际的总体发展水平

1. 人口受教育水平

从教育产出的情况来看，北京主要劳动年龄人口的人力资本水平与发达国家平均水平相当。2021年，北京25~64岁人口中受过高等教育的比例为55%，高于OECD（经济合作与发展组织）国家平均水平和欧盟22国平均水平，低于加拿大，与日本持平（见表8）。

表8 2021年北京与部分国家（地区）25~64岁人口受教育程度构成

单位：%

国家（地区）	高中以下	高中及高中后非高等教育	高等教育
澳大利亚	16	35	50
加拿大	7	31	61
芬兰	12	46	42
法国	18	41	41
德国	14	54	32
日本	44		55
韩国	9	39	51
墨西哥	58	22	21
英国	30	20	50
美国	8	41	50

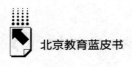

续表

国家（地区）	高中以下	高中及高中后非高等教育	高等教育
OECD 国家平均	20	40	40
欧盟 22 国①平均	16	46	38
北京②	26	18③	55

注：①欧盟 22 国不包括塞浦路斯、马耳他、克罗地亚、斯洛文尼亚和爱沙尼亚，下文同。②北京用的是 2021 年人口抽样调查样本数据，统计的是 15 岁及以上常住人口的受教育程度，由《北京统计年鉴 2022》相关数据计算所得；③指高中阶段教育。

资料来源：*Education at a Glance 2022*：*OECD Indicators*；《北京统计年鉴 2022》。

2. 教育普及水平

从教育普及水平来看，北京的学前教育处于跟跑主要发达国家平均水平的位置，2021 年北京学前教育毛入学率为 95%，远高于 OECD 国家平均水平；北京小学和中学的毛入学率均为 100%，与高收入国家（地区）、OECD 国家平均水平相比，北京的基础教育处于并跑或领跑位置，高等教育处于跟跑位置，2021 年北京高等教育毛入学率为 60%，低于 OECD 国家平均水平（见表 9）。

表 9 2020 年部分国家（地区）学前教育、小学、中学及高等教育毛入学率

单位：%

国家（地区）	学前教育	小学	中学	高等教育
中国香港	94	95②	96②	84
韩　国	92	97③	98③	102
德　国	108	90③	85③	73
意大利	93	96③	95③	69
日　本	—	—	—	65①
法　国	107	99③	95③	69
澳大利亚	160	96③	92③	114
美　国	72	95③	92③	88
英　国	106	99③	97③	69
加拿大	49	100③	100③	80
芬　兰	88	99③	96③	95
OECD 国家平均	81	96②	89②	78
北　京	95④	100④	100④	60④

注：①2019 年数据；②2018 年数据；③2017 年数据；④2021 年数据。

资料来源：世界银行，http：//data.worldbank.org.cn；*Education at a Glance 2022*：*OECD Indicators*。

3.师资队伍水平

从师资队伍水平来看,北京基础教育阶段的生师比在主要发达国家(地区)中处于靠后水平,高等教育生师比处于跟跑位置。2019 年北京小学、初中、普通高中的生师比分别为 14、9、8,OECD 国家小学、初中、普通高中的生师比平均值分别为 15、13、13,欧盟 22 国小学、初中、普通高中的生师比平均值分别为 13、11、12,整体高于北京基础教育阶段的生师比;OECD 国家和欧盟 22 国高等教育的生师比平均值分别为 15、14,均低于北京高等教育生师比(见表 10)。

表 10 2019 年北京与部分国家(地区)各级各类教育生师比

国家(地区)	小学	初中	普通高中	高等教育
澳大利亚	15	12	12	16
加拿大①	16		13	—
芬兰	14	9	14	15
法国	19	14	13	17
德国	15	13	12	12
意大利②	11	11	12	20
日本②	16	13	12	—
韩国	17	13	12	—
墨西哥	24	32	28	18
英国	20	16	18	11
美国	15	15	15	14
OECD 国家平均	15	13	13	15
欧盟 22 国平均	13	11	12	14
北京③	14	9	8	16

注:①小学含学前教育数据;②普通高中数据包含部分高中后非高等教育数据;③2021 年数据。

资料来源:国际数据来自 *Education at a Glance 2021:OECD Indicators*;北京数据来自《中国统计年鉴 2022》。

4.教育国际化水平

北京的高等教育留学生比例与发达国家相比仍然存在较大差距。2022 年北京高等教育留学生比例仅为 2%,与英国、法国、德国、澳大利亚、加拿大等发达国家相比差距明显,与 OECD 国家平均值相当(见表 11)。

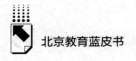
北京教育蓝皮书

表11　2020年北京与部分发达国家（地区）高等教育留学生比例

单位：%

指标	英国	美国	法国	德国	澳大利亚	加拿大	日本	OECD 国家平均	北京
高等教育 留学生比例	18	5	10	7	21	13	4	2	2

注：北京为2022年数据；北京高等教育留学生比例为北京高等教育留学生数除以高等教育研究生数和普通本专科生数的总和。

资料来源：世界银行，http：//data.worldbank.org.cn；*Education at a Glance 2022：OECD Indicators*。

二　政策举措

（一）"十四五"教育规划①主要指标进展情况

"十四五"教育规划主要指标共12项，2021年总体进展情况良好，部分指标已提前实现2025年目标（见表12）。

表12　"十四五"教育规划主要指标进展情况

单位：%，年

序号	指标	2020年	2021年	2025年目标
1	学前教育入园率	90.0	90.1	>90.0
2	普惠性幼儿园覆盖率	87.0	88.5	90.0
3	义务教育就近入学率	>99.0	>99.0	>99.0
4	学前教育专任教师接受专业教育比例	81.0	82.0	85.0
5	义务教育专任教师中本科及以上学历人员比例	95.0	95.2	>96.0
6	职业教育"双师型"教师比例	80.0	80.0	82.0
7	新增劳动力平均受教育年限	15.7	15.8	15.8
8	公共财政教育支出占公共财政支出比例	15.9	—	16.0
9	中小学生体质健康测试达标优良率	62.4	67.3	>70.0
10	智慧校园覆盖率	—	—	>85.0
11	绿色学校达标率	—	30.0	>70.0
12	平安校园达标率	100	100	100

---

①　即《北京市"十四五"时期教育改革和发展规划（2021—2025年）》，下文同。

学前教育入园率：结合"接诉即办""每月一题"工作，准确把握群众入园需求，围绕问题点位建立工作台账，精准扩增幼儿园学位，2021年学前教育入园率达到90.1%。

普惠性幼儿园覆盖率：2021年新增普惠性幼儿园54所，新增普惠性学位1.3万个，普惠性幼儿园覆盖率达到88.5%。

义务教育就近入学率：积极稳妥推进以多校划片为主、单校划片和多校划片相结合的入学方式，积极扩大优质学校覆盖面，义务教育就近入学率连续3年保持在99.0%以上。

学前教育专任教师接受专业教育比例：设立学前教育教师培训基地，开发精品学前教育教师培训课程，开展幼儿园教师全员培训，学前教育专任教师接受专业教育比例达到82.0%。

义务教育专任教师中本科及以上学历人员比例：落实中小学教师招聘和资格认定政策，严把教师入口关，2021年义务教育专任教师中本科及以上学历人员比例达到95.2%。

职业教育"双师型"教师比例：遴选18个"双师型"教师培养培训基地和20个教师企业实践基地，培训教师1万余人次，2021年职业教育"双师型"教师比例达到80.0%。

新增劳动力平均受教育年限：2021年全市本科及以上学历毕业生增加1.3万人，高职及以下学历毕业生减少1.1万人，新增劳动力平均受教育年限继续提高，达到15.8年。

公共财政教育支出占公共财政支出比例：协调市财政局增加市级教育投入，通过市领导调度和约谈压实各区教育投入责任，确保两个"只增不减"。

中小学生体质健康测试达标优良率：2021年，注重抓好全面抽测和薄弱干预，全市中小学生体质健康测试达标优良率从2020年的62.4%提升到67.3%。

智慧校园覆盖率：智慧校园建设还处于标准制定阶段，没有具体数据；2023年4月，《北京市中小学智慧校园建设规范》发布。

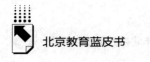

绿色学校达标率：出台《北京市绿色学校创建标准》，制定《绿色学校创建验收手册》，开展绿色学校创建工作，2021年全市30.0%的学校实现创建达标。

平安校园达标率：开展对部分区平安校园验收抽检学校的基础数据信息采集工作，组织相关部门和专家完成16个区的平安校园达标验收工作。

（二）主要任务进展情况

1.党建引领和立德树人取得新成效

坚持将党的领导贯穿办学治校、教书育人全过程。不断完善高校党委领导下的校长负责制，积极推进"三长进常委"，在全国率先制定关于加强高校党建的100项措施。探索推进中小学校党组织领导的校长负责制，把职业院校、民办学校纳入党建工作整体布局，持续推动民办学校"两个覆盖"。落实教育部高校党组织"对标争先"建设计划，入选全国第二批高校党建示范数量领先全国。突出政治标准，持续打造高素质、专业化干部队伍。科学构建以社会主义核心价值观为引领的大中小幼一体化德育体系。充分发挥思政课主渠道作用，打造"北京市深化新时代学校思想政治理论课改革创新十大工程"，让思政课"活"起来。坚持健全教育质量保障体系和以素质教育为导向的教育质量综合评价体系。教育部义务教育质量评估监测结果显示，北京市义务教育质量位居全国前列。

2.服务人民满意取得重要进展

努力推进学前教育普及普惠安全优质发展，积极推进幼儿园课程改革，建立健全多层次、全覆盖、多级联动的学前教研体系，健全学前教育质量动态监管机制。多措并举推进义务教育优质均衡发展，通过新建九年一贯制学校、名校办分校、城乡一体化学校，采取"学区制""教育集团"等多种方式，扩大优质教育资源覆盖面，学区覆盖率达到90%，集团化办学覆盖率达到52%。大幅提高优质高中计划分配比例和招生录取精准度。建立农村义务教育、矛盾突出区域、发展薄弱环节教育质量提升支持体系。扩大和落实学校办学自主权，鼓励普通高中建设本校特色课程。指导普通高中落实选修制，推进走班制、导师制和学分管理等制度改革。加大对家庭困难学生的资助力度，小学、初中及以上的"寄宿生活补助"年标准分别提至3000元、3600元。残疾儿童少年义务教育入学率达99%以上，融合教育比例达70%以上。推进"北京市民终身学习示范基地""北京市职工继续教育基地""新型职业农民培训基地"认定与建设。积极探索学分银行建设和各级各类教育学分转换制度。持续举办全民终身学习活动周、首都市民学习之星评比等品牌活动。教育改革发展成果更多惠及全体市民。

3. 服务首都和国家经济社会发展取得新成绩

全面支持高校"双一流"建设，推进市属高校分类改革、特色发展。不断增强高校创新能力与集成攻关能力，建设高精尖学科99个，遴选100个"重点建设一流专业"，支持建设228个"优质本科课程"，重点建设8个"北京学院"、8个"卓越联盟"、22个高精尖创新中心。引导市属高校系统构建一流培养体系，全面提升本科教学质量，探索推进研究生培养质量评估监测。持续实施高水平人才交叉培养计划，全面提高大学生创新创业能力，北京高校学生团队蝉联中国"互联网+"大学生创新创业大赛总冠军。大力增强职业教育对首都经济社会的服务能力，以"德技并重"为导向，在全国首推"一校一品"和"中职学生职业素养护照"，共有62所院校参与"1+X证书"试点，"3+2"中高职衔接办学项目达459个，衔接专业占比达75%。向共建"一带一路"国家推广北京职业教育教学标准。支持"丝路工匠""丝路学堂"等职业教育国际合作交流平台建设，已有国内21所中高职院校、全球4国10所院校入驻"丝路工匠"联盟平台。

4. 分区域统筹优化教育资源空间布局

坚定有序落实"疏整促"专项行动，按计划压缩市属高校和普通中专招生规模。推进沙河、良乡大学城建设，引导高校加快从城六区向外转移。分区域统筹优化教育资源空间布局，增强城六区以外平原地区公共教育服务能力。推动优质基础教育资源优先向远郊平原地区布局，支持城六区通过集团化办学等方式到远郊区办学，加强城镇居住区配套学校规划与建设，在新城重点功能区、重点项目和人才引进密集地区建设一批优质学校。推动落实北京城市副中心公共教育服务设施专项规划，加快推进优质中小学、幼儿园建设。将生态涵养区作为精准补齐发展短板的重点区域，加快推进优质公共教育资源的覆盖与辐射。引导高等教育资源向远郊区多点布局，不断提升京津冀教育协同发展水平。落实《京津冀教育协同发展行动计划（2023年—2025年）》，推进雄安新区"建3援4"项目，成立"雄安新区教育规划北京专家顾问团"，全力支持雄安新区提升教育质量。通过"内涵式"培训、"融入式"跟岗、"组团式"支教、"精准式"送教、"手拉手"帮扶、优质资源远程共享等方式，京津冀三地建成多个各级各类教育平台，形成一批工作机制，三地教育协同发展打开新局面。

5. 深化教育综合改革取得新突破

加强市级统筹，坚持规模与质量"双增"的改革思路，不断升级优质教育资源。继续深化学区化管理，通过学区联盟、大校年级组制、教育集团与集群、协作区、城乡结盟校、区域教育联合体、九年一贯制等多种方式，扩大优质学位总量。大力推进"高参小"改革，从资源共享、学校管理、课程开发、学科建设、师资培养等方面开展深度合作。健全义务教育入学制度，全面实行"阳光招生"，实现免试就近入学全覆盖。完善入学政策，大大增加一般小学和初中学生升入优质学校的机会，为学生成长提供"全链条式"优质教育供给。持续提升社会大课堂品质，先后推出初中开放科学实践活动项目和中小学社会综合实践活动项目，满足全市学生个性化学习需求。坚持推进线上线下教育资源协同发展，大力建设北京数字学校和教师在线培训平台与资源库。

6. 全面建设高素质专业化创新型教师队伍

开展"做新时代'四有'好老师和'四个引路人'"学习实践活动，着力培育一支政治强、情怀深、思维新、视野广、自律严、人格正的教师队伍。创新编制管理，开展市级教育系统事业编制"周转池"制度试点，进一步盘活师资存量。积极推进中小学教师职称改革，设置正高级职称，完善评价标准，推进中小学校长职级制改革。创新教师、校长高端培训模式，搭建优秀干部教师成长助力平台。进一步健全教师绩效奖励机制，探索构建中小学教师工资正常增长机制和中小学教师工资与公务员工资同步调整联动机制。持续实施市属高校高水平教师队伍建设支持计划和职业院校教师素质提升计划，持续培育和吸引优秀人才。

三 主要问题

党的十八大以来，北京教育系统全面贯彻党的教育方针，把增进人民福祉、促进人的全面发展作为教育现代化建设的出发点和落脚点，不断强化教育综合改革，北京教育现代化实现了新飞跃，教育公平程度、教育优质资源供给能力、对国家和区域经济社会发展的贡献力均持续提升。但是数据分析与比较表明，北京教育发展总体优势已经不再突出，存在一些不适应高质量发展的问题和短板，以下几方面值得关注。

一是教育、科技、人才工作亟待协同发力。教育、科技、人才一体化发展还存在诸多体制机制障碍；引导科技全面赋能教育有待加快推进；高校国际顶尖人才、高水平人才的引、培、留工作尚需大力强化；结合重大战略需求，组织跨部门、跨学科、跨领域攻关的统筹布局、运行保障机制还不够健全。

二是教育资源配置面临新压力。公共教育资源供给在数量和质量上的压力持续增大，各学段将面临阶段性学位缺口，对学校办学条件优化升级造成一定影响；有效整合利用校内外、线上线下、体制内外、区域内外、国内外等多领域教育资源的措施手段还需进一步创新。

三是全面高质量育人能力仍需加快提升。以素质教育为主线统筹推进大中小学人才贯通培养的科学模式和有效推进"五育"科学融通的相关机制建设亟待取得新突破；拔尖创新人才的选拔和培养机制有待健全；人才培养与城市需求的匹配度尚需进一步增强。

四是教师队伍规模和素质尚不完全适应北京教育高质量发展需求。基础教育教师队伍整体规模还存在一定缺口，部分区域和学科的结构性缺编问题较为突出；多渠道吸引和选拔优秀人才从教的制度不够健全；激发教师职业

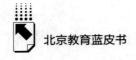

活力的师资培养、培训和人事管理体系还有待完善。

五是教育综合改革部分重点领域和关键环节需持续发力。学校、家庭、社会支持教育发展的合力亟须增强;多方参与部门协调的教育治理体系尚未完全形成;以大数据为支撑的教育治理体系和治理能力现代化水平还有待提升;教育评价改革需加快推进。

四 对策建议

新时代新征程,北京教育现代化必须准确把握战略定位,提供更加公平更高质量的教育,增强人民群众获得感,引领具有首都特点、中国特色、世界水平的现代教育发展,为建设国际一流的和谐宜居之都提供强大人才保障和智力支持。

(一)坚持以人民为中心,不断提升教育公共服务高质量发展水平

一是在进一步提高学前教育普及率、普惠率的基础上,在"三孩"生育政策和"幼有所育"的背景下加强普惠性托育服务。一方面,大力支持企事业单位等用人单位、社区提供普惠性托育服务;另一方面,鼓励有条件的幼儿园在满足3~6岁幼儿入园的基础上,利用空余学位开设托班招收2~3岁幼儿。加大托育人才培养力度,支持有条件的职业学校增设婴幼儿照护相关专业并提升培养质量。

二是强化特殊教育普惠发展。党的二十大报告提出强化特殊教育普惠发展,强调特殊教育的普惠性特征和政府发展特殊教育的主体责任。在提高特殊儿童义务教育普及率的基础上,加快特殊教育"两头延伸"发展步伐,努力使特殊儿童学前教育和高中阶段入学率显著提高,积极发展高等特殊教育和成人继续教育,健全特殊教育体系,努力为每一个特殊儿童成长成才开辟"直通车"、搭建"立交桥"。

三是积极回应群众对公平、优质教育的诉求,着力推进义务教育优质均衡发展,实现区域、校际优质教育资源差距显著缩小,继续扩充优质普通高

中资源，增加一批高品质学校，让更多孩子受益，保障教育资源配置水平能满足高质量发展要求。

四是全力推进"五育"并举的育人改革，持续巩固"双减"工作成效，提升学生学习效率与效果。坚决规范学科课程的课时和作业量，将过重的学科学习负担降下来；着力提高作业设计质量，减少机械性、重复性作业；提高教师培训的针对性和实效性，提供更多有关提升学生学习效率的培训与指导；指导家长树立正确的教育质量观，理性看待校外培训机构的作用；坚持"健康第一"的理念，提升北京中小学生体质健康测试达标优良率，降低视力不良率、超重率、肥胖率。

五是明确构建基础教育阶段教师专业素质标准新框架，尽快提升学前教育和基础教育阶段教师的学历水平。按照新发展要求，制定基础教育阶段教师专业素质标准，并优化教师培训内容。把握国内外趋势，对于学前教育阶段教师，要提升其本科学历比例；对于义务教育阶段和高中阶段教师，要提升其研究生学历比例。

（二）发挥北京教育优势，服务北京"五子"联动融入新发展格局

坚持教育与城市需求协调发展，促进教育规模、结构、质量、效益有机统一。适应北京产业转型升级和城市管理服务需求，逐步提升职业教育发展水平。加强高等学校设置调整，合理优化高等教育层次结构、生源结构和专业结构，积极发展研究生教育。以更强的紧迫性完善科技创新体系，要注重培养学生的创新意识和创新能力，推动高校科研机构提高科研水平，努力把北京建设成世界主要科学中心和创新高地，为国家加快实现高水平科技自立自强做出更大贡献。推动职业教育、高等教育、继续教育协同创新，汇聚龙头企业、部属高校、市属高校、研究院所和职业院校资源优势，建设北京产城教融合发展试验区，打造适应北京城市功能的产教联合体和引领行业产业发展的共同体，推进职普融通、产教融合、科教融汇。健全基础教育和高等教育、本科教育和研究生教育贯通培养机制，探索大中小各学段有机衔接的拔尖创新人才培养模式，适度超前推进拔尖创新人才培养。

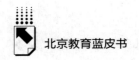

聚焦建设世界重要人才中心和创新高地战略目标任务，深化人才发展体制机制改革，全面提高人才自主培养质量，着力造就拔尖创新人才，特别是加快构建开放、协同、联动的高水平教师教育体系，建立完善的教师专业发展机制，建设世界一流的高素质专业化创新型教师队伍。分类建设一流大学和一流学科，深入推进市属高校分类发展改革，让不同类型高校在不同领域办出特色，在各自的赛道上收获成果。

推动教育体系不断融合，激发教育发展新活力。加强政府各部门工作协同，鼓励学校开放办学，深化家校合作，深入开展家庭教育指导，构建有效的学校、家庭、政府、社会协同育人体系。树立大教育资源观，打造体制内与体制外、京内与京外（国外）开放融通的教育资源体系。针对党委、政府、学校、教师、学生和社会等不同主体，分门别类地深化评价制度改革。深化中小学教师"区管校聘"改革，全面推进义务教育教师全职交流轮岗，整体提升教师教书育人能力。开展市属高校分类绩效考核评价改革，激发办学活力，促进市属高校分类发展和高质量发展。

（三）推进高水平教育对外开放，服务国家对外工作大局

2023年全国教育工作会议上，教育部长怀进鹏指出，要加快和扩大高水平教育对外开放。自信自立自强，更加精准实施教育、科技、人才国际交流合作，进一步拓宽人才培养国际化路径，更好扩大中国教育国际影响力，服务推动构建人类命运共同体。

一是致力于打造数字化留学服务新生态。积极利用国际化资源存量，推进"在地国际化"。进一步挖掘中外合作办学的潜力，大力加强国际化课程建设。在本土学校开设国际化课程，推动课程知识内容与国际接轨，最大限度地将国际最新知识纳入课程内容；同时，高校之间要联合开发国际化课程，促进国际化课程的共用和共享。

二是利用现代信息技术，探索国际学术交流新形态。现阶段，要通过信息技术的广泛和深度运用来突破学术交流与合作的物理限制，以构建"线上课程"、举办"云端学术会议"等来扩展学术交流时空，探索国际学术交

流新模式，形成线上国际学术交流合作的新形态。这对我国高校与科研机构加强与国际学术界的联系、获取前沿科研信息以及提高我国教师与科研人员业务素质等具有较大意义。

三是把握人才回流契机，加快建设人才高地。"后疫情时代"，国际格局和各国人才政策有所变化，全球人才流动随之出现新局面。就我国而言，新冠疫情在带来挑战的同时带来了新机遇。我国是全球规模最大的留学生派遣国，受疫情和美国等国调整对华政策的影响，今后可能出现一定程度的人才回流现象，我国有望成为重要的留学目的地国。特别是一些友好国家和共建"一带一路"国家的学生希望到中国留学。中国留学生特别是在美中国留学生学成之后可能有更强的回国工作意愿。留学人员的流向变化和学成归国人数的增长，可能为我国高等教育发展和人才队伍建设带来人才回流契机。北京需要把握这一契机，创新人才支持政策，成为吸纳人才、培育人才的重要基地，服务人才汇聚区和人才高地建设。要基于"人类命运共同体"理念，推进有使命担当的教育国际化，为推动这一理念的国际传播贡献自己的力量。

B.2
2022年北京各区教育发展报告

高 兵*

摘　要： "十四五"时期，北京各区坚持以推动高质量发展为主题，以人民为中心发展教育，聚焦"七有""五性"办好民生实事。为深化区域教育发展，必须关注"十四五"中期北京各区教育发展情况，以有针对性地制定教育发展相关政策，促进市区两级管理高效协同，提高政策的有效性。根据数据比较发现，与"十三五"末期相比，北京各类功能区的教育已经不再呈现共性特征。为了实现教育高质量发展的目标，各区要结合自身的人口、经济、社会发展需求，探索具有各自特点的教育发展模式，把握未来发展趋势。

关键词： 规模结构　公平普惠　优质均衡　教育高质量发展　北京

　　高质量发展是全面建设社会主义现代化国家的首要任务。党的二十大报告专门提到，我们在幼有所育、学有所教上持续用力，建成世界上规模最大的教育体系，教育普及水平实现历史性跨越。这一格局性变化有着北京教育浓墨重彩的一笔。北京坚持以推动高质量发展为主题，以人民为中心发展教育，聚焦"七有""五性"办好民生实事。为深化区域教育发展，必须关注"十四五"中期北京各区教育发展情况，以有针对性地制定教育发展相关政策，促进市区两级管理高效协同，提高政策的有效性。

---

* 高兵，北京教育科学研究院高等教育科学研究所所长，研究员，主要研究方向为教育政策和区域教育规划。

一 观测指标的选取

从国家发展的总体战略来看,新发展理念既是经济社会发展的总体要求,又是教育发展的基本要求。创新是引领北京教育发展的第一动力,协调是北京教育发展的根本方法,绿色是北京教育发展的根本特征,开放是北京教育发展的必经之路,共享是北京教育发展的根本目的。在深入学习新发展理念和逐层剖析"高质量教育体系"内涵的基础上,观测区域教育发展情况要将新发展理念具体、科学地描述出来。本着可量化、可比较的原则,本报告从4个方面对北京各区教育发展情况开展比较分析,包括教育规模结构、教育公平普惠、教育优质均衡、学生综合素养4个维度(见表1),借助数据为推动各区教育发展提供"体检表",力争为各区教育治理体系和治理能力现代化考核提供依据。

表1 区域教育发展情况观测指标体系

维度	指标(单位)
教育规模结构	基础教育阶段在校生规模(人)
	校均班均规模(人)
	每十万人口拥有各级学校数(所)
	职业高中与普通高中在校生规模(人)
教育公平普惠	普惠性幼儿园覆盖率(%)
	每百名学生拥有体育、美术、劳动专任教师数(人)
	生均校舍建筑面积(平方米)
教育优质均衡	各级各类教育生师比
	各区教师资历
	生均教育经费(万元)
学生综合素养	学生体质健康优良率(%)
	学生肥胖率(%)
	学生视力不良率(%)

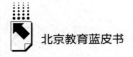

教育规模结构体现了"协调"发展理念。该指标涉及教育系统中的各种数量和比例关系，包括学校数量、在校生数量、教师数量等，从某种程度上反映了教育资源的分配和供给情况，直接影响教育质量和教育效益。这一维度主要衡量不同区域之间的教育资源分布是否均衡，是否存在集中或分散的情况，本报告主要从"基础教育阶段在校生规模""校均班均规模""每十万人口拥有各级学校数""职业高中与普通高中在校生规模"4个可衡量的指标来观测。

教育公平普惠体现了"共享"发展理念。公平普惠坚持为人民办教育、依靠人民办教育、教育发展成果由人民共享的根本原则，着力维护和促进社会公平正义，主动缩小教育资源分配差距，为每一个孩子提高受教育程度、增强发展能力创造更加公平的条件，让教育发展成果更多更公平惠及全体人民。这一维度主要关注不同区域之间的教育机会差距，本报告主要从"普惠性幼儿园覆盖率""每百名学生拥有体育、美术、劳动专任教师数""生均校舍建筑面积"3个可衡量的指标来观测。

教育优质均衡体现了"创新"和"协调"发展理念。优质均衡重点在人才培养模式和教育供给方式上探索新路径，从师资水平上让全体学生都能享受到个性化、特色化的教育。这一维度主要分析不同类型和地区的教育质量差异，本报告主要从"各级各类教育生师比""各区教师资历""生均教育经费"3个可衡量的指标来观测。

学生综合素养体现了"绿色"发展理念。绿色的教育尊重教育发展和人才成长规律，关注学生的身心健康和可持续发展，改变以往单一性评价导致的教育功利化。这一维度重点评价学校和学生的综合水平，了解学生在不同领域的发展情况，考虑数据的可获得性，本报告主要从"学生体质健康优良率"、"学生肥胖率"和"学生视力不良率"做整体概括性分析，而实际的学生综合素养远不止这几项指标。

这里需要特别指出的是，就北京的情况来看，基础教育阶段"各级教育入学率"具有长期稳定性，不具备比较价值，因此不再列入观测指标体系。

二　北京各区教育规模结构情况

了解北京各区教育规模结构的意义在于从全市层面了解教育资源配置的空间布局情况，通过这个指标可以比较不同区域之间的教育资源分布是否均衡，是否存在集中或分散的情况。同时，这个指标可以为政府和教育部门提供有关教育资源的决策依据，以促进教育资源的合理配置和优化。

（一）基础教育阶段在校生规模

2022~2023 学年度北京基础教育在校生规模较大且占比较高的 4 个区依次是海淀区、朝阳区、西城区、通州区，值得注意的是，与"十三五"末期（2019~2020 学年度）相比[1]，通州区基础教育阶段在校生规模从 2019 年的第 6 位上升到 2022 年的第 4 位，超过丰台区，说明近年来北京城市副中心建设成效显著，随着人口向城市副中心迁移，适龄学生规模也实现了增长。北京基础教育在校生规模较小且占比较低的 4 个区依次为平谷区、怀柔区、延庆区、门头沟区，与"十三五"末期相比没有变化（见表 2）。

表 2　2022~2023 学年度北京各区基础教育阶段在校生规模及占比情况

单位：人，%

地区	学前教育		小学		初中		普通高中		基础教育阶段在校生规模全市占比
	在校生规模	在全市占比	在校生规模	在全市占比	在校生规模	在全市占比	在校生规模	在全市占比	
东城区	19455	3.39	72695	6.71	26579	7.47	18254	9.18	6.57
西城区	25168	4.38	115516	10.66	40415	11.36	26142	13.14	9.89
朝阳区	96096	16.73	167938	15.50	51081	14.36	19327	9.72	14.63
丰台区	45939	8.00	68750	6.34	20992	5.90	10415	5.24	6.41
石景山区	16523	2.88	25839	2.38	8932	2.51	4590	2.31	2.51
海淀区	80528	14.02	193778	17.88	74689	20.99	48421	24.34	18.81
门头沟区	10962	1.91	14895	1.37	4830	1.36	3099	1.56	1.51

---

① 方中雄、桑锦龙主编《北京教育发展研究报告（2020~2021）》，社会科学文献出版社，2021。

续表

地区	学前教育		小学		初中		普通高中		基础教育阶段在校生规模全市占比
	在校生规模	在全市占比	在校生规模	在全市占比	在校生规模	在全市占比	在校生规模	在全市占比	
房山区	35221	6.13	61746	5.70	19264	5.41	9842	4.95	5.61
通州区	58926	10.26	81793	7.55	22581	6.35	11660	5.86	7.56
顺义区	34875	6.07	58372	5.39	17606	4.95	9867	4.96	5.35
昌平区	47016	8.19	67325	6.21	17804	5.00	7588	3.81	5.97
大兴区	50420	8.78	77750	7.17	21252	5.97	9812	4.93	6.88
其中:经开区	7901	1.38	14832	1.37	3789	1.06	1769	0.89	1.22
怀柔区	11712	2.04	18114	1.67	7102	2.00	4326	2.17	1.90
平谷区	16323	2.84	21680	2.00	7427	2.09	4895	2.46	2.26
密云区	15532	2.70	23785	2.19	9669	2.72	6611	3.32	2.60
延庆区	9539	1.66	13837	1.28	5597	1.57	4079	2.05	1.54

资料来源:根据《北京市教育事业统计资料》数据计算所得。

北京各区学前教育阶段、小学阶段、初中阶段和普通高中阶段4个学段的在校生规模不尽相同。学前教育阶段在校生规模较大的4个区分别为朝阳区、海淀区、通州区和大兴区;小学阶段在校生规模较大的4个区分别为海淀区、朝阳区、西城区和通州区;初中阶段在校生规模较大的4个区分别为海淀区、朝阳区、西城区和东城区;普通高中阶段在校生规模较大的4个区分别为海淀区、西城区、朝阳区和东城区(见表3)。总体来看,相关排名与"十三五"末期相比变化不大,只有通州区学前教育阶段在校生规模在全市占比的增长幅度较大,从6.37%增长到10.26%。

表3 2022~2023学年度北京基础教育阶段在校生规模地区排名

排名	学前教育	小学	初中	普通高中	基础教育
第1名	朝阳区	海淀区	海淀区	海淀区	海淀区
第2名	海淀区	朝阳区	朝阳区	西城区	朝阳区
第3名	通州区	西城区	西城区	朝阳区	西城区
第4名	大兴区	通州区	东城区	东城区	通州区

资料来源:根据《北京市教育事业统计资料》数据计算所得。

（二）校均班均规模

分析基础教育阶段校均班均规模的目的是提醒各区在未来学校规划建设中充分考虑学校标准化建设问题，同时结合班级容量、教师数量调整班级数量。"十三五"末期以来，北京各区基础教育阶段学校数量和校均规模普遍增长，2022~2023学年度幼儿园数量增长幅度较大，各学段校均规模都有所增长，但小学阶段的学校数量有所减少（见表4），这可能与北京近年来开办九年一贯制学校有关。

表4　2019~2020学年度和2022~2023学年度北京各区基础教育阶段
学校数量和校均规模变化情况

单位：所，人

地区	学前教育				小学				普通中学			
	学校数量		校均规模		学校数量		校均规模		学校数量		校均规模	
	2019~2020学年度	2022~2023学年度	2019~2020学年度	2022~2023学年度	2019~2020学年度	2022~2023学年度	2019~2020学年度	2022~2023学年度	2019~2020学年度	2022~2023学年度	2019~2020学年度	2022~2023学年度
全市	1733	2000	270	287	941	837	1001	1295	654	667	706	832
东城区	63	68	285	286	51	47	1207	1547	41	39	909	1150
西城区	86	88	255	286	57	58	1590	1992	42	42	1188	1585
朝阳区	283	309	299	311	73	74	2013	2269	92	96	587	733
丰台区	139	144	301	319	75	70	862	982	47	46	514	683
石景山区	51	48	285	344	28	25	838	1034	23	22	493	615
海淀区	185	223	365	361	85	89	2037	2177	81	87	1311	1415
门头沟区	36	42	231	261	23	21	572	709	17	17	415	466
房山区	120	135	272	261	108	53	503	1165	50	50	529	582
通州区	136	248	219	238	84	81	829	1010	43	46	633	744
顺义区	104	112	288	311	50	51	1008	1145	33	34	800	808
昌平区	143	162	263	290	93	91	609	740	57	58	392	438
大兴区	104	116	356	435	83	80	792	972	45	49	537	634
怀柔区	77	81	138	145	18	18	964	1006	19	19	512	601
平谷区	79	94	159	174	46	29	413	748	19	19	591	649
密云区	77	80	172	194	39	26	570	915	24	24	644	678
延庆区	50	50	152	191	28	24	454	577	21	19	411	509

资料来源：根据《北京市教育事业统计资料》数据计算所得。

2022~2023 学年度，从学前教育阶段校均规模来看，朝阳区、丰台区、石景山区、海淀区、顺义区、昌平区、大兴区校均规模均高于全市平均水平；从小学阶段校均规模来看，东城区、西城区、朝阳区、海淀区校均规模均高于全市平均水平；从普通中学阶段校均规模来看，东城区、西城区、海淀区校均规模均高于全市平均水平；西城区、海淀区、东城区和朝阳区 4 个区的基础教育阶段校均规模均高于全市平均水平（见表 5）。

表 5　2022~2023 学年度北京各区基础教育阶段校均规模排名

排名	学前教育	小学	普通中学	基础教育
第 1 名	大兴区	朝阳区	西城区	西城区
第 2 名	海淀区	海淀区	海淀区	海淀区
第 3 名	石景山区	西城区	东城区	东城区
第 4 名	丰台区	东城区	—	朝阳区
第 5 名	朝阳区、顺义区	—	—	—
第 6 名	昌平区	—	—	—

注：以上区域基础教育阶段校均规模均高于全市平均水平。

资料来源：根据《北京市教育事业统计资料》数据计算所得。

班均规模可以衡量各区教育的物力资源保障水平。根据教育部发布的《幼儿园工作规程》①、北京中小学办学标准可知，幼儿园每班幼儿人数一般为 25~30 人，小学、初中班额应少于 40 人，高中班额应少于 45 人。近年来，经过学校数量和班级的调整，2022~2023 学年度北京各区基础教育阶段班均规模均已达到标准，但是与 2019~2020 学年度相比，部分地区小学、初中、高中班额略有增长。

2022~2023 学年度，与市级班均规模比较，学前教育阶段海淀区、房山区、大兴区（含经开区）、顺义区的班均规模均高于全市平均水平；小学阶段东城区、西城区、海淀区、通州区、顺义区、经开区的班均规模均高于全市

---

① 教育部规定"幼儿园每班幼儿人数一般为：小班（3 周岁至 4 周岁）25 人，中班（4 周岁至 5 周岁）30 人，大班（5 周岁至 6 周岁）35 人，混合班 30 人；寄宿制幼儿园每班幼儿人数酌减"。

平均水平；初中阶段东城区、西城区、海淀区、房山区、通州区、顺义区、平谷区的班均规模均高于全市平均水平；普通高中阶段房山区、通州区、顺义区、怀柔区、平谷区、密云区、延庆区的班均规模均高于全市平均水平。总体来看，2022~2023 学年度北京基础教育阶段班均规模高于全市平均水平的地区多于 2019~2020 学年度（见表6）。

表6　2019~2020 学年度和 2022~2023 学年度北京各区
基础教育阶段班均规模变化情况

单位：人/班

地区	学前教育		小学		初中		普通高中	
	2019~2020 学年度	2022~2023 学年度	2019~2020 学年度	2022~2023 学年度	2019~2020 学年度	2022~2023 学年度	2019~2020 学年度	2022~2023 学年度
全市	28	28	34	34	31	32	30	35
东城区	29	27	36	39	32	33	29	32
西城区	26	26	37	38	35	38	31	35
朝阳区	26	28	30	32	26	29	26	32
丰台区	27	27	33	34	28	32	28	32
石景山区	26	26	32	33	29	31	28	31
海淀区	30	30	37	38	34	34	29	33
门头沟区	28	28	31	33	28	28	31	35
房山区	28	29	32	34	31	33	34	37
通州区	28	27	38	38	34	34	35	40
顺义区	31	30	34	36	33	33	35	36
昌平区	27	28	31	33	26	30	30	33
大兴区	28	29	33	34	29	32	32	33
其中:经开区	—	29	—	35	—	27	—	20
怀柔区	28	28	34	33	25	27	32	36
平谷区	25	25	30	31	31	34	35	39
密云区	27	28	34	34	32	32	35	40
延庆区	27	27	28	29	27	28	32	37

资料来源：根据《北京市教育事业统计资料》数据计算所得。

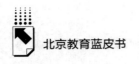

（三）每十万人口拥有各级学校数

从 2018~2021 年人口变化情况来看，北京人口增加了约 34 万人；从各区人口分布情况来看，中心城区人口减少，城市发展新区和生态涵养区人口有所增长，其中人口增长幅度最大的地区为门头沟区，2021 年较 2018 年增长了 20%；其次为通州区，2021 年较 2018 年增长了 17%；再次为顺义区，2021 年较 2018 年增长了 13%。

以 2021~2022 学年度数据为例，学前教育阶段，每十万人口拥有的幼儿园数低于全市均值的有西城区、丰台区、石景山区、海淀区、顺义区、昌平区和大兴区，而怀柔区、平谷区、密云区、延庆区每十万人口拥有的幼儿园数均显著高于全市均值；小学阶段，每十万人口拥有的小学数低于全市均值的有朝阳区、丰台区和海淀区；普通中学阶段，每十万人口拥有的中学数低于全市均值的有丰台区和大兴区（见表7）。可见，虽然近年来中心城区人口向外流动，但是朝阳区、丰台区和海淀区等地区的学校依然呈现规模大、数量不多的特点，这虽然与集团校的发展有很大关系，但也要考虑如何在集团办学的思路下实现"校校有特色"。此外，结合北京产业结构布局变化所带动的人口流动趋势，城市发展新区也要考虑及时调整学校资源布局。

表7　2018~2021 年北京各区人口数及 2018~2019 学年度、2021~2022 学年度
每十万人口拥有各级学校数变化情况

单位：万人，所

地区	人口数		每十万人口拥有各级学校数					
			学前教育		小学		普通中学	
	2018 年	2021 年	2018~2019 学年度	2021~2022 学年度	2018~2019 学年度	2021~2022 学年度	2018~2019 学年度	2021~2022 学年度
全市	2154.2	2188.6	8	9	5	4	3	3
东城区	82.2	70.8	7	10	7	7	5	6
西城区	117.9	110.4	7	8	5	5	4	4
朝阳区	360.5	344.9	7	9	2	2	3	3
丰台区	210.5	201.5	7	7	4	3	2	2

地区	人口数		每十万人口拥有各级学校数					
			学前教育		小学		普通中学	
	2018 年	2021 年	2018~2019 学年度	2021~2022 学年度	2018~2019 学年度	2021~2022 学年度	2018~2019 学年度	2021~2022 学年度
石景山区	59	56.6	8	8	5	4	4	4
海淀区	335.8	313.0	5	7	3	3	2	3
门头沟区	33.1	39.6	11	11	7	5	5	4
房山区	118.8	131.3	10	10	9	4	4	4
通州区	157.8	184.3	8	13	5	4	3	3
顺义区	116.9	132.6	9	8	4	4	3	3
昌平区	210.8	227.0	6	7	4	4	3	3
大兴区	179.6	199.5	5	6	5	4	2	2
怀柔区	41.4	44.1	18	18	6	4	5	4
平谷区	45.6	45.7	16	21	10	6	4	4
密云区	49.5	52.7	15	15	8	5	5	5
延庆区	34.8	34.6	15	14	8	7	6	5

注：人口数为抽样调查推算数据。

资料来源：根据相关年份《北京统计年鉴》及《北京市教育事业统计资料》数据计算所得。

（四）职业高中与普通高中在校生规模

随着政策的引导，与 2018~2019 学年度相比，2022~2023 学年度北京职业高中在校生人数增长了 1 倍多，在校生普职比已经从 19 下降到 11，但是整体来看，北京中等职业教育规模依然较小。了解各区在校生普职比可引导各区探索利用职业高中专业优势和师资力量面向普通中小学开展富有本区特色的职普融通课程，同时，各区应充分考虑结合本区社会、经济、人口发展的需求，引导职业教育向继续教育、职业培训、社区教育提供服务。

2022~2023 学年度在校生普职比低于全市平均值的区有朝阳区、丰台区、房山区、昌平区、大兴区（含经开区）、平谷区、延庆区，这说明这些地区职业高中在校生规模相对大一些（见表 8）。

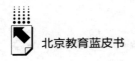

表8　2018~2019学年度、2022~2023学年度北京各区职业高中
与普通高中在校生规模变化情况

单位：人

地区	普通高中在校生		职业高中在校生		在校生普职比	
	2018~2019学年度	2022~2023学年度	2018~2019学年度	2022~2023学年度	2018~2019学年度	2022~2023学年度
全市	152857	198928	8165	17689	19	11
东城区	14694	18254	522	517	28	35
西城区	18279	26142	219	907	83	29
朝阳区	12582	19327	1113	2608	11	7
丰台区	7540	10415	590	1932	13	5
石景山区	3653	4590	237	367	15	13
海淀区	39469	48421	1979	2120	20	23
门头沟区	2514	3099	39	73	64	42
房山区	8333	9842	441	2266	19	4
通州区	7929	11660	353	988	22	12
顺义区	9157	9867	41	54	223	183
昌平区	5619	7588	1377	3150	4	2
大兴区	6682	9812	419	952	16	10
其中:经开区	—	1769	—	0	—	—
怀柔区	3481	4326	51	188	68	23
平谷区	4210	4895	229	483	18	10
密云区	5516	6611	405	539	14	12
延庆区	3199	4079	150	545	21	7

资料来源：根据《北京市教育事业统计资料》数据计算所得。

值得注意的是，2022年顺义区的职业学校有5所，但是校均规模仅为
11人。当然，仅凭数据并不能完全说明实际情况，但数据显示职业教育已
经不能形成规模效应，需要进一步考察这种情况形成的原因，并论证相关学
校下一步发展的必要性和可行性。

三 北京各区教育公平普惠情况

了解各区教育公平普惠情况的意义在于衡量教育资源在各个社会群体中的均衡性，以及是否能够满足人们对于教育公平和普及的基本需求。通过这个指标，可以了解不同区域之间的教育机会差距，促进教育资源的公平分配，缩小各社会阶层的教育差距，提高教育公平程度。

（一）普惠性幼儿园覆盖率

按照北京"十四五"末期普惠性幼儿园覆盖率高于90%的目标来看，2022年北京大多数地区的普惠性幼儿园覆盖率都超过了90%，只有西城区、朝阳区、丰台区、石景山区、通州区、经开区还没有达到全市平均水平，其中经开区的普惠性幼儿园覆盖率只有70.75%，这与其地域特点和历史环境有关（见表9）。

表9 2022年北京各区普惠性幼儿园覆盖率

单位：%

地区	普惠性幼儿园覆盖率	地区	普惠性幼儿园覆盖率
全市	91.41	通州区	90.58
东城区	92.66	顺义区	94.43
西城区	83.75	昌平区	95.50
朝阳区	87.98	大兴区	94.10
丰台区	84.41	其中:经开区	70.75
石景山区	89.57	怀柔区	97.41
海淀区	91.63	平谷区	99.93
门头沟区	96.00	密云区	96.96
房山区	100	延庆区	99.62

（二）每百名学生拥有体育、美术、劳动专任教师数

拥有足够数量的专任教师，可以保证教学质量和学生的发展。每百名学

生拥有体育、美术、劳动专任教师数是衡量学校是否拥有足够的专业教师来教授学生这些重要领域知识和技能的关键指标，可以衡量学校在提供全面的素质教育方面的能力，特别是在培养学生的文化素质、体育技能以及劳动技能方面的能力。如果该指标的数值较低，意味着学校可能存在教师资源不足的问题，这可能会影响学生在体育、美术、劳动方面的学习和发展，此外，该指标还可以反映学校对体育、美术、劳动教育的重视程度。这些领域不仅对学生未来的发展和就业有着重要的影响，同时对他们的身心健康和全面发展至关重要。

以全市平均水平为标准，对照各区的情况可以发现，小学阶段，西城区、昌平区、怀柔区、平谷区和延庆区的每百名学生拥有体育专任教师数高于全市平均水平；初中阶段，朝阳区、丰台区、石景山区、门头沟区、房山区、顺义区、昌平区、大兴区（含经开区）、怀柔区、平谷区、密云区和延庆区的每百名学生拥有体育专任教师数高于全市平均水平；高中阶段，除海淀区、房山区、通州区、昌平区、大兴区（含经开区）、密云区的每百名学生拥有体育专任教师数低于全市平均水平外，其余地区都高于全市平均水平。

体育专任教师在中学依然受到重视，而全市每百名学生拥有美术专任教师数随着学段上升而递减。小学阶段，东城区、西城区、海淀区、通州区、大兴区（含经开区）的每百名学生拥有美术专任教师数低于全市平均水平；初中阶段，东城区、西城区、朝阳区、海淀区、房山区、通州区和经开区的每百名学生拥有美术专任教师数低于全市平均水平；高中阶段，西城区、海淀区、房山区、通州区、大兴区（含经开区）、平谷区、密云区、延庆区的每百名学生拥有美术专任教师数低于全市平均水平。

从劳动专任教师数来看，全市小学、初中、高中阶段每百名学生拥有劳动专任教师数都较少，小学每千人有一位劳动专任老师，初中、高中几乎没有。从各区的情况来看，劳动专任教师较充足的地区是门头沟区（见表10）。

表10　2022年北京各区小学、初中、高中阶段每百名学生
拥有体育、美术、劳动专任教师数

单位：人

地区	每百名学生拥有体育专任教师数			每百名学生拥有美术专任教师数			每百名学生拥有劳动专任教师数		
	小学	初中	高中	小学	初中	高中	小学	初中	高中
全市	0.72	0.92	0.67	0.76	0.61	0.48	0.11	0.08	0.03
东城区	0.72	0.76	0.82	0.69	0.57	0.76	0.05	0.08	0.01
西城区	0.73	0.78	0.76	0.64	0.45	0.43	0.04	0.06	0.05
朝阳区	0.69	0.96	0.75	0.79	0.59	0.57	0.13	0.08	0.05
丰台区	0.69	0.98	0.86	0.85	0.79	0.68	0.13	0.05	0.02
石景山区	0.67	0.96	0.76	0.77	0.75	0.52	0.05	0.02	0
海淀区	0.72	0.77	0.50	0.74	0.49	0.32	0.05	0.08	0.03
门头沟区	0.68	1.18	0.77	0.80	0.85	0.58	0.25	0.10	0.13
房山区	0.66	0.93	0.55	0.77	0.56	0.39	0.21	0.08	0.02
通州区	0.63	0.91	0.52	0.71	0.54	0.39	0.11	0.05	0
顺义区	0.69	1.01	0.83	0.79	0.78	0.69	0.23	0.04	0.08
昌平区	0.91	1.22	0.66	0.98	0.89	0.50	0.14	0.10	0.09
大兴区	0.65	0.99	0.60	0.68	0.66	0.39	0.13	0.13	0
其中:经开区	0.42	0.66	0.51	0.49	0.50	0.51	0.01	0	0
怀柔区	0.83	1.25	0.76	0.88	0.92	0.74	0.22	0.03	0
平谷区	1.05	1.20	0.72	1.03	0.73	0.41	0.24	0.19	0.06
密云区	0.69	1.05	0.64	0.76	0.71	0.38	0.26	0.19	0
延庆区	1.09	1.32	0.71	1.01	0.71	0.37	0.12	0.02	0.05

资料来源：根据《北京教育事业统计资料》数据计算所得。

（三）生均校舍建筑面积

衡量生均校舍建筑面积的意义在于评估学生的学习环境是否得到充分保障。生均校舍建筑面积指学生在学校的平均建筑面积，包括教室、实验室、图书馆、办公室、运动场等各种教育设施的建筑面积。一个学生可以使用的平均建筑面积越大，其在学校的学习和生活空间越宽敞舒适，有利于创造良好的学习氛围和学习效果。另外，衡量生均校舍建筑面积也有助于评估教育资源的分配是否均衡，是否能够满足学校教育发展的需求。

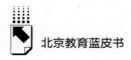

与 2018~2019 学年度相比，2022~2023 学年度，全市除初中阶段外，其他基础教育阶段生均校舍建筑面积整体呈现增长的态势。

从 2022~2023 学年度各区基础教育阶段生均校舍建筑面积来看，学前教育阶段低于全市平均水平的有丰台区、门头沟区、通州区、昌平区、大兴区（含经开区），其中门头沟区生均校舍建筑面积在近年的发展过程中逐渐缩小，其他地区自 2018~2019 学年度以来一直低于全市平均水平；小学阶段明显低于全市平均水平的是东城区和西城区，两区生均校舍建筑面积仅为全市平均水平的 60% 左右；初中阶段明显低于全市平均水平的是东城区、海淀区和平谷区，这 3 区生均校舍建筑面积分别仅为全市平均水平的 78%、77% 和 55%（见表 11）。

表 11　2018~2019 学年度、2022~2023 学年度北京各区基础教育阶段
生均校舍建筑面积变化情况

单位：平方米

地区	学前教育		小学		初中	
	2018~2019 学年度	2022~2023 学年度	2018~2019 学年度	2022~2023 学年度	2018~2019 学年度	2022~2023 学年度
全市	1090	1110	1177	1201	2477	2349
东城区	1148	1216	828	752	2110	1831
西城区	1147	1128	852	774	2609	2044
朝阳区	1129	1129	1308	1276	2548	2403
丰台区	1038	1075	946	1013	2210	2519
石景山区	1279	1208	1285	1142	2471	2132
海淀区	1024	1130	1048	1126	1743	1808
门头沟区	1254	820	1531	1374	4096	3050
房山区	1200	1260	1455	1400	3235	2946
通州区	1018	1038	1087	1257	3475	3075
顺义区	1039	1129	1425	1483	3619	3624
昌平区	1009	1018	1525	1546	3329	3655
大兴区	1088	986	1450	1340	2563	3279
其中:经开区	—	1077	—	3073	—	3216
怀柔区	1150	1270	1482	1455	2991	2286
平谷区	1071	1160	1047	1176	1494	1303
密云区	1151	1197	1076	1103	2417	2123
延庆区	983	1257	1431	1365	3113	2485

资料来源：根据《北京市教育事业统计资料》数据计算所得。

四 北京各区教育优质均衡情况

分析教育优质均衡这个指标的意义在于衡量教育质量的均衡性以及教育质量是否能够满足人们对于优质教育的需求，同时分析不同类型和地区的教育质量差异，促进教育质量的全面提升，推动教育均衡发展。从某种程度上来说，这一指标与教育公平普惠指标有明确区分，在这里教育优质均衡更关注师资队伍的质量和教育经费投入情况。

（一）各级各类教育生师比

数量充足的教师是教育优质均衡的重要前提，生师比是衡量教师资源充足性的重要指标。分析各级各类教育生师比的目的是引导各区根据实际情况提前储备不同学段的教师。从各区情况来看，学前教育阶段生师比高于全市平均水平的地区有丰台区、石景山区、海淀区、门头沟区、通州区、顺义区、昌平区、大兴区，其中生师比最高的是门头沟区；小学阶段生师比高于全市平均水平的地区有朝阳区、石景山区、海淀区、通州区、昌平区、大兴区，其中生师比最高的是朝阳区；普通中学阶段生师比高于全市平均水平的地区有东城区、西城区、海淀区、门头沟区、房山区、通州区、平谷区、密云区、延庆区，其中生师比最高的是西城区；职业高中阶段生师比高于全市平均水平的地区有丰台区、海淀区、通州区、昌平区、平谷区，其中生师比最高的是海淀区（见表12）。

表 12　2022~2023 学年度北京各区基础教育阶段各级各类教育生师比

地区	学前教育	小学	普通中学	职业高中
全市	11.77	17.92	6.95	4.91
东城区	8.17	13.41	7.51	2.36
西城区	8.74	16.45	9.36	1.81
朝阳区	11.38	25.87	5.09	3.94
丰台区	12.20	15.54	6.32	7.46

续表

地区	学前教育	小学	普通中学	职业高中
石景山区	11.99	21.70	5.66	4.12
海淀区	12.19	20.02	8.35	11.40
门头沟区	16.86	10.90	7.46	0.92
房山区	11.63	17.39	7.55	4.42
通州区	12.05	18.20	7.33	7.78
顺义区	14.24	17.66	6.71	0.90
昌平区	13.81	18.11	5.00	9.05
大兴区	13.22	19.08	5.76	4.24
怀柔区	8.32	12.58	6.56	1.29
平谷区	11.63	11.14	7.77	7.00
密云区	10.49	13.87	8.08	4.27
延庆区	10.95	12.39	7.14	2.62

资料来源：根据《北京市教育事业统计资料》数据计算所得。

（二）各区教师资历

2021 年，北京各区特级教师、市级学科带头人和市级骨干教师合计占全市教师的比重为 2.63%。分地区来看，朝阳区、丰台区、门头沟区、密云区和延庆区的特级教师、市级学科带头人、市级骨干教师合计占比均高于全市平均值，其中门头沟区最高，占比最低的是经开区（见表13）。

表 13　2021 年北京各区特级教师、市级学科带头人、市级骨干教师情况

单位：人，%

地区	特级教师	市级学科带头人	市级骨干教师	三者合计占比
全市	1014	382	2180	2.63
东城区	69	34	171	2.46
西城区	79	36	176	2.17
朝阳区	249	68	332	3.25
丰台区	85	28	148	2.79
石景山区	21	12	55	2.48

续表

地区	特级教师	市级学科带头人	市级骨干教师	三者合计占比
海淀区	205	63	305	2.50
门头沟区	17	6	53	3.75
房山区	32	19	128	2.47
通州区	43	19	170	2.62
顺义区	63	21	97	2.47
昌平区	38	19	162	2.51
大兴区	33	16	123	1.99
其中:经开区	12	2	5	1.92
怀柔区	15	7	49	2.29
平谷区	10	10	58	2.19
密云区	23	12	78	3.08
延庆区	18	9	59	3.54

资料来源:《北京教育年鉴2022》。

　　将同为特级教师、市级学科带头人、市级骨干教师的教师视为优秀教师,从各区生均优秀教师数量来看,每千名学生拥有的优秀教师数最多的是延庆区,最少的是经开区(见图1)。

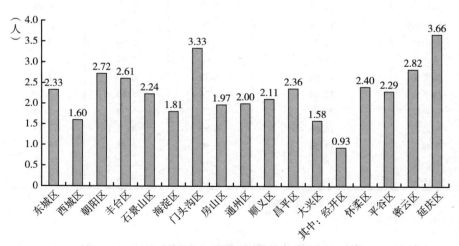

图1　2021年北京各区每千名学生拥有的优秀教师数

资料来源:《北京教育年鉴2022》。

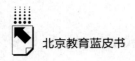

（三）生均教育经费

分析各区生均教育经费投入情况的目的是督促各区进一步加大教育投入力度。2021 年北京一般公共预算教育经费占一般公共预算支出的比例为15.75%，占比低于全市平均水平的只有通州区，为 15.06%；占比最高的是东城区，为 24.90%。整体来看，基础教育各学段生均一般公共预算教育事业费都低于全市平均水平的地区有西城区、朝阳区、丰台区、海淀区和通州区（见表 14）。

表 14　2021 年北京各区教育经费投入情况

单位：%，万元

地区	一般公共预算教育经费占一般公共预算支出的比例	生均一般公共预算教育事业费		
		小学	初中	普通高中
全市	15.75	3.36	5.72	6.64
东城区	24.90	3.82	6.49	7.84
西城区	17.69	2.50	4.60	6.10
朝阳区	19.12	3.08	4.81	6.24
丰台区	18.02	2.86	5.00	5.61
石景山区	17.62	3.24	6.05	6.58
海淀区	21.27	3.17	4.99	6.08
门头沟区	18.74	4.70	7.08	7.39
房山区	22.70	2.87	5.93	5.54
通州区	15.06	2.67	5.01	5.55
顺义区	16.98	3.38	6.72	7.85
昌平区	22.04	3.78	5.65	5.96
大兴区	22.68	3.89	6.73	7.95
怀柔区	16.66	4.59	8.23	7.11
平谷区	18.50	5.30	8.96	6.36
密云区	16.50	3.79	6.70	5.42
延庆区	16.57	5.12	9.08	6.73

资料来源：《2021 年北京市教育经费执行情况统计表》。

小学阶段，生均一般公共预算教育事业费较高的前 3 个地区分别是平谷区、延庆区和门头沟区，而低于全市平均水平的地区有西城区、朝阳区、丰台区、石景山区、海淀区、房山区、通州区。

初中阶段，生均一般公共预算教育事业费较高的前3个地区分别是延庆区、平谷区和怀柔区，而低于全市平均水平的地区有西城区、朝阳区、丰台区、海淀区、通州区、昌平区。

普通高中阶段，生均一般公共预算教育事业费较高的前3个地区分别是大兴区、顺义区和东城区，而低于全市平均水平的地区有西城区、朝阳区、丰台区、石景山区、海淀区、房山区、通州区、昌平区、平谷区、密云区。

五　北京各区学生综合素养情况

分析学生综合素养这个指标的意义在于评价学校教育的综合效果以及学生的综合素质水平。通过这个指标可以了解学生在不同领域的发展情况，为学校和教育管理部门提供有关教育改革和发展的决策依据。由于数据统计的可获得性和敏感性，这里不一一列举各区学生的体质健康水平，仅对学生的体质健康优良率、肥胖率和视力不良率做整体概括性分析。

从学生体质健康优良率来看，随着学段的增长，学生体质健康优良率逐渐降低。小学阶段仅有4个区高于全市平均水平，初中阶段仅有5个区高于全市平均水平，高中阶段仅有2个区高于全市平均水平。

从学生肥胖率来看，初中阶段学生肥胖率相对高于小学和高中阶段。

从学生视力不良率来看，随着学段的增长，学生视力不良率逐渐增长。中小学生视力不良状况尚未得到有效改善。

近年来，学生受居家线上学习、电子设备使用时间过长、饮食不规律、运动时长不够、睡眠不足等因素影响，视力不良率、肥胖率有所提高，有效控制中小学生近视和肥胖依然任重道远。

六　基本结论

随着北京城市总体规划和区域产业规划的深入落实，各区的教育事业作

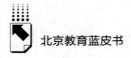

为配套的基本公共服务也在不断向高质量推进。数据比较发现，单纯从观测指标来看，传统意义上的教育大区和教育强区都不具备明显优势，甚至处于劣势。与"十三五"末期各区发展状况相比，如果继续按照首都功能核心区（东城区、西城区）、城市功能拓展区（朝阳区、丰台区、石景山区、海淀区）、城市发展新区（通州区、顺义区、昌平区、大兴区）与生态涵养区（门头沟区、房山区、怀柔区、平谷区、密云区、延庆区）分析，已经不能呈现共性特征，简单的数据比较也已经不能展示教育发展的实际，仅能展示各区教育发展的基本样貌。要更精准地描述区域教育发展的情况，需要更多角度的探索。这是社会发展带来的变化。例如，探索人文政务引领的教育，抓住区域的人文历史特征，加强学校文化品质建设，打造高标准、高水平、高质量、特色鲜明的区域教育品牌，确保与区域经济社会发展相协调，从而为全国教育优质均衡发展提供样本支持。又如，探索产业功能引领的教育，改变教育系统内部封闭发展的思路，充分整合与利用各级各类教育资源，调整区域学校的布局结构、课程设置等影响要素，与社会系统融合，强化区域教育的系统性、多样性、层次性、互补性和开放性。再如，探索空间布局引领的教育，强化多点支撑，适应区域经济发展的不平衡性和差异性，努力缩小城乡教育差异与校际教育差异，培养高素质专业化创新型教师队伍，实现共享共赢。还如，探索生态意识引领的教育，发挥教育对生态环境的保护功能，为区域生态环境可持续发展提供最为可靠的教育理念和人才支持，同时依靠教育信息化建设实现"弯道超车"，缩小与中心城区的教育水平差距。

综上所述，各区要深入了解本区的教育需求和资源状况，制定适合自身的教育发展战略；要注重教育创新，探索适合本区的教育创新方式，打造智慧教育、在线教育等现代化教育模式；要加强教育协作和交流，共同推进教育高质量发展，可通过教育资源共享、教育师资培训等方式，共同提高教育质量和水平，实现全市教育共同发展。只有这样，才能让北京教育事业不断迈上新的台阶，为未来的城市发展提供强有力的支撑。

分 报 告
Sub-Reports

B.3

北京幼儿园教师队伍建设状况分析

张 霞 苏 婧*

摘 要: 正如《新时代基础教育强师计划》所说的"高质量教师是高质量教育发展的中坚力量",学前教育的高质量发展离不开高质量幼儿园教师队伍的建设。近年来,北京学前教育高质量发展战略的实施及一系列幼儿园教师队伍建设政策的出台,为北京幼儿园教师队伍建设提供了历史机遇,同时提出了更高的挑战。当前,北京幼儿园教师队伍规模持续扩大,师幼比不断提高,但同时存在内部差异较大、教职工内部结构中非保教人员及未评职称教师占比较高等问题。本报告建议:继续高度重视幼儿园教师队伍建设,强化教师队伍建设和保障机制;保障幼儿园专任教师配备,保持师幼比的稳定;优化教职工队伍结构,调整非保教人员占比;持续加强教师队伍的在职培训和园本教研,

---

* 张霞,博士,北京教育科学研究院早期教育研究所助理研究员,主要研究方向为学前教育政策、幼儿园课程;苏婧,北京教育科学研究院早期教育研究所所长、研究员,主要研究方向为学前教育政策、幼儿园管理。

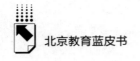

切实提升教育实践能力。

关键词： 幼儿园　教师队伍　高质量发展　北京

一　北京幼儿园教师队伍建设的政策背景

（一）学前教育高质量发展战略对幼儿园教师队伍提出新的要求

党的十八大以来，国家连续实施三期学前教育行动计划，着力推动学前教育普及普惠发展。2021年12月，教育部颁布了《"十四五"学前教育发展提升行动计划》，强调应坚持学前教育公益普惠基本方向，健全普惠性学前教育资源配置、师资队伍建设、经费投入与成本分担等方面的保障机制，提升学前教育公共服务水平，立足新发展阶段，贯彻新发展理念，把实现学前教育普及普惠安全优质发展作为提高普惠性公共服务水平、扎实推进共同富裕的重大任务。该计划"政策措施"部分强调了"提高幼儿园师资培养培训质量""保障幼儿园教师配备和工资待遇"，对幼儿园教师的培养培训、配备、工资待遇等进行了专门说明，这既反映了国家对幼儿园教师队伍建设的高度重视，同时对北京幼儿园教师队伍建设提出了新的要求。

与此对应，2022年《北京市"十四五"学前教育发展提升行动计划》（以下简称《北京提升行动计划》）提出，在党的坚强领导下，全面贯彻党的教育方针，落实立德树人根本任务，遵循学前教育规律，强化政府主体责任，健全保障机制，推动本市学前教育高质量发展，努力满足人民群众对幼有所育的美好期盼。同时，在《北京提升行动计划》提出的4项基本原则中，第3项和第4项分别是"坚持内涵发展""坚持规范提升"，其中"坚持内涵发展"进一步强调"以幼儿为本，进一步深化幼儿园教育改革，推进科学保教，促进高质量发展"。与前几期北京学前教育行动计划强调普及普惠的发展战略相比，《北京提升行动计划》在普及普惠的基础上，将促进学前教育高质量发展作为北京学前教育事业发展的重点。不仅如此，《北京提升行动计划》提出了 4 项主要举措，第 3 项"推动学前教育内涵建设，促进园所全面优质发展"与第 4 项"创新学前教育队伍建设，提升干部教师能力素养"均与学前教育高质量发展密切相关，特别是第 4 项举措直指幼儿园教师队伍建设和素养提升，分别从"努力改革幼儿园教职员工配备方式""提高幼儿园师资培养培训质量""不断提高幼儿园教师工资待遇" 3 个角度，对如何提升幼儿园教师队伍整体水平做出了具体的规定。由此可见，随着学前教育普及普惠水平的不断提升，提升幼儿园质量已成为国家和北京学前教育发展的重点。在此背景下，教师作为影响教育质量的关键因素，日益成为国家和北京学前教育发展的重点内容，这不仅为北京幼儿园教师队伍建设提供了机遇，同时提出了新挑战和新要求。

（二）北京幼儿园教师队伍建设政策密集出台，培训力度持续加大

为进一步加强幼儿园教师队伍建设，北京密集出台了《关于创新和规范中小学、幼儿园教师编制配备有关问题的意见》《关于进一步加强和改进新时代师德师风建设的若干措施》《北京市落实〈教育部等六部门关于加强新时代乡村教师队伍建设的意见〉的工作方案》《"十四五"时期北京市中小学干部教师培训工作方案》《"十四五"时期北京市中小学幼儿园教师培训学分管理办法》《北京市幼儿园新入职教师规范化培训指导意见》等一系列政策文件，对幼儿园乡村教师队伍建设、幼儿园教师队伍配备、幼儿园师德师风建设、幼儿园教师队伍培训等方面做出了明确的规定，为北京幼儿园教师队伍建设提供了较为全面的政策指引和政策保障。

幼儿园教师队伍配备方面，北京研究出台了《关于创新和规范中小学、幼儿园教师编制配备有关问题的意见》，探索实施创新教育部门所属公办幼儿园教职工管理方式及完善编制标准、开展市级教育系统事业编制"周转池"制度试点、加大跨层级跨区域跨行业调剂事业编制力度等措施。同时，为了缓解平谷区和昌平区的缺编压力，市委编办调剂出 100 名编制组建学前教育执法专职队伍。

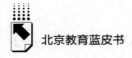

幼儿园教师队伍培训方面，为进一步加强北京幼儿园教师培训制度化、规范化建设，提升幼儿园教师专业水平，北京围绕培训方案制度、培训学分管理、新教师培训先后出台了4个相关政策。其中，《"十四五"时期北京市中小学幼儿园教师培训学分管理办法》明确了"教师五年内完成的总学分由必修课程、选修课程和校本研修课程三部分学分构成，教师在五年内必须完成累计不少于36学分或特定要求学分的培训"。2022年7月，北京市教委针对新入职幼儿园教师制定出台了《北京市幼儿园新入职教师规范化培训指导意见》，该意见提出，应当"按照'市级统筹、区域组织、多方参与、自主发展'的思路，组织实施新入职教师规范化培训""新入职教师通过规范化培训，自觉遵守职业规范，树立新教师正确的幼儿观、教育观，形成教学基本能力，扣好职业生涯'第一粒扣子'，提升新入职教师教书育人能力"。同时，该意见明确"按照幼儿园教师专业标准，培训课程设置遵循新教师成长规律、教师培训课程指导标准，遵循师德为先、实践取向、知行合一的原则，聚焦新教师专业发展核心素养和教育教学基本能力，突出实操性、实用性和实效性"，明确了思想政治、师德与职业规范，幼儿发展，保育与教育及专业发展4个模块的培训内容，提出"需求诊断、集中研修、岗位实践、跟踪指导"的整体培训流程，对北京幼儿园新入职教师专业培训提出了具体要求。该意见锚定了幼儿园新入职教师这一支实践能力相对薄弱的队伍，关注教师专业发展核心素养和教育教学基本能力的提升，确定了一系列具有实践性、实操性的培训课程内容，并提出了具体的培训流程，为新入职幼儿园教师专业成长提供了具体明确、实践性强的培训制度保障。

二 北京幼儿园教师队伍建设情况分析

为全面了解北京幼儿园教师队伍建设状况，本报告以教育部网站公布的学前教育事业发展统计数据、北京市教委网站公布的北京教育事业统计数据为基础，围绕幼儿园教师队伍的规模和配备、内部构成、学历职称等公开数据呈现的内容，对北京幼儿园教师队伍建设相关情况进行了分析，以呈现北京幼儿园教师队伍建设的整体情况。需要特别说明的是，教育部网站公布的学前教育事业发展统计数据最新数据为 2021 年全国和各省市学前教育事业发展情况相关数据，北京教育事业统计数据最新数据为 2020 年各区幼儿园教师队伍建设情况相关数据。

（一）幼儿园教职工队伍总数、专任教师总数持续增长

截至 2021 年，北京幼儿园教职工总数为 98322 人，其中专任教师 47973 人、园长 3473 人、保育员 17051 人。回顾 2016~2021 年北京学前教育事业发展情况可以发现，北京幼儿园教职工总数、专任教师总数均呈现持续上涨的趋势（见图 1）；其中，教职工总数从 2016 年的 65806 人增长到 2021 年的 98322 人，增加了 32516 人，增幅为 49%；专任教师总数从 2016 年的 36071 人增长到 2021 年的 47973 人，增加了 11902 人，增幅为 33%。教职工总数和专任教师总数的增长趋势与北京近年来大力推进学前教育普及普惠发展的整体趋势呈现总体一致性，进一步对比 2016~2021 年教职工总数的增幅和专任教师总数的增幅可以发现，专任教师总数的增幅比教职工总数的增幅低 16 个百分点。

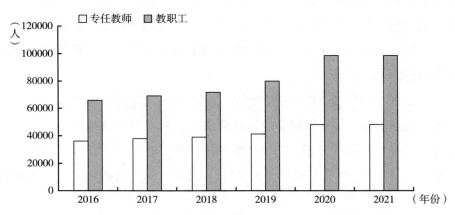

图 1　2016~2021 年北京幼儿园教职工总数、专任教师总数变化情况

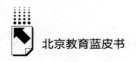
（二）师幼比呈现提高态势，区域内部差异较为明显

师幼比是反映幼儿园教师配备情况的核心指标，也是反映幼儿园教育质量的重要指标。已有研究认为，师幼比已经成为当今国际上普遍认同的学前教育质量评价体系中的一项重要结构性指标[①]。国家《幼儿园教职工配备标准（暂行）》对不同类型幼儿园教职工与幼儿的配备比例、保教人员与幼儿的配备比例、专任教师与幼儿的配备比例提出了具体要求，其中：全日制幼儿园教职工与幼儿的配备比例为 1∶7 至 1∶5，保教人员与幼儿的配备比例为 1∶9 至 1∶7，每班配备 2 名专任教师；全日制幼儿园小中大班（小班 20~25 人，中班 26~30 人，大班 31~35 人）每班配备 2 名专任教师。对照北京幼儿园教师配备情况发现，"十三五"以来，北京幼儿园专任教师师幼比、教职工师幼比、保教人员师幼比均高于国家规定的水平。2016~2021年，北京幼儿园专任教师师幼比在 1∶11 左右，其中最高为 2019 年的 1∶11.35，2021 年该比值下降到 1∶11.81；教职工师幼比从 1∶6.30 下降到 1∶5.76，2021 年为最高水平，即 1∶5.76；保教人员师幼比为 1∶90 至 1∶8.60，2016 年为最高水平，2021 年该比值为 1∶8.72。总体而言，北京幼儿园教职工师幼比、保教人员师幼比均在国家规定的范围内波动，专任教师师幼比则高于国家规定的水平。需要特别关注的是，尽管北京幼儿园各类型师幼比整体高于国家标准，但 2019 年后，专任教师师幼比逐年下降，从 1∶11.35 下降到 1∶11.81，需要关注专任教师配备情况，避免师幼比持续降低问题。

为了进一步考察幼儿园专任教师、保育员配备情况，本报告对北京幼儿园专任教师班师比（每班配备专任教师情况）和保育员班师比（每班配备保育员情况）进行了分析。2016~2021 年，北京幼儿园专任教师班师比保持在1∶2.4左右，保育员班师比为 1∶0.8 至 1∶0.7。根据国家《幼儿园教

---

① OECD, Starting Strong III: A Quality Toolbox for Early Childhood Education and Care（Executive Summary），2012.

职工配备标准（暂行）》"全日制幼儿园每班配备 2 名专任教师和 1 名保育员，或配备 3 名专任教师"的规定，北京幼儿园专任教师班师比超过国家标准，而保育员班师比则低于国家要求。

对 OECD（经济合作与发展组织）国家的师幼比进行梳理发现，芬兰、新西兰、英国、斯洛伐克、智利、美国等国家的师幼比在世界范围内处于最高或较高水平[1]。其中，芬兰的师幼比最高，为 1∶7；美国教育部建议美国州立幼教机构最低师幼比标准为 1∶10，各州师幼比为 1∶15 至 1∶7[2]。按照国际上常用的师幼比规定，即"纳入师幼比计算的幼儿教师，指那些直接指导和参与幼儿保教活动的一线教师，不包括行政后勤人员"[3]，北京保教人员师幼比为 1∶9.0 至 1∶8.6，略高于美国最低师幼比标准。

对北京各区进行分析发现，2020 年幼儿园专任教师班师比最高的区为怀柔区，为 1∶3.39；最低的区为平谷区，为 1∶1.74，未达到国家规定标准。专任教师师幼比最高的是东城区（1∶8.26），其次为怀柔区（1∶8.69），专任教师师幼比较低的区是大兴区（1∶16.29）。一方面，各区专任教师师幼比最高和最低之间存在较大的内部差异；另一方面，各区专任教师班师比与专任教师师幼比呈现较强的关联性，即专任教师班师比较高则专任教师师幼比较高，专任教师班师比较低则专任教师师幼比较低。

（三）"专任教师、保育员占比低，卫生保健、行政、教辅、工勤人员占比高"特点凸显

教师队伍的人员结构是教职工岗位配备和设置合理性的重要外显指标。对 2021 年全国幼儿园教职工人员构成情况进行分析发现，全国幼儿园教职工队伍中，园长占教职工总数的 5.50%，专任教师占教职工总数的 54.49%，保育员占教职工总数的 21.64%；北京的幼儿园园长占教职工总数的 3.53%，专任教师占教职工总数的 48.79%，保育员占教职工总数的 17.34%；与全

---

① OECD, Quality Matters in Early Childhood Education Care：Japan, 2012.
② NIEER, State Preschool Yearbook：The State of Preschool, 2012.
③ OECD, Quality Matters in Early Childhood Education Care：Finland, 2012.

国平均水平相比，北京幼儿园园长、专任教师、保育员在教职工总数中所占比例均低于全国平均水平，卫生保健人员占比、行政人员占比、教辅人员占比、工勤人员占比均高于全国平均水平。

从园长配备情况来看，北京幼儿园园长在教职工队伍中所占比例为3.53%，低于全国平均水平（5.50%）1.97个百分点，仅高于上海市（2.35%）、浙江省（2.77%）。从园长配备的具体情况来看，2016~2021年，北京平均每所幼儿园园长配备规模呈整体增长态势，从2016年的1.46人提高到2021年的1.74人，反映出北京幼儿园园长配备数量和比例在提高（见表1）。

表1 2016~2021年北京平均每所幼儿园园长配备规模

单位：人

指标	2016年	2017年	2018年	2019年	2020年	2021年
每园配备园长数	1.46	1.49	1.44	1.55	1.71	1.74

如表2所示，从专任教师在教职工总数中所占比例来看，全国平均水平为54.49%，高于北京（48.79%）5.70个百分点；同时，北京专任教师占比仅高于湖北、黑龙江、海南、湖南。而与此相反，北京幼儿园行政人员占比为5.31%，居全国首位，高于上海、广东超2个百分点，高于浙江、江苏4.19个百分点。北京幼儿园工勤人员占比为15.20%，低于海南、宁夏，位居全国第三，高于江苏5.20个百分点、高于上海6.13个百分点。北京幼儿园教辅人员占比为4.76%，居全国首位，高于全国平均水平2.92个百分点，分别高于上海、广东、江苏、浙江1.05个百分点、2.94个百分点、3.19个百分点、3.77个百分点。考虑不同区域园所分布、规模等的影响，与情况更为类似的直辖市进行比较，天津、上海、重庆幼儿园专任教师、保育员在教职工总数中所占比例均高于北京，而卫生保健人员占比、行政人员占比、教辅人员占比、工勤人员占比均低于北京。与经济较为发达的浙江、江苏、广东相比，浙江、江苏、广东幼儿园专任教师、保育员在教职工总数中所占

比例均高于北京，而卫生保健人员占比、行政人员占比、教辅人员占比、工勤人员占比均低于北京。由此可见，北京幼儿园教职工队伍中，专任教师、保育员占比偏低，而卫生保健人员、行政人员、教辅人员、工勤人员占比高的特点较为明显。

表2　2021年全国及31个省份幼儿园教职工队伍组成情况

单位：%

地区	园长在教职工总数中所占比例	专任教师在教职工总数中所占比例	保育员在教职工总数中所占比例	卫生保健人员在教职工总数中所占比例	行政人员在教职工总数中所占比例	教辅人员在教职工总数中所占比例	工勤人员在教职工总数中所占比例
全国	5.50	54.49	21.64	2.98	2.28	1.84	11.27
北京	3.53	48.79	17.34	5.06	5.31	4.76	15.20
天津	5.14	50.57	19.41	3.79	4.50	3.76	12.83
河北	7.34	57.62	18.91	3.30	2.36	1.80	8.65
山西	5.87	59.40	16.98	3.16	2.72	2.01	9.86
内蒙古	4.90	57.38	15.65	2.78	3.99	4.14	11.16
辽宁	7.65	52.84	20.05	2.41	3.15	2.75	11.14
吉林	6.81	48.96	23.28	4.27	3.83	4.70	8.15
黑龙江	8.02	48.39	21.35	4.97	2.22	3.62	11.43
上海	2.35	53.76	23.74	4.37	3.01	3.71	9.07
江苏	3.78	54.90	24.66	3.96	1.12	1.57	10.00
浙江	2.77	53.38	24.47	3.38	1.12	0.99	13.89
安徽	5.88	56.76	22.51	3.15	1.70	1.34	8.65
福建	5.48	53.50	22.78	2.55	1.74	1.46	12.49
江西	6.10	59.39	23.97	1.75	0.47	0.75	7.57
山东	6.21	62.86	16.90	1.97	1.40	1.36	9.30
河南	6.23	56.48	21.25	3.10	2.28	1.47	9.18
湖北	5.96	48.65	23.92	3.59	2.97	2.42	12.48
湖南	6.06	47.54	27.09	3.64	2.91	1.58	11.18
广东	4.59	51.27	22.13	3.30	3.26	1.82	13.63
广西	7.01	49.43	23.60	2.24	1.72	1.39	14.62
海南	5.34	48.30	22.47	3.21	1.95	1.08	17.65
重庆	5.74	49.86	24.91	2.91	2.17	1.46	12.95
四川	5.51	52.72	22.35	2.70	2.58	2.02	12.12

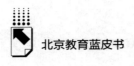
续表

地区	园长在教职工总数中所占比例	专任教师在教职工总数中所占比例	保育员在教职工总数中所占比例	卫生保健人员在教职工总数中所占比例	行政人员在教职工总数中所占比例	教辅人员在教职工总数中所占比例	工勤人员在教职工总数中所占比例
贵州	5.22	53.29	24.49	2.09	1.40	0.99	12.52
云南	6.47	56.72	17.88	2.34	1.83	1.35	13.40
西藏	4.68	86.50	3.63	0.33	0.61	1.23	3.02
陕西	4.96	55.72	19.75	3.20	4.17	1.93	10.27
甘肃	6.67	66.91	12.74	2.06	1.17	1.74	8.71
青海	5.03	55.34	22.91	0.90	1.38	0.54	13.90
宁夏	4.77	49.27	19.60	3.00	3.76	3.73	15.87
新疆	4.57	61.98	20.13	1.05	0.95	3.26	8.07

注：不包括港澳台数据。

（四）教师学历水平不断提升，形成以专科及以上学历教师为主体的队伍格局

诸多的研究显示，教师的受教育年限和状况是影响教育质量的重要因素。全国儿童照料机构师资研究（National Child Care Staffing Study）考察了教师、工作条件与儿童照料质量之间的关系，其在 1988 年的调查结果表明，教师接受正规教育的年限、接受大学水平的学前教育培训及较高的工资与福利、较好的成人工作环境、较低的教师流动率能带来教师更多的敏感、适宜的照料行为[1]。对北京"十三五"以来幼儿园教师的学历进行分析发现，截至 2021 年，北京幼儿园专任教师中，专科学历教师占 44.76%，本科学历教师占 50.92%，硕士研究生学历教师占 1.31%，博士研究生学历教师占 0.03%，高中及以下学历教师占 2.98%，专科、本科学历教师构成了北京幼儿园专任教师队伍的主体。从教师学历结构的变化情况来看，2016~2020 年北京幼儿园专任教师中，本科学历教师数量和比例均呈现上升趋势，专科学

---

[1] 潘月娟、刘焱：《美国托幼机构教育质量研究述评》，《比较教育研究》2008 年第 8 期。

历教师数量和比例小幅下降，高中学历教师数量和比例逐年下降，教师学历水平逐渐提高的趋势凸显。

与全国总体情况进行比较可以发现，北京幼儿园本科学历教师占比高于全国平均水平（28.84%）22.08个百分点，专科学历教师占比则低于全国平均水平（58.52%）13.76个百分点（见图2），由此可见，北京幼儿园专任教师学历水平相较于全国平均水平更高。与我国其他省份相比，北京幼儿园专科及以上学历教师占比高于天津和广东，低于上海、江苏、浙江；北京幼儿园本科及以上学历教师占比低于天津、上海、江苏、浙江，其中，北京本科及以上学历教师占比低于上海30.12个百分点，低于江苏5.20个百分点。

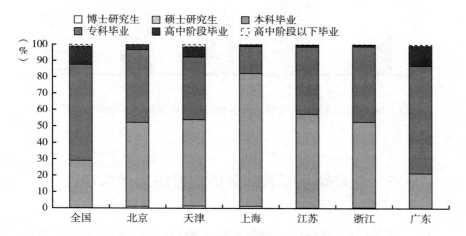

图2 2021年全国及部分省份幼儿园专任教师中不同学历教师分布情况

（五）教师职称评定情况不断改善，未评职称教师占比较高

教师的职称是反映教师专业化水平的一项重要指标。近年来，幼儿园教师职称评定情况成为国家学前教育政策关注的内容。数据分析发现，2021年北京幼儿园专任教师中未评职称教师占比为49.82%，已评职称教师占比为50.18%；已评职称教师中，占比最高的是助理级，占24.88%；其次为中级，占13.06%。与全国平均水平相比，北京幼儿园已评职称专任教师占比比全国

（26.52%）高23.66个百分点，未评职称教师占比低于全国（73.48%）23.66个百分点。与我国其他省份相比，已评职称教师占比高于北京的省份有3个，分别是上海（71.94%）、浙江（61.55%）、西藏（71.23%），分别比北京高出21.76个百分点、11.37个百分点、21.05个百分点（见图3）。

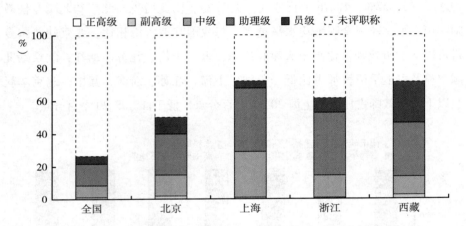

图3　2021年全国及部分省份幼儿园专任教师中不同职称教师分布情况

三　北京幼儿园教师队伍建设的思考与建议

（一）继续高度重视幼儿园教师队伍建设，强化教师队伍建设和保障机制

幼儿园教师队伍建设是关系北京学前教育高质量发展战略有效落地的重要因素。正是基于这一点，北京先后制定出台了一系列政策来保障幼儿园教师队伍的建设和发展。立足当下、展望未来，建议继续高度重视幼儿园教师队伍的建设和发展，进一步落实国家和北京幼儿园教师师德师风建设、教师培训等方面的政策要求，保障相关培养培训政策切实落地；进一步落实国家幼儿园教师配备要求，保障教师队伍规模；完善教师职称评定特别是民办幼儿园教师职称评定相关制度，以及幼儿园教师特别是非编制教师和民办幼儿

园教师的待遇保障等相关机制，为幼儿园教师队伍建设解决关键性、保障性问题，从而形成体系完备、科学有效、保障有力的幼儿园教师队伍建设和保障机制。

（二）保障幼儿园专任教师配备，保持师幼比的稳定

正如前文所述，当前北京幼儿园专任教师队伍整体配备水平达到国家幼儿园教职工配备标准，但与 OECD 国家相比仍存在一定差距；同时，现有数据发现，近年来北京幼儿园师幼比呈现波动下降趋势。拉夫等人的实验研究比较了幼儿与教师比例在 8∶1、9∶1 和 10∶1 时的托幼机构的保教质量，发现随着幼儿与教师比例的升高，托幼机构的保教质量下降[①]。同时，国家《幼儿园保育教育质量评估指南》高度关注教育过程，强调师幼互动的重要价值，强调教师聚焦班级观察等学前教育质量观，对幼儿园师幼比提出了新的挑战和要求。在北京学前教育高质量发展战略背景下，保障幼儿园专任教师配备渠道的稳定、保持师幼比的稳定，成为关系《幼儿园保育教育质量评估指南》落地、学前教育高质量发展的重要因素。具体而言，建议严格按照国家《幼儿园教职工配备标准（暂行）》规定保障幼儿园教师的配备，避免编制不足、有编不补等问题产生；对教师配备不达标的区域进行专项督导和检查，引导和督促其配备充足的幼儿园教师；针对当前新生儿不断下降的整体趋势，同时考虑 5 年内即将退休教师的数量和比例，科学测算幼儿园教师配备规模，分年度进行合理的配备和补充。

（三）优化教职工队伍结构，调整非保教人员占比

合理的教职工队伍结构不仅有利于幼儿园教师队伍的健康发展，而且有利于园所的高质量建设和发展。当前北京幼儿园出现的专任教师、保育员占比较低而卫生保健人员、行政人员、教辅人员、工勤人员占比较高的状况，

---

① Love, J. M., Ryer, P., Faddis, B., "Caring Environments: Program Quality in California's Publicly Funded Child Development Programs," *RMC Research* (1992).

可能与幼儿在园时间较长、园所提供餐点较多有关，建议对当前幼儿园各类人员进行调查，进一步了解分析出现这一状况的原因，同时根据国家相关人员具体配备要求和标准，参考与北京经济社会发展状况、学前教育发展状况相似的上海、天津、江苏、浙江等地的经验，不断优化北京幼儿园教职工队伍结构，逐步提高专任教师、保育员在教职工总数中所占比例，同时适当调整非保教人员规模和占比，提高幼儿园办学效率。

（四）持续加强教师队伍的在职培训和园本教研，切实提升教育实践能力

在职培训和园本教研是推动幼儿园教师专业发展的两大重要支柱。研究发现，正规的学校教育与专业化的师资培训与教师的关注、敏感、友好、支持的教学行为显著相关[1]。当前，北京已经制定一系列幼儿园教师队伍在职培训政策，对培训的目标、方向、内容、流程等均做出了明确规定。建议进一步关注幼儿园教师在职培训政策的转化和落地情况，特别是在课程模块向具体的课程培训内容转化的过程中增强实践性、实操性，这是未来教师队伍在职培训迫切需要解决的关键问题；同时，创新培训方式，推动教师队伍在职培训从听讲座和培训内容、看活动案例等的单项输入走向从做中学、行动中学，是提高培训实践性的关键所在。

园本教研是推动幼儿园教师实践能力提升的重要支撑，也是推动园所教师专业发展的内在动力和保障。建议进一步完善市、区、园三级联动的教研机制，进一步强化横向互动、优势互补、相互借鉴的园本教研交流机制，保障园本教研的切实落地；进一步加强园本教研的引领、支持和保障作用，强化园本教研主题的问题导向、过程的以教师为本、方式的科学适宜和教研结果的实践可操作，从而保障园本教研引领教师成长、帮助教师解决教育实践问题等重要作用的切实发挥。

---

[1] Burchinal, M., et. al, "Caregiver Training and Classroom Quality in Child Care Centers," *Applied Developmental Science* (2002).

B.4
北京义务教育优质均衡发展的
实践路径研究

李海波　蒲　阳　呼建勇　赵丽娟*

摘　要： 新时代，实现义务教育优质均衡发展、办好人民满意的教育成为建设高质量教育体系、加快建设教育强国的重点任务。本报告总结了北京推进义务教育优质均衡发展的具体做法和经验，针对存在的问题提出以下对策建议：着力提高教育质量，促进学生全面发展；着力推进学区制管理和集团化办学改革，扩大优质教育资源覆盖面；着力推进城乡义务教育一体化发展，缩小城乡教育差距；着力健全教师交流轮岗机制，促进义务教育校际均衡；着力补齐短板，破解义务教育优质均衡发展困境；着力推进教育数字化建设，加强优质资源共建共享。

关键词： 义务教育　优质均衡　北京

　　党的二十大报告提出，要加快义务教育优质均衡发展和城乡一体化。中共中央办公厅、国务院办公厅《关于构建优质均衡的基本公共教育服务体系的意见》明确，要全面保障义务教育优质均衡发展。新时代，实现义务

---

* 李海波，北京教育科学研究院基础教育科学研究所教育政策研究室主任、副研究员，北京市政府督学，主要研究方向为教育政策；蒲阳，北京教育科学研究院基础教育科学研究所教育政策研究室副研究员，主要研究方向为教育政策；呼建勇，北京教育科学研究院基础教育科学研究所教育政策研究室中学高级教师，主要研究方向为教育政策；赵丽娟，北京教育科学研究院基础教育科学研究所教育政策研究室副研究员，主要研究方向为教育政策。

教育优质均衡发展、办好人民满意的教育成为建设高质量教育体系、加快建设教育强国的重点任务。北京根据党中央的统一部署，结合自身实际，突出围绕中心、服务大局，加强党的创新理论武装，把党的政治建设摆在首位，加快推进教育高质量发展，坚持以人民为中心发展教育，推进义务教育优质均衡发展。本报告对北京推进义务教育优质均衡发展的做法和经验、存在的问题开展研究，并提出对策建议。

一 北京义务教育优质均衡发展的有关做法和经验

（一）政府重视，构建齐抓共管工作格局，全面落实推进义务教育优质均衡发展主体责任

北京各区政府坚持以努力办好人民满意的教育为主线，紧紧围绕促进义务教育优质均衡发展，强化政府统筹，持续优化结构布局，完善教育公共服务体系，提高教育公共服务水平，将解决人民群众"急难愁盼"问题视为改善民生之本。各区在推进义务教育优质均衡发展的过程中，成立了由区委主要领导担任组长，区委、政府主管教育的领导担任副组长的义务教育优质均衡发展工作小组，同时成立义务教育优质均衡发展工作专班，由区教委主任担任组长，统筹协调自评工作，研究工作方案，明确责任分工，积极做好各项工作部署，依据国家义务教育优质均衡发展相关要求，明确义务教育优质均衡发展的任务书、路线图和时间表，形成政府主导、各负其责、齐抓共管的工作格局。

（二）坚持目标导向，统筹规划全局，促进教育发展

各区始终把推进义务教育优质均衡发展作为本区域教育发展工作的重中之重，抓住创建义务教育优质均衡发展区的机遇，将其纳入本区社会经济发展"十四五"规划，加强学校的硬件建设，促进学校内涵式发展。例如，东城区提出以督导评估为契机，充分展示东城区义务教育优质均衡发展的成果和亮点，发扬优点、弥补不足，巩固教育领域综合改革成果的工作目标；

朝阳区按照"布局科学、结构合理、配齐配足、突出特色"的思路，满足人民群众让子女"上好学"的强烈需求；密云区以创建密云教育"五个典范"为目标，将建成义务教育优质均衡发展区作为未来的主要目标之一。各区均制定了基础教育设施专项规划、中小学学位建设行动计划等专项规划和计划，形成政府主导、各负其责、合力补齐短板的良好局面，在经费投入、学位保障、师资配置、城乡教育质量、优质教育资源覆盖面等义务教育优质均衡发展关键难点上取得了突破。

各区加强顶层设计，布局优质教育资源，在"不求所有、但求所用"理念的指导下，实现教育系统内部各资源单位之间、教育系统内部资源与外部社会资源之间的共建、共治、共享；坚持携手组团，通过"学校深度联盟—新九年一贯制—优质教育资源带—教育集团"一系列教育综合改革"组合拳"，实现了校际优质资源共享、携手组团发展、品牌办学一体化的新模式；明确"巩固高原，打造高峰，做'有温度'的教育"的奋斗目标，通过增加优质教育资源供给，持续深化集团办学和贯通培养，充分发挥优质教育资源的引领辐射作用，促进新优质学校成长，推动集团内、学区内、校际优质教育资源的均衡配置。以"四带"规划布局进行顶层设计，从"片区组团发展带""一贯优质发展带""集群办学发展带""多元协同发展带"入手，结合地区功能定位、人口变化及学位需求，统筹学校整体规划；加大统筹力度，通过名校办分校、名校办新校等方式实施一个法人一体化管理或多个法人联合管理的集团化办学模式，创新集团化联盟式办学模式，不仅促进了集团成员校教育水平的快速提升，也加快了优质教育资源的流动。通过学区制改革，打破了内外的资源壁垒，形成了政府主导、学区统筹、社会参与、学校共建的教育治理新模式。以深化城乡教育一体化为重点，以"内强外引、注重内涵、整体提高"为思路，积极探索城乡教育共同体、学区制和集团化办学，健全城乡学校帮扶激励机制，盘活内部优质资源，构建"城区+农村""大规模+小规模""高中+初中"等模式。通过加强教育发展顶层设计，积极强化优质教育资源带动引领，完善优势互补、资源共享等模式，为促进全市义务教育优质均衡发展提供"加速器"。

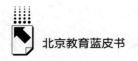

（三）深化教育综合改革，实现义务教育优质均衡发展的新突破

深化教育领域综合改革，优化区域教育资源配置，完善学区制管理制度，优化集团化办学体制机制；精准发力，打造"小而精""小而美"的特色学校，促进学校成为精品特色学校，美美与共、各具特色的教育生态初显；建立"五维并举"集团化办学管理机制，创新党、政、督、研、学"五位一体"的学区制管理模式；通过集团化办学，高标准建设一批新学校，全面引入优质教育资源高起点办学，推进局部地区教育的快速崛起，有效促进地区经济社会跨越式发展；推进"城乡教育共同体"一体化管理模式，在学校管理、课程建设、项目推进、教师发展、学生成长等诸多方面进行一体化推进，形成了一系列育人成果，为促进教育公平、推动区域均衡发展打造了一个新的载体。

（四）积极构建教师交流轮岗机制，推动区域师资均衡配置常态化

教师队伍是义务教育优质均衡发展的关键主体，义务教育优质均衡发展的关键在于教师资源的均衡合理配置。通过"全区统筹、集团共建、学区内协作"等途径形成整体联动，积极推动教师交流轮岗；依托学区、集团，将干部交流与布局调整相结合，引导优秀校长、骨干教师向普通学校流动。创新建立教育系统人才储备库制度，有效缓解教师编制紧缺矛盾，满足教育综合改革对人才资源的迫切需求；探索实施教师人事管理"区管校用"政策，调动和发挥义务教育学段教师的积极性，鼓励和引导教师不断提高专业素质和教学能力，全面推进义务教育阶段教师和骨干教师交流轮岗，使之成为推进义务教育优质均衡发展的有力措施；将教师置于教育的"本""源"之位，统筹城乡师资，实现教师动态管理和调配，以动补弱、以动减负、以动提质，推动区域师资均衡配置常态化。

此外，北京大力实施城乡干部教师轮岗交流制度，城乡干部教师轮岗交流经历了从"强制推进"到"科学规划"、从"关系留校"到"关系随人"、从"单一轮换"到"全面统筹"、从重"量"交流到重"质"交流的

探索与实践，以"政策引导、区域统筹、形式多样、合理流动、促进均衡、提高质量"为原则，以帮助乡村学校提高教育教学质量和办学水平为目标，以城乡间交流、同区域内调整、中小幼衔接交流、兼职交流、研修交流、指导交流为主要形式。

（五）破解困局，精准施策，补短板强弱项，推进义务教育优质均衡发展

政府支持，综合利用区内资源和城市改造契机，发挥"小场地大作为"，破解运动场地不足的难题，在区内闲置、空余用地建设城市绿地及体育运动场所，供周边学校使用。教体结合，依托公共体育中心形成区域运动资源共享体系，与街道、社区以及周边企事业单位、驻区部队共享体育场地设施资源；拓展学校社会共建共享的体育活动空间，为学校体育课及体育活动提供场地。内部挖潜，深度利用学校资源，发挥学区、集团校、优质教育资源带等的优势，促进区域协调，共享体育场地，提高利用率。同时，通过购买服务的方式，开设足球、高尔夫、滑冰、冰壶等课后服务或体验课程，为学生提供更广阔的活动空间，满足学生多元化的锻炼需求，促进学生健康成长。

此外，各区深度利用学校内部资源，如校内空地、楼顶以及楼道、礼堂等空间资源研究可行性方案，最大限度地扩大学生活动场所的面积，创造性地开展体育活动。科学研究学校场地特点，组织学生进行错峰锻炼，保证全员参与。在"健康第一"的教育理念下，坚持问题导向、协同推进、破立并举、精准施策、补短板强弱项，全面推进"提质增效"，促进学生身心全面发展，助力区域教育高质量发展。

（六）加强教育数字化建设，成为推进义务教育优质均衡发展的新引擎

将教育数字化建设纳入提高教育质量、促进教育公平的关键一环，坚持"集中优势、集约资源、共建共享、一体化发展"的思路，改善区域互动教

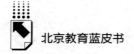
学、移动互联学习的生态，最大限度地缩小数字鸿沟，确保智慧教育发展环境全域均衡。采取"纵横结合、融合发展"的策略，努力构建具有特色的智慧教育新样态，打造智慧课程、智慧课堂、智慧学校，推进思想观念、技术手段跨入新阶段。

在推进教育数字化建设的过程中，涌现了一批智慧校园、特色学校。一些学校建设了 3D 创新实验室、VR 地理教室、人工智能教室、地理 GIS 教室、数学 TI 图形实验室、理化生数字化实验室等专用教室，从构建新型网络课堂入手，运用数字技术构建"双线融合"教学模式，不仅为师生提供了国家、市级、区级和本校 4 级网络课程平台，而且将学校和家庭连接起来。以信息化为引领，多层次推进数据纵深应用，实现管理互通，构建教师专业发展管理系统，促进教师专业化发展。

在农村地区，针对山多地广、学校分散的特点，按照"区域统筹、城乡一体、环境为基、应用为本"的方针，以及"先山区，后平原"的原则，制定教育信息化发展规划，稳步开展区域教育信息化建设。北京大部分区域实现了中小学有线、无线网络全覆盖。建设优质的教育云平台，为教育教学、教师研修提供强大支持；开展面向中小学教师的多层次信息技术应用能力培训，利用"互联网+"方式，打造教师研究工作室网络研修空间，开展跨校研修。改变了传统的备课、培训、研修模式，教师可以根据自己的时间安排学习、教研，不打乱原有的教学秩序，尤其是地处山区的教师不必再驱车几十公里往返，大大降低了时间成本，解决了工学矛盾。

（七）坚持育人为本，推进"五育并举"，促进学生全面发展

贯彻落实教育部《中小学德育工作指南》，坚持德育为首，突出德育实效。坚持将思想道德教育融入教育各环节，通过评选劳动教育特色校、实验校、研究校以及劳动教育学科带头人，全维度多平台打造劳动教育品牌；构建促进德智体美劳全面发展的教育体系，编写"新时期素质教育大纲"，建立素质教育绿色评价指标，强化学科整体育人功能；坚持"健康第一"的

教育理念，构建"健康知识+基本运动技能+专项运动技能"的体育教学新模式。建立由政府统一领导、教育部门牵头组织、相关委办局分工协作、社会各界广泛参与的工作机制，"十三五"以来，按照"城乡同步、标准统一"的原则，持续增加学校体育场地设施设备投入，为满足学校体育教学需要、开展丰富多彩的体育活动提供了强有力的保障。针对学生视力不良、肥胖开展精准干预，建立定期监测、警示及家校联系制度，学生体质健康水平持续提高。

各区要求学校坚持德育为首，推进"五育"并举，是遵循教育规律、适应社会发展需求、提升学生核心素养、促进学生全面发展的必然要求，也是创建义务教育优质均衡发展区、实现教育现代化的应有之义。

二　北京推进义务教育优质均衡发展存在的问题

（一）义务教育资源配置对应国家标准存在短板

北京教育资源从全局来看处于较高水平，但仍存在一些短板。义务教育阶段学位压力持续增大，部分学校存在大班额问题（每班人数在 46~50 人）；小学、中学"生均教学及辅助用房面积"和"生均体育运动场馆面积"综合达标比例未达到 100%（小学分别为 95.00% 和 92.86%，中学分别为 92.50% 和 95.00%）；音乐、美术专用教室不达标比例核心区较高（东城区为 85%），且缺乏明确具体的改进举措；部分学校租借的场地场所的可操作性和使用效果需要提升。

（二）资源配置部分指标校际差异系数较大

2022 年，东城区、朝阳区、海淀区、密云区的小学、初中资源配置 7 项指标的校际综合差异系数均达到"小学小于或等于 0.50，初中小于或等于 0.45"的国家要求。从具体指标来看，小学方面，朝阳区"每百名学生拥有县级以上骨干教师数"的校际差异系数为 0.468，密云区"每百名学生拥有体育艺术（美术音乐）专任教师数"的校际差异系数为 0.482，海淀区"生均教学仪器设备值"的校际差异系数为 0.472，均接近国家 0.50 的红线临界点；西城区"小学生均教学及辅助用房面积"的校际差异系数为 0.595，密云区"生均体育运动场馆面积"的校际差异系数为 0.513，均未达到国家要求。中学方面，朝阳区"每百名学生拥有县级以上骨干教师数"的校际差异系数最大，为 0.439；东城区"每百名学生拥有体育艺术（美术音乐）专任教师数"的校际差异系数最大，为 0.434；以上指标均接近国家 0.45 的红线临界点。

（三）教师编制不足问题依然存在

尽管各区陆续出台了义务教育学校教师交流轮岗工作管理办法，积极推进义务教育学校教师交流轮岗，形成了义务教育学校教师交流轮岗的工作机制，但各区教师编制不足问题依然存在，政府统筹力度、策略不尽相同，从"每百名学生拥有县级以上骨干教师数""每百名学生拥有体育艺术（美术音乐）专任教师数"可以看出，均衡配置师资、统筹教师编制成为各级政府的主要任务。

（四）学生体质健康水平和学校整体办学质量有待提升

2021 年国家义务教育质量监测结果显示，义务教育阶段学生视力不良、肥胖等问题依然存在，尤其是在初中阶段，学生视力不良率和肥胖率仍处于较高水平。同时，学校整体办学质量在城乡间、校际存在差异，促进教育内涵式发展的体制机制有待完善，整体办学质量有待进一步提升。

三 推进北京义务教育优质均衡发展的对策建议

（一）着力提高教育质量，促进学生全面发展

当前，我国义务教育已经从基本均衡走向优质均衡发展的新阶段，人民

群众对教育的期待已经从"有学上"转变为"上好学"。在建设高质量教育体系、加快建设教育强国的背景下,义务教育不仅要均衡发展,更要优质发展。在提高教育质量的过程中,要把培养德智体美劳全面发展的社会主义建设者和接班人作为根本任务。要落实立德树人根本任务,进一步加强学生思想道德教育,持续深化中小学思政课改革创新,推动习近平新时代中国特色社会主义思想进教材、进课堂、进头脑。要加强义务教育学校教学管理,落实教学基本要求,调动学生内生学习动力,发挥课后服务育人功能,提高课后服务规范化、科学化水平,促进校内教育提质增效。要推进义务教育体育与健康考核评价改革,提高学生体质健康水平。要落实《北京市青少年学生读书行动实施方案》,开展有组织的青少年校园阅读活动。要发挥北京劳动教育实验区、实验学校的示范引领作用,推动形成多渠道融合的劳动教育实践路径。

(二)着力推进学区制管理和集团化办学改革,扩大优质教育资源覆盖面

着眼建设高质量教育体系,创新学校管理模式,完善义务教育学区制管理、集团化办学运行机制,加快推进义务教育优质均衡发展。加强市级统筹,科学制定学区制管理和集团化办学发展规划,各区要合理划分学区范围,引导学校自主组成教育集团,稳步扩大优质教育资源覆盖面。完善学区、集团内部治理体系,明确议事规则、决策程序和协调机制,促进学区、集团统一管理和良性互动。强化学区、集团办学规范管理,主动公开学区、集团办学情况,合理控制教育集团规模,规范成员校名称。学区和集团要根据实际需求,统筹各校内部资源和校外教育基地资源,促进资源多元供给、充分共享。加强学区、集团教学教研协作,加强学习借鉴、取长补短,促进教育管理水平和育人水平共同提升。加强学区和集团文化建设,培育先进理念文化,强化文化育人功能,增强师生认同感和归属感。

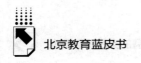

（三）着力推进城乡义务教育一体化发展，缩小城乡教育差距

目前，北京城乡义务教育存在一定差距，"城镇挤、乡村弱"问题亟待解决。要综合考虑人口迁移、出生规模和人口分布等现实情况的变化，适度超前规划义务教育学校布局，优化调整城乡学校布局，根据需要适当改扩建现有学校，扩大学校容纳空间，解决教育资源供需矛盾。要加强寄宿制学校建设，办好必要的农村小规模学校。要科学配置城市和乡村的教育资源，畅通城乡教育要素流动渠道，增强城镇教育辐射带动作用。要健全城乡学校帮扶激励机制，以城乡"手拉手"结对帮扶工作为抓手，探索城乡结对学校在教育教学、教研科研、队伍建设、课后服务资源共享等方面的一体化管理，逐步缩小城乡教育差距，整体提高城乡教育质量。

（四）着力健全教师交流轮岗机制，促进义务教育校际均衡

教师质量差距是影响教育质量的主要因素。要推进教师交流轮岗制度改革，落实"县管校聘"制度，选派优秀教师在不同学校之间交流任职。要强化统筹协调，对流入、流出学校的师资进行科学调配和合理安排，做好教师交流轮岗的协调对接和编制管理。完善教师交流轮岗保障机制，提供专业培训，提升工资待遇、住宿水平，为教师交流轮岗提供便利条件，解决教师交流轮岗后顾之忧。完善教师交流轮岗激励机制，将教师交流轮岗与个人职称和职务晋升挂钩，吸引更多优秀校长和干部教师向乡村学校、薄弱学校流动。完善教师交流轮岗奖励机制，对做出突出贡献的校长、教师，在各级评优表彰工作中予以倾斜，对培养、输送优秀骨干教师的学校给予奖励支持，提高交流轮岗的校长、教师以及流出学校的积极性，实现校际师资均衡配置。

（五）着力补齐短板，破解义务教育优质均衡发展困境

结合东城区、朝阳区、密云区的义务教育优质均衡发展区先行创建工作情况，解决各区普遍存在的大校额、大班额、教学及辅助用房面积不足、运

动场地面积不足、校际差异较大等问题，以义务教育优质均衡发展区创建工作为抓手，坚持问题导向、重点攻坚，努力补齐短板，积极破解发展困境。加强规划布局，通过新建、改扩建等方式，多措并举增加学位供给，缓解空间资源紧张与适龄儿童激增之间的突出矛盾。加强校内挖潜，实施校园更新改造，加强校舍综合利用，拓展教育空间。拓展利用社会资源，发挥首都科技、艺术、体育资源优势，充分利用科研院所、文化和体育设施等满足义务教育场地设施需求。关注城乡办、民办学校之间的教育差距，优先发展乡村教育，加强对民办学校的指导，缩小校际差异系数，促进校际均衡。各批次义务教育优质均衡发展创建区要加紧推进工作，坚持以评促建，学习借鉴先行创建经验，不断优化教育资源配置，促进学校内涵式发展。以义务教育优质均衡发展区创建工作推动解决教育发展不平衡不充分问题，全面提高基本公共教育服务水平，为建设教育强国提供有力支撑。

（六）着力推进教育数字化建设，加强优质资源共建共享

教育数字化建设是促进义务教育优质均衡发展的有效手段。要改善学校数字化基础条件，加强教师数字素养培训，提升教师数字化教学水平。充分用好国家中小学智慧教育平台和管理服务平台，建设学校教学管理服务系统，支撑实现教学教研活动、精准学情分析、教育质量评价、教师交流轮岗的数字化管理。健全课程共享机制，开展跨班、跨校、跨区和跨学科的"双师"课堂探索，推进校内、集团内、结对校间、区域间开展一体化教研和教学合作，促进优质教育资源流动和跨学科深度融合学习，为学生的个性化学习需求提供更多的选择和更好的保障。

参考文献

国务院《关于深入推进义务教育均衡发展的意见》，2012 年 9 月 5 日。

国务院教育督导委员会办公室《关于申请认定义务教育优质均衡发展（市、区）有

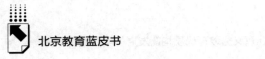

关工作的通知》，2017 年 6 月 24 日。

国务院教育督导委员会办公室《关于做好县域义务教育优质均衡发展督导评估工作的通知》，2017 年 12 月 22 日。

国务院教育督导委员会办公室《县域义务教育优质均衡发展国家督导评估认定工作规程》，2019 年 8 月。

中共中央办公厅、国务院办公厅《关于构建优质均衡的基本公共教育服务体系的意见》，2023 年 6 月。

B.5
北京中等职业教育发展报告

高卫东*

摘　要： 2022 年北京中等职业教育学校数量稳中有降，招生数量和在校生数量明显回升，高学历教师和"双师"型教师占比提高，学生发展状况总体良好。北京中等职业教育在推进"三全育人"综合改革、中高职衔接、"岗课赛证"融通、数字化教学资源建设、职教国际化水平提升等方面均取得明显进展。中共北京市委办公厅、北京市人民政府办公厅发布《关于推动职业教育高质量发展的实施方案》，提出了 10 条推进北京职业教育高质量发展的重要政策措施，着力构建多部门统筹协调、齐抓共管的职业教育治理机制。面对新的发展形势，北京中等职业教育应重点从以下 3 个方面深化改革：整合资源，提升中等职业学校办学水平；调整定位，转向职业基础教育；畅通衔接，开设中高职一体化课程。

关键词： 中等职业教育　职业基础教育　北京

一　事业发展

（一）办学规模

1. 学校数量减少

2022 年，北京共有 102 所中等职业学校，其中普通中专 28 所、成人中

＊ 高卫东，北京教育科学研究院副研究员，主要研究方向为职业教育政策、职业教育质量评价与保障。

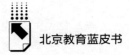

专10所、职业高中39所、技工学校25所。学校数量较2021年减少7所，其中普通中专减少1所，职业高中减少5所，技工学校减少1所（见图1）。

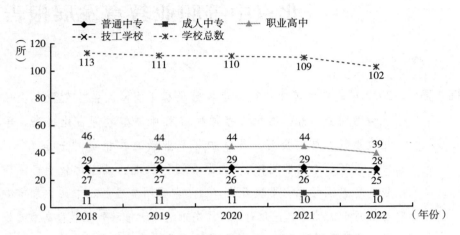

图1 2018~2022年北京中等职业学校数量变化情况

资料来源：《北京市教育事业统计资料》，北京市教育委员会发展规划处。

2. 招生数量增长

2022年，北京中等职业教育招生数量为30695人，在校生数量为82836人，毕业生数量为20650人；招生数量较2021年增长15.19%，在校生数量较2021年增长11.74%，毕业生数量较2021年略有下降，降幅为7.56%（见表1）。

表1 2018~2022年北京中等职业学校学生数量变化情况

单位：人

类别		2018年	2019年	2020年	2021年	2022年
招生	普通中专	7869	8271	10056	10028	11377
	成人中专	4056	1274	1279	1384	1404
	职业高中	2448	3033	4656	5083	6790
	技工学校	10269	8987	10142	10153	11124
	小计	24642	21565	26133	26648	30695

续表

类别		2018 年	2019 年	2020 年	2021 年	2022 年
在校生	普通中专	35094	29951	29127	31064	32926
	成人中专	18649	11240	7283	4293	4152
	职业高中	8556	8165	9966	12671	17518
	技工学校	28686	27161	26737	26104	28240
	小计	90985	76517	73113	74132	82836
毕业生	普通中专	12695	12707	10639	7945	7901
	成人中专	8193	6970	4613	3933	1483
	职业高中	5149	3262	2612	2291	3131
	技工学校	11503	10872	9708	8170	8135
	小计	37540	33811	27572	22339	20650

资料来源:《北京市教育事业统计资料》,北京市教育委员会发展规划处。

2020 年以来,北京中等职业学校招生数量和在校生数量持续增长(见图 2)。

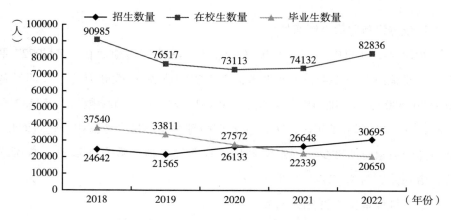

图 2 2018~2022 年北京中等职业学校学生数量变化情况

资料来源:《北京市教育事业统计资料》,北京市教育委员会发展规划处。

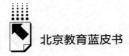

3. 招生职普比保持稳定

2022 年，北京中职学校（不含成人中专）共招生 29291 人，普通高中招生 74681 人。普通高中招生数量是中职学校招生数量的 2.55 倍，招生职普比为 28.17∶71.83，与 2021 年相比变化不大（见表 2）。

表 2　2018~2022 年北京高中阶段教育招生相关数据变化情况

单位：人，%

指标	2018 年	2019 年	2020 年	2021 年	2022 年
中职招生	20586	20291	24854	25264	29291
普高招生	47355	51403	61071	62263	74681
招生总数	67941	71694	85925	87527	103972
中职占比	30.30	28.30	28.93	28.86	28.17
普高占比	69.70	71.70	71.07	71.14	71.83
职普比	30.30∶69.70	28.30∶71.70	28.93∶71.07	28.86∶71.14	28.17∶71.83

资料来源：《北京市教育事业统计资料》，北京市教育委员会发展规划处。

（二）设施设备

1. 仪器设备总值小幅增长

2022 年，北京中等职业学校（不含技工学校）占地面积为 3440727 平方米，建筑面积为 2145539 平方米，固定资产值为 934090 万元，仪器设备值为 347580 万元，纸质图书数量为 3404315 册，数字终端数量为 54382 台（见表 3）。与 2021 年相比，2022 年北京中等职业学校占地面积、建筑面积、纸质图书数量有所减少，固定资产值、仪器设备值、数字终端数量有所增长，增幅分别为 4.82%、2.20%、2.33%。

2. 设施设备生均值有所下降

2022 年，北京中等职业学校（不含技工学校）生均占地面积、生均建筑面积、生均固定资产值、生均仪器设备值、生均纸质图书数量、生均数字终端数量较 2021 年分别下降了 16.09%、16.70%、7.76%、10.03%、15.75%、9.91%（见表 4）。

表3　2018~2022 年北京市中等职业学校设施设备数据变化情况

指标	2018 年	2019 年	2020 年	2021 年	2022 年
占地面积（平方米）	3984304	3855003	3786591	3606898	3440727
建筑面积（平方米）	2374730	2364298	2348971	2265732	2145539
固定资产值（万元）	807887	849653	910477	891124	934090
仪器设备值（万元）	318991	329547	336446	340114	347580
纸质图书数量（册）	4711125	4637372	4508339	3554464	3404315
数字终端数量（台）	55429	57658	56500	53142	54382

资料来源：《北京市教育事业统计资料》，北京市教育委员会发展规划处。

表4　2018~2022 年北京市中等职业学校设施设备生均值变化情况

指标	2018 年	2019 年	2020 年	2021 年	2022 年
生均占地面积（平方米）	63.95	78.11	81.65	75.10	63.02
生均建筑面积（平方米）	38.12	47.90	50.65	47.18	39.30
生均固定资产值（万元）	12.97	17.21	19.63	18.55	17.11
生均仪器设备值（万元）	5.12	6.68	7.25	7.08	6.37
生均纸质图书数量（册）	75.62	93.96	97.21	74.01	62.35
生均数字终端数量（台）	0.89	1.17	1.22	1.11	1.00

资料来源：《北京市教育事业统计资料》，北京市教育委员会发展规划处。

（三）教师队伍

1. 教师数量略有减少

2022 年，北京中等职业学校有教职工 11501 人，其中专任教师 7080 人，与 2021 年相比，教职工人数减少 78 人，专任教师人数减少 81 人（见表5）。

2. 生师比提高

2022 年，北京中等职业学校生师比为 11.70∶1，较 2021 年有所提高（见表6）。

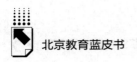

表5　2018~2022 年北京中等职业学校教职工与专任教师数量变化情况

单位：人

类别		2018 年	2019 年	2020 年	2021 年	2022 年
教职工	普通中专	3232	3242	3184	3176	3193
	成人中专	573	563	525	410	357
	职业高中	5702	5517	5219	5035	4840
	技工学校	3172	2999	2943	2958	3111
	小计	12679	12321	11871	11579	11501
专任教师	普通中专	1823	1825	1777	1707	1630
	成人中专	286	277	235	203	193
	职业高中	4038	3917	3753	3688	3568
	技工学校	1617	1611	1642	1563	1689
	小计	7764	7630	7407	7161	7080

资料来源：《北京市教育事业统计资料》，北京市教育委员会发展规划处。

表6　2018~2022 年北京中等职业学校在校生、专任教师人数及生师比变化情况

单位：人

指标	2018 年	2019 年	2020 年	2021 年	2022 年
在校生	90985	76517	73113	74132	82836
专任教师	7764	7630	7407	7161	7080
生师比	11.72∶1	10.03∶1	9.87∶1	10.35∶1	11.70∶1

资料来源：《北京市教育事业统计资料》，北京市教育委员会发展规划处。

3. 高学历教师占比提高

2022 年，北京中等职业学校（不含技工学校）98.52%的专任教师具有本科及以上学历，具有博士和硕士学位的高学历教师占比为 21.42%，较 2021 年提高 1.53 个百分点（见表7）。

4. 高级职称教师占比提高

2022 年，北京中等职业学校（不含技工学校）专任教师中，中级教师占比为 38.86%；正高级教师占比为 1.38%，较 2021 年提高 0.42 个百分点；副高级教师占比为 33.37%，较 2021 年提高 0.92 个百分点（见表8）。

表 7　2021~2022 年北京中等职业学校专任教师学历结构变化情况

单位：%

学历水平	2021 年	2022 年
	占比	占比
博士研究生	1.13	1.31
硕士研究生	18.76	20.11
本科	78.28	77.09
专科	1.67	1.38
高中阶段及以下	0.16	0.10

资料来源：《北京市教育事业统计资料》，北京市教育委员会发展规划处。

表 8　2021~2022 年北京中等职业学校专任教师职称结构变化情况

单位：%

职称结构	2021 年	2022 年
	占比	占比
正高级	0.96	1.38
副高级	32.45	33.37
中级	40.15	38.86
初级	20.04	19.77
未定职级	6.40	6.62

资料来源：《北京市教育事业统计资料》，北京市教育委员会发展规划处。

5. 以中年教师为主体

2022 年，北京中等职业学校（不含技工学校）专任教师中，29 岁及以下教师占 5.83%，30~54 岁教师占比合计达 86.79%，55 岁以上教师合计占 7.37%（见表 9）。30~54 岁的中年教师成为中等职业学校专任教师的主体。

6. "双师型"教师占比提高

2022 年，北京中等职业学校专任教师（不含技工学校）中有专业课教师 3070 人，其中"双师型"教师有 2028 人，"双师型"教师在专业课教师中的占比为 66.06%，较 2021 年提高 1.42 个百分点（见表 10）。

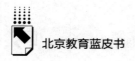

表9 2021~2022年北京中等职业学校专任教师年龄结构变化情况

单位：%

年龄结构	2021年	2022年
	占比	占比
29岁及以下	5.74	5.83
30~34岁	12.48	10.98
35~39岁	14.21	13.39
40~44岁	20.62	21.64
45~49岁	20.51	19.64
50~54岁	20.17	21.14
55~59岁	6.02	7.07
60岁及以上	0.25	0.30

资料来源：《北京市教育事业统计资料》，北京市教育委员会发展规划处。

表10 2021~2022年北京中等职业学校"双师型"教师人数及占比变化情况

单位：人，%

类别	2021年	2022年
"双师型"教师	2046	2028
专业课教师	3165	3070
"双师型"教师占比	64.64	66.06

资料来源：《北京市教育事业统计资料》，北京市教育委员会发展规划处。

（四）专业布局

2022年，北京中等职业学校（不含成人中专和技工学校）共开设18个专业大类176个专业，分别占《职业教育专业目录（2021年）》中职专业大类和专业总数的94.74%、49.16%，专业布点总计539个。

从各专业大类在校生占比来看，前5位依次为交通运输大类、电子与信息大类、教育与体育大类、医药卫生大类、文化艺术大类，这5个专业大类的在校生合计占总数的64.01%（见表11）。

表 11　2022 年北京中等职业教育分专业大类在校生占比情况

单位：%

专业大类	在校生占比	专业大类	在校生占比
交通运输大类	14.09	新闻传播大类	3.87
电子与信息大类	13.50	公共管理与服务大类	3.30
教育与体育大类	12.98	土木建筑大类	2.52
医药卫生大类	12.66	食品药品与粮食大类	1.34
文化艺术大类	10.78	资源环境与安全大类	1.07
财经商贸大类	9.36	能源动力与材料大类	0.50
旅游大类	4.59	水利大类	0.36
装备制造大类	4.40	轻工纺织大类	0.34
农林牧渔大类	4.13	公安与司法大类	0.23

资料来源：《北京市中等职业教育 2022 年专业布点学校一览表（调整后专业目录）》，北京市教委职成处。

从各专业在校生占比来看，排在前 10 位的专业依次为幼儿保育、护理、计算机网络技术、会计事务、城市轨道交通运营服务、航空服务、电子商务、园林技术、音乐表演、动漫与游戏制作，在校生占比分别为 8.30%、7.98%、3.14%、2.94%、2.53%、2.50%、2.43%、2.29%、2.21%、2.20%。

2022 年，北京市教委对申报新增的中职专业开展了评审论证，确定对 19 所学校的 35 个新增专业予以备案，撤销 5 所学校的 20 个专业。围绕北京高精尖产业发展、超大城市运行管理、高品质民生对高水平技术技能人才的需求，优先发展智能制造、新一代信息技术、生物医药、人工智能等产业需要的新兴专业，加快建设养老服务、护理和托育等支撑民生需求的人才紧缺专业。

（五）教育教学

1. 深化"三全育人"综合改革，提升德育思政工作有效性

2022 年，北京各中等职业学校全面深化"三全育人"综合改革，构建全员协同、全程覆盖、全方位渗透的育人体系，有 7 所中等职业学校入选北京职业院校"三全育人"典型学校及典型案例。北京市商业学校的"构建

党建引领下'双循环'互促共育大思政格局"、北京市对外贸易学校的"探索'五协同、四贯通、五融合'育人体系"入选了教育部24个全国职业院校"三全育人"精选案例，并在《中国教育报》、中国教育新闻网等媒体集中开展了宣传推广。

2022年，北京市教委组织开展了"技能成才·强国有我"主题教育暨"文明风采"活动以及北京市优秀学生、北京市三好学生、北京市优秀学生干部和北京市优秀班集体评选等活动，进一步深化"一校一品"德育品牌建设，扎实推进"职业素养护照"的应用。各中等职业学校组织开展了"讲好党史故事"、"榜样引领活动"、校园文化节、红色读书大赛、主题征文、"青春·责任"等一系列实践活动以及丰富多彩的学生社团活动，组织全体学生和团员全面学习贯彻党的二十大精神，以习近平总书记关于青年工作的重要论述为指引，围绕党史学习，结合庆祝共青团建团100周年，突出思想引领，加强学校团组织建设和队伍建设。这些丰富多彩的主题教育活动培养了学生的爱国情怀，助力学生多元化成长。

2. 加强劳动教育课程资源建设，探索具有北京职教特色的劳动教育模式

2022年，北京各中等职业学校积极探索具有北京职教特色的劳动教育模式，充分发挥职业院校办学和专业建设优势，紧密结合经济社会发展变化和学生学习生活实际，把劳动教育纳入人才培养全过程，与德育、智育、体育、美育相融合，完善了劳动教育课程体系和内容，以实习实训为主要载体开展劳动教育。积极面向广大市民和中小学生开放校园、实训基地等职业教育资源，组织形式多样的"职业体验活动"。2022年有8所中等职业学校的劳动教育课程资源视频入选"北京职业院校劳动教育优秀课程资源视频"，9所中等职业学校的劳动教育典型案例入选"北京职业院校劳动教育典型案例"，北京市商业学校、北京市昌平职业学校、北京市延庆区第一职业学校3所中等职业学校获评北京市职业院校首批"中小学生职业体验中心"和劳动教育基地。

3. 以岗位技能为目标，促进"岗课赛证"融通

2022年，北京各中等职业学校积极探索"岗课赛证"融通育人模式，

全面推进教学改革。例如，北京市经济管理学校焙烤食品工艺课程紧密对接西点加工岗位，建立"岗课赛证"一体化教学模式：以岗位工作内容为主线开展课程教学任务设计，做到"岗课"对接、以"岗"定"课"；在专业人才培养中持续探索专业课程与职业技能等级证书的有机融合，将"1+X"粮农食品安全评价职业技能等级证书、西式面点师证书技能考核内容融入专业基础课程，做到"课证"融合、以"证"定"标"；将院校技能竞赛、北京市技能大赛、粮食行业技能大赛、"1+X"技能大赛等权威性专业赛事嵌入实训课程，合理设计课程教学内容与实训项目，以竞赛为动力，以竞赛内容为驱动，提高学生专业技术技能，做到"课赛"融通、以"赛"提"技"。

4. 推进中高职衔接，探索5年制专科人才培养改革

2022 年，北京积极实施高端技术技能人才贯通培养项目，在招生专业、培养模式、对接高校等方面持续优化，中本贯通 860 人招生计划全部完成。公布 2022 年新增及调整的"3+2"中高职衔接办学项目名单，累计实施"3+2"中高职衔接办学项目 540 个。在部分中等职业学校探索 5 年制专科人才培养改革，提升中等职业学校办学水平。

5. 加强数字化教学资源建设，推进职业教育数字化

2022 年，北京将 18 个实训基地纳入市级首批示范性虚拟仿真实训基地培育项目，并开展了职业教育在线精品课程遴选建设工作，指导学校完善课程管理和激励机制，提高在线精品课程建设质量，推进 122 门市级在线精品课程建设，推荐 25 门在线精品课程申报国家级在线精品课程。同时，北京开展了职业教育专业教学资源库遴选建设工作，推进了 60 个市级职业教育专业教学资源库建设，指导学校选择建设基础好、布点多、学生数量多、行业企业需求迫切的专业领域，融入行业企业新技术、新工艺、新规范，完善数字化职业教育专业教学资源库。

6. 多形式开展国际交流合作，提升北京职教国际化水平

2022 年，北京市教委承办了 2022 年中国国际服务贸易交易会职业教育论坛，发布"市民云学堂""工程师学院输出项目"等 6 项产教融合、

国际合作等方面的创新发展成果，向世界推出北京职教方案。北京市教委与俄罗斯、白俄罗斯、哈萨克斯坦三国教育部的职业教育机构联合主办第二届"丝路工匠"国际技能大赛，来自21个共建"一带一路"国家84所院校的818名学生参加比赛。北京市中等职业学校推出一批国际互认的专业教学标准和课程，2022年北京市丰台职业教育中心学校与泰国吉拉达技术学院签订合作协议，共同开发了1个专业教学标准和1个课程标准，北京市昌平职业学校与新加坡工艺教育局合作开发的2门国际课程获新加坡职业院校学分认证。

（六）学生发展

2022年，北京中等职业学校毕业生就业率为98.22%，对口就业率为88.56%[①]。北京中等职业学校在校生满意度、毕业生满意度均在90%以上，其中，课堂育人满意度为96.47%，课外育人满意度为95.47%，思想政治课教学满意度为96.34%，公共基础课（不含思想政治课）教学满意度为94.08%，专业课教学满意度为96.80%，应届毕业生满意度为96.85%，毕业三年内毕业生满意度为96.73%，教职工满意度为96.32%，用人单位满意度为98.10%，家长满意度为96.71%（见表12）。

2022年，北京中等职业学校组建北京代表团参加全国职业院校技能大赛，取得了1个一等奖、1个二等奖、13个三等奖的优秀成绩。

表12 2022年北京中等职业教育满意度调查数据

单位：%

序号	指标	数值
1	在校生满意度	92.27
	课堂育人满意度	96.47
	课外育人满意度	95.47

---

① 基于50所北京中等职业学校2022年12月填报的教育部"中等职业教育质量数据表"数据统计得出。

序号	指标	数值
1	思想政治课教学满意度	96.34
	公共基础课（不含思想政治课）教学满意度	94.08
	专业课教学满意度	96.80
2	毕业生满意度	90%以上
	应届毕业生满意度	96.85
	毕业三年内毕业生满意度	96.73
3	教职工满意度	96.32
4	用人单位满意度	98.10
5	家长满意度	96.71

资料来源：基于 50 所北京中等职业学校 2022 年 12 月填报的教育部"中等职业教育满意度调查表"数据统计得出。

二　政策举措

2022 年，北京贯彻落实党的二十大报告精神、《中华人民共和国职业教育法》（2022 年修订）和中共中央办公厅、国务院办公厅《关于推动现代职业教育高质量发展的意见》，出台一系列改革发展政策措施，为中等职业教育高质量发展提供了重要的政策引领与保障。

（一）发布推动职业教育高质量发展的实施方案，高位推动北京职业教育高质量发展

2022 年 5 月，中共北京市委办公厅、北京市人民政府办公厅发布《关于推动职业教育高质量发展的实施方案》（以下简称《方案》），提出了 10 条推进北京职业教育高质量发展的重要政策措施。《方案》对北京中等职业教育的改革发展提出了明确且具体的要求：夯实中等职业学校教育的基础地位，稳定中考招生职普比，推动中等职业学校教育综合改革，提升中等职业学校教育的吸引力；结合本市经济社会发展对高层次技术技能人才的需求，优化中等职业学校布局结构，支持在有条件的中等职业学校实施长

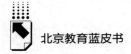

学制，培养高端技术技能人才；打通技工教育与学历教育的人才培养渠道，鼓励符合条件的技师学院纳入高等职业学校序列，支持技工院校与高等职业学校开展"3+2"中高职衔接培养；深化职普融通，支持普通高中与中等职业学校课程互选，依法依规推动普通高中与中等职业学校的学籍双向互转。

（二）建立职业教育工作联席会议制度，构建职业教育多部门统筹协调机制

2022年6月，北京市职业教育工作联席会议办公室发布《关于建立北京市职业教育工作联席会议制度的通知》，明确了北京市职业教育工作联席会议的主要职能、成员单位、工作规则和工作要求。联席会议的主要职能是：传达落实党中央、国务院和市委、市政府关于职业教育工作的决策部署；统筹协调全市职业教育工作，研究解决职业教育重大问题；审议拟出台的职业教育相关文件和重大政策，部署实施职业教育改革创新重大事项；监督检查职业教育重要政策的落实情况；完成市委、市政府交办的其他事项。联席会议由市教委、市发展改革委、市人力资源和社会保障局、市财政局等15个部门和单位组成，市教委为牵头单位。联席会议设召集人1人，由分管教育工作的副市长担任。联席会议原则上每年召开一次全体会议，并根据需要临时召开全体会议或部分成员单位参加的专题会议。

（三）部署职业院校思政德育重点工作，引导职业院校聚焦思政德育工作重点

2022年4月，北京市教委发布《关于做好2022年北京职业院校思想政治和德育重点工作的通知》，明确了10项2022年北京职业院校思想政治和德育重点工作：推动职业院校深入学习贯彻党的二十大精神；开展"技能成才·强国有我"主题教育活动；组织开展"三全育人"典型学校培育建设；加强班主任队伍建设；加强思政课程和课程思政建设；开展职业院校德育思政工作创新实践；加强职业院校劳动教育；组织开展优秀德育案例遴选活动；加强北京职业院校安全管理；加大职业院校班风、学风、校风建设力度。该通知的发布为北京职业院校聚焦思政德育重点工作领域、扎实做好思政德育工作提供了政策指引和保障。

（四）开展在线精品课程与教学资源库遴选，推动优质教育教学资源建设

2022 年 5 月，北京市教委发布《关于开展 2022 年北京市职业教育在线精品课程遴选建设工作的通知》，宣布开展北京市职业教育精品在线开放课程 2022 年遴选立项建设工作。遴选范围原则上是已纳入职业学校专业人才培养方案并实际开设的课程，包括公共基础课程和专业（技能）课程。该通知要求参与遴选的课程应科学合理运用信息技术手段实施线上线下混合式教学，课程须至少在学校连续开设 3 年，且在有关在线开放课程平台实际运行 1 个教学周期。该通知还确立了职业教育在线精品课程遴选建设的基本工作机制：学校自主建设、学校遴选、学校申报、市级遴选、学校持续更新、市级管理监测。

2022 年 5 月，北京市教委发布《关于开展 2022 年北京市职业教育专业教学资源库遴选建设工作的通知》，根据国家职业教育提质培优行动计划"推进国家、省、校三级专业教学资源库建设应用"的要求，开展北京市职业教育专业教学资源库 2022 年遴选建设工作。该通知要求各职业学校坚持"应用驱动、共建共享、学校为主、社会参与"的建设原则，遵循"一体化设计、结构化课程、颗粒化资源"的建设逻辑，实现职业教育专业教学资源库"能学""辅教"的功能。北京市职业教育专业教学资源库 2022 年遴选建设工作遵循"学校自主建设、学校遴选、学校申报、市级遴选、学校持续更新、市级管理监测"的工作原则与机制。

（五）培育中等职业学校班主任工作室，加强中等职业学校班主任队伍建设

2022 年 9 月，为贯彻落实全国职业教育大会和北京市职业教育工作会

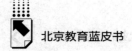

北京教育蓝皮书

议精神，北京市教委发布《关于开展中等职业学校班主任工作室培育建设工作的通知》，启动中等职业学校班主任工作室培育建设工作。中等职业学校班主任工作室培育建设工作的目标是探索适应中等职业学校学生特点和技术技能人才成长规律的班主任工作室建设机制、方法，培育建设一批班主任工作室，推动各中等职业学校进一步提高班主任队伍专业化水平，建设一支优秀的班主任工作队伍。该通知要求，各区教委、各职业学校（含普通中专、高校中专部）要对照《中等职业学校班主任工作室建设标准》加强班主任工作室培育建设工作，完善建设机制、组建工作团队、创新建设模式、丰富工作载体。该通知提出，在指导推进中等职业学校班主任工作室培育建设工作的基础上，培育建设10个左右北京市级中等职业学校名班主任工作室。北京市级中等职业学校名班主任工作室的建设周期为2年，经北京市教委组织专家开展期中考核评估、动态调整、遴选补齐。

（六）表彰与奖励教育教学成果，激励职业院校开展教育教学改革

2022年9月，北京市教委、市人力资源和社会保障局、市财政局联合发布《关于表彰北京市教育教学成果奖的决定》，表彰北京教育教学成果奖。职业教育领域共有225项教学成果获奖，其中特等奖10项、一等奖59项、二等奖156项。该决定要求，各级各类学校要结合实际，认真学习、积极借鉴、充分运用获奖成果，不断深化教育教学改革、提高教学质量、创新人才培养模式，切实提高教学科研和人才培养水平。

三 发展建议

（一）整合资源，提升中等职业学校办学水平

按照教育部2010年颁布的《中等职业学校设置标准》，中等职业学校学历教育在校生数应为每校1200人以上。2022年北京中等职业教育在校生数为82836人，若以每所学校在校生数1200人的标准来测算，那么2022年

082

北京中等职业学校数量应当仅有 69 所。然而,2022 年北京中等职业学校实际数量为 102 所,比测算数量多 33 所。按照《北京市教育委员会关于公示 2022 年具有招生资格的高级中等学校名单的通知》,2022 年北京具有招生资格的独立设置的中等职业学校共有 80 所,这意味着 2022 年北京有 22 所中等职业学校已不具备招生资格。

以上情况说明,北京中等职业教育发展亟待整合资源,提升学校办学实力和水平。2023 年 5 月,北京市教委联合多部门发布《关于实施北京市职业学校办学条件达标工程工作的通知》,旨在通过实施北京市职业学校办学条件达标工程,整合职业学校资源,优化职业学校布局,提升职业学校办学水平。为此建议如下。

第一,以撤销或合并的方式清理连续 3 年未招生的中等职业学校,调整压缩北京中等职业学校数量;第二,鼓励设有多所区属中等职业学校的行政区采取合并或集团化办学的方式整合区属中等职业教育资源;第三,按照北京市职业学校办学条件达标工程的要求,加大对整合后的中等职业学校的资源投入力度,加强学校的基础能力建设,提升学校办学实力与水平。

(二)调整定位,转向职业基础教育

随着民众生活水平的提高和义务教育的普及,民众接受高等教育的需求日益强烈,再加上产业技术升级对劳动者的学历水平和综合素质的要求越来越高,以就业为导向的中等职业教育在教育市场和就业市场上越来越缺乏吸引力和竞争力。为此,中等职业教育需要调整以就业为导向的人才培养定位,转向开展职业基础教育,以增加高等职业教育生源为主要任务。2021 年,中共中央办公厅、国务院办公厅发布的《关于推动现代职业教育高质量发展的意见》明确提出"建设一批优秀中等职业学校和优质专业,注重为高等职业教育输送具有扎实技术技能基础和合格文化基础的生源"。2022 年,北京中等职业学校毕业生升学率已达到 90% 以上,绝大部分中等职业学校毕业生通过"3+2"中高职衔接项目或北京市高端技术技能人才贯通培养项目进入高等职业院校学习。随着中等职业教育人才培养定位由就业教育

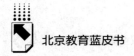

转向职业基础教育，培养任务转向以为高等职业教育输送具有扎实技术技能基础和合格文化基础的生源为主，中等职业教育的课程教学需要进行重大调整与改革，以适应新形势、新任务。为此建议如下。

首先，开齐开足公共基础课。建议北京市教委严格按照 2019 年教育部发布的《中等职业学校公共基础课程方案》督促中等职业学校开齐开足公共基础课，确保中等职业学校公共基础课的学时占总学时的比例不少于1/3。开齐开足公共基础课是增加具有合格文化基础的生源的基本保证。

其次，拓展公共基础课学业水平测试的科目。北京已连续多年开展中等职业学校英语课程学业水平测试，在监测全市中等职业学校英语课教学水平、提升全市中等职业学校英语课教学质量方面发挥了积极的作用。建议逐步拓展公共基础课学业水平测试的科目，可优先在语文、数学、思想政治、历史等核心科目上探索开展学业水平测试。

最后，专业课程应注重培养行业通用知识和技能。就业导向下的中等职业学校专业课程比较注重培养学生的职业岗位知识和技能，随着中等职业教育转向职业基础教育，中等职业学校专业课教学需要做出相应的调整，从重点培养职业岗位知识和技能转向重点培养行业通用知识和技能，拓展专业知识和技能的广度，以适应学生升学深造的学习需求。

（三）畅通衔接，开设中高职一体化课程

随着中等职业教育人才培养定位由就业教育转向职业基础教育，培养任务转向以为高等职业教育输送具有扎实技术技能基础和合格文化基础的生源为主，促进中高职课程衔接、开设中高职一体化课程成为中等职业教育课程教学改革的一项核心任务。正像有学者指出的那样："我国中职课程和高职课程缺乏有效整合、课程内容重复较多、衔接不畅等问题一直是职业教育领域关注的问题，尤其是在构建现代职业体系的框架下，如何促进中高职课程衔接是职业教育课程改革的关键。"[1] 为此建议如下。

---

① 余韵、徐国庆：《基础导向：中等职业教育课程改革思路》，《职教论坛》2020 年第 9 期。

首先，以"3+2"中高职衔接项目为单位组建中高职相关专业教师共同参加的中高职一体化课程建设项目组，整体设计中高职一体化人才培养方案，做好中职阶段和高职阶段课程目标、课程内容、课程教学的有机衔接，规避课程内容前后重复、衔接不畅的问题。

其次，建立"3+2"中高职衔接项目中职、高职合作学校定期沟通机制，及时探讨解决项目运行中出现的问题。

最后，政府职能部门组织专家定期对"3+2"中高职衔接项目和中高职一体化人才培养方案进行诊断评估，发现问题，督促整改。

参考文献

徐国庆：《中等职业教育的基础性转向：类型教育的视角》，《教育研究》2021 年第 4 期。

余韵、徐国庆：《基础导向：中等职业教育课程改革思路》，《职教论坛》2020 年第 9 期。

崔志裕等：《中等职业教育办学定位：政策考查、现实审视与施政建议》，《中国职业技术教育》2021 年第 31 期。

B.6
北京高等教育发展报告

吴 彬 杨振军*

摘 要: 北京高等教育坚持以习近平新时代中国特色社会主义思想为指导,按照内涵、特色、差异化发展的总体思路,全面落实立德树人根本任务,深入开展教育教学改革,大力推动市属高校分类发展,扎实推进学科专业建设,系统优化高校基础研究布局,切实深化科教融汇、产教融合,积极探索数字教育发展新路径。数据表明,北京高等教育规模与结构进一步优化,师资队伍和办学资源进一步完善,服务北京高质量发展的基础能力不断提升。

关键词: 高等教育 师资队伍 办学条件 高质量发展 北京

北京高等教育坚持以习近平新时代中国特色社会主义思想为指导,学习宣传贯彻党的二十大精神,贯彻落实习近平总书记关于教育的重要论述和对北京重要讲话精神,以首都发展为统领,坚定落实国家战略部署与规划,以推动高质量发展为主题,以改革创新为根本动力,按照内涵、特色、差异化发展的总体思路,持续推动高等教育内涵式发展,优化高等教育结构,努力建设与首都城市功能定位相适应的高等教育体系,加快实现更高水平的教育现代化。

---

* 吴彬,博士,北京教育科学研究院高等教育科学研究所,主要研究方向为高等教育基本理论与政策;杨振军,北京教育科学研究院副研究员、高等教育科学研究所副所长,主要研究方向为高等教育政策、高等教育质量监测与评价。

一 北京高等教育事业发展状况

本部分从北京高等教育的规模结构、师资队伍、办学条件和国际化 4 个方面剖析北京高等教育事业发展状况。

（一）北京高等教育的规模结构

2022~2023 学年，北京共有普通高校 92 所，其中市属高校 53 所、央属高校 39 所；共有 146 个研究生培养单位，其中高等学校 59 所、科研机构 87 个。北京各类高等学历教育在校生共有 174.83 万人，其中研究生 43.50 万人，占 25%；普通本专科生 60.25 万人，占 34%；成人本专科生 7.82 万人，占 4%；网络本专科生人数最多，为 63.26 万人，占 36%（见图 1）。

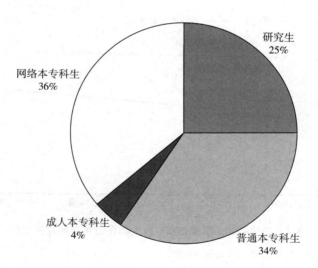

图 1 2022~2023 学年北京各类高等学历教育在校生分布

资料来源：《北京市教育事业统计资料》。

1. 高校数量基本持平，学历教育在校生有所下降

2022~2023 学年，北京普通高校数量比 2018~2019 学年（93 所）减少了 1 所，其中市属高校（53 所）减少 1 所、央属高校数量不变。2022~2023 学年，北京共有高等学历教育在校生 174.83 万人，比 2018~2019 学年减少 43.86 万人。

2. 普通本专科生规模稳定，研究生规模持续增长

2022~2023 学年，北京高校普通本专科在校生数为 60.25 万人（专科 6.74 万人，本科 53.51 万人）（见图 2），其中市属高校 26.38 万人；研究生在校生数为 43.50 万人（硕士研究生 31.00 万人，博士研究生 12.50 万人），其中市属高校 5.95 万人。相比 2018~2019 学年，普通本专科在校生增加了 2.14 万人，研究生在校生增加了 9.91 万人。从更长的时间跨度来看，自 2018~2019 学年起，普通本专科在校生数基本保持稳定，研究生在校生数则稳步增长。

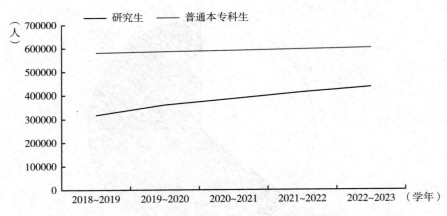

图 2　2018~2023 学年北京研究生和普通本专科在校生数

资料来源：《北京市教育事业统计资料》。

3. 成人本专科生和网络本专科生规模有所回落

2022~2023 学年，北京高校成人本专科在校生数为 7.82 万人（专科 0.87 万人，本科 6.96 万人，数据四舍五入），其中市属高校 2.78 万人；网络本专科在校生数为 63.26 万人（专科 19.74 万人，本科 43.52 万人）（见图 3）。相比 2018~2019 学年，网络本专科生与成人本专科生分别减少了 45.59 万人与 6.59 万人。总的来看，2018~2023 学年成人本专科在校生数呈现下降趋势，网络本专科在校生数在小幅增长之后也呈持续下降趋势。

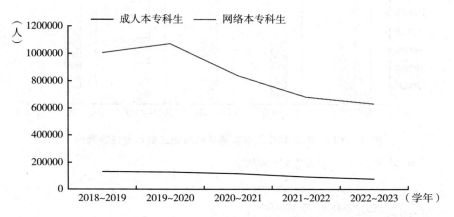

图 3　2018~2023 学年北京成人本专科和网络本专科在校生数

资料来源：《北京市教育事业统计资料》。

（二）北京高等教育的师资队伍

2022~2023 学年，北京普通高校教职工有 15.81 万人，其中专任教师 7.54 万人，占 47.7%（见图 4）；央属高校教职工总数为 11.83 万人，占北京普通高校教职工总数的 74.8%；市属高校教职工总数为 3.98 万人（公办高校 3.43 万人，民办高校 0.55 万人），占北京普通高校教职工总数的 25.2%（见图 5）。

1. 教职工总数稳步增长，央属高校增速相对较快

2022~2023 学年，北京普通高校教职工数比 2018~2019 学年增加了 1.87 万人，增长了 13.4%；其中专任教师数增加了 0.76 万人，增长了 11.2%。总的来看，2018~2023 学年，北京普通高校教职工数稳步增长，且教职工数增速快于专任教师数增速。

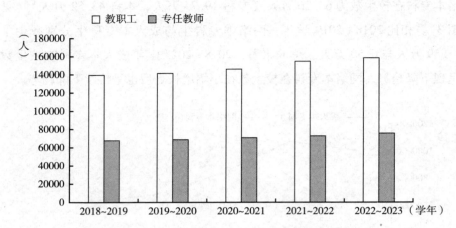

图4 2018~2023 学年北京普通高校教职工数和专任教师数

资料来源：《北京市教育事业统计资料》。

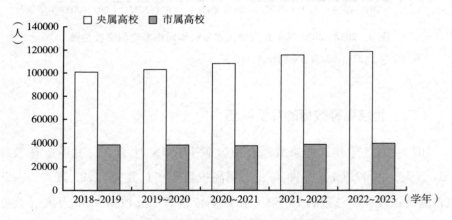

图5 2018~2023 学年北京央属高校和市属高校教职工数

资料来源：《北京市教育事业统计资料》。

从院校类型来看，2018~2023 学年，央属高校教职工数增加了 1.76 万人，增长了 17.5%，专任教师数增加了 0.62 万人，增长了 13.7%；市属高校教职工数增加了 0.11 万人，增长了 2.8%，专任教师数增加了 0.14 万人，增长了 6.2%。

2.专任教师结构持续优化

从学历结构来看，2022~2023 学年，北京普通高校具有博士学位的专任教师有 5.38 万人，占专任教师总数的 71.4%，相比 2018~2019 学年（63.9%）进一步提高；具有硕士学位的专任教师有 1.75 万人，占专任教师总数的 23.2%，相比 2018~2019 学年（27.2%）有所降低（见图 6）。总体而言，北京普通高校专任教师的学历水平不断提升，具有博士学位的专任教师占比不断提高，北京普通高校专任教师的学历结构得到显著改善。

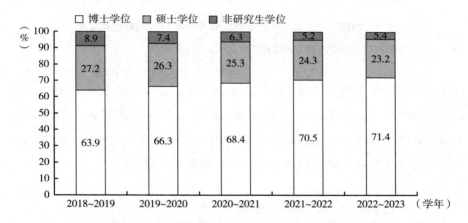

图 6 2018~2023 学年北京普通高校专任教师的学历结构变化

资料来源：《北京市教育事业统计资料》。

从职称结构来看，2022~2023 学年，北京普通高校专任教师中具有正高级职称的教师有 2.19 万人，占专任教师总数的 29.0%，比 2018~2019 学年增加 0.39 万人，占比提升了 2.4 个百分点。2022~2023 学年具有副高级职称的专任教师数为 2.78 万人，占专任教师总数的 36.9%，比 2018~2019 学年增加了 0.30 万人，占比提高了 0.3 个百分点（见图 7）。总体而言，北京普通高校专任教师的职称结构进一步优化。

从年龄结构来看，2022~2023 学年，北京普通高校专任教师中 40 岁以下专任教师数为 2.61 万人，占 34.6%，比 2018~2019 学年略有降低；而 50

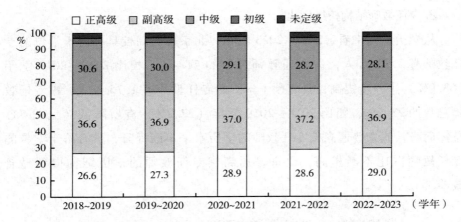

图7 2018~2023 学年北京普通高校专任教师的职称结构变化

资料来源:《北京市教育事业统计资料》。

岁及以上专任教师数为 2.24 万人,占 29.7%,比 2018~2019 学年略有提升;40~49 岁专任教师的占比在 2018~2023 学年呈波动趋势。总的来看,2018~2023 学年北京普通高校专任教师的年龄结构有一定变化,50 岁及以上教师的占比提升,40 岁以下教师的占比降低(见图8)。

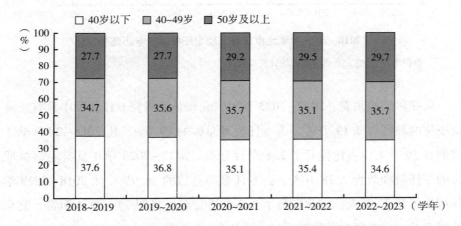

图8 2018~2023 学年北京普通高校专任教师的年龄结构变化

资料来源:《北京市教育事业统计资料》。

（三）北京高等教育的办学条件

北京普通高校教育经费呈现增长趋势。根据历年《中国教育经费统计年鉴》，2021 年北京普通高校的教育经费收入为 1388.4 亿元，比 2017 年的 1207.2 亿元增长了 15.0%。其中，国家财政性教育经费收入为 897.9 亿元，事业收入为 360.4 亿元。根据北京教育经费执行情况，2021 年北京普通高校生均一般公共预算教育事业费支出 65957.0 元，比 2020 年的 56861.4 元增长 16.0%[①]。

2018～2023 学年，北京普通高校办学条件得到进一步改善，办学空间、教室、固定资产等资源总量不断提升。2022～2023 学年，北京普通高校校舍占地面积达 5340.0 万平方米，相比 2018～2019 学年有明显增长（见图 9）；北京普通高校教室达 20393 间，呈整体增长趋势，且网络多媒体教室比例基本保持稳定（见图 10）；北京普通高校固定资产总值已达 2363.6 亿元，呈现不断增长的趋势，比 2018～2019 学年增长 31.1%，其中教学、科研仪器设备资产值比例大致保持稳定（见图 11）。

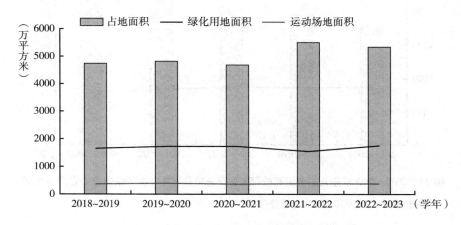

图 9　2018～2023 学年北京普通高校校舍面积

资料来源：《北京市教育事业统计资料》。

---

① 《北京市教育委员会等五部门：关于本市 2021 年教育经费执行情况的公告》，北京市教委网站，2023 年 1 月 29 日，http：//jw.beijing.gov.cn/xxgk/shujufab/jiaoyujingfei/202301/t20230129_2907989.html。

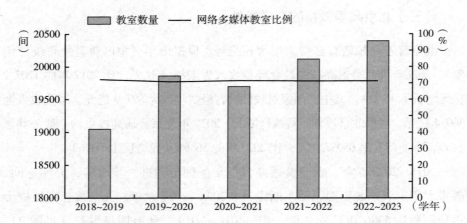

图 10　2018~2023 学年北京普通高校教室数量及网络多媒体教室比例

资料来源：《北京市教育事业统计资料》。

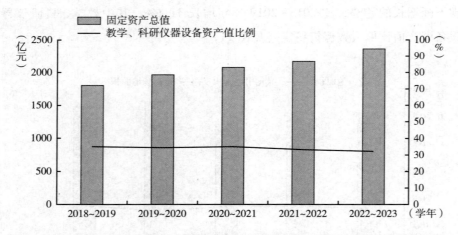

图 11　2018~2023 学年北京普通高校固定资产总值及教学、科研仪器设备资产值比例

资料来源：《北京市教育事业统计资料》。

（四）北京高等教育的国际化

1. 外国留学生数量有所回升，学历层次保持稳定

2022~2023 学年北京高校外国留学生在校生总数为 3.42 万人，招生数

为 1.65 万人。其中，学历教育留学生占 45%，非学历教育留学生占 55%（按招生数计算，见图 12）。外国留学生在校生数和招生数较 2021~2022 学年均有不同程度的回升，但尚未完全恢复到疫情前的水平（见图 13、图 14）。

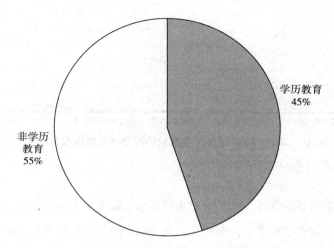

图 12　2022~2023 学年北京高校外国留学生学历教育与非学历教育比例

资料来源：《北京市教育事业统计资料》。

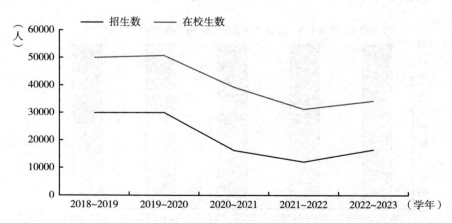

图 13　2018~2023 学年北京高校外国留学生招生数及在校生数

资料来源：《北京市教育事业统计资料》。

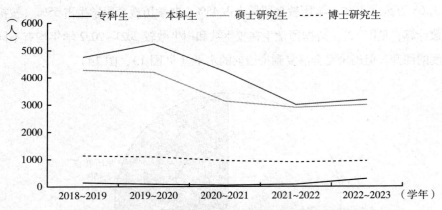

图14　2018~2023学年北京高校外国留学生学历教育招生数

资料来源：《北京市教育事业统计资料》。

北京高校外国留学生学历教育以本科和硕士研究生为主。2022~2023学年北京高校外国留学生在校生中，专科生占2.2%，本科生占49.6%，硕士研究生占30.3%，博士研究生占17.8%。与往年相比，外国留学生学历教育在校生中的本科生占比有所下降，硕士研究生、博士研究生占比有所提高，但各层次比例基本保持稳定（见图15）。从外国留学生的生源结构来看，2022~2023学年北京高校学历教育留学生主要来自亚洲，占63%，其次是非洲，占18%（见图16）。

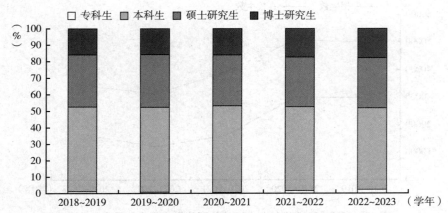

图15　2018~2023学年北京高校外国留学生学历教育在校生比例变化

资料来源：《北京市教育事业统计资料》。

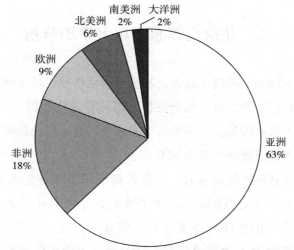

图16 2022~2023学年北京高校学历教育留学生生源结构

资料来源：《北京市教育事业统计资料》。

2. 外籍教师数量和质量不断提升

2018~2023学年，北京高校外籍教师数量总体呈增长趋势。2022~2023学年达1890人，较2018~2019学年增长了389人。同时，外籍教师学历水平不断提升，具有博士学位的外籍教师比例整体呈提升趋势，2022~2023学年已达70.3%（见图17）。

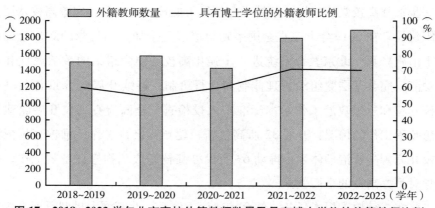

图17 2018~2023学年北京高校外籍教师数量及具有博士学位的外籍教师比例

资料来源：《北京市教育事业统计资料》。

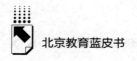

二　北京高等教育重大举措分析

北京深入贯彻落实习近平总书记的重要讲话精神，站在教育强国建设全局的高度推动教育事业发展，充分发挥高等教育龙头作用，坚定教育自信，在落实立德树人根本任务、开拓高质量发展新局面、深化新时代高等教育改革、提升高等教育治理能力等方面持续发力、久久为功，自觉担起历史责任，努力走在教育强国建设前列。北京各高校积极服务全国政治中心、文化中心、科技创新中心及国际交往中心建设，加快学科专业优化步伐，加强教师队伍建设，推进课程体系建设，落实"三全育人"综合改革，全面提高北京高等教育人才培养质量，为全面推进中华民族伟大复兴做出更大贡献。

（一）坚持党的领导，扎实推动教育强国建设

加强党对高校的全面领导，完善高等教育治理体系。北京教育系统进一步强化党的全面领导，坚持重大教育决策严格按程序提交市委教育工委会议、市委教育体制改革专项小组、市委教育工作领导小组等审议，积极推进党的路线方针政策和党中央决策部署在教育系统不折不扣贯彻执行。同时，进一步加强高校党的建设，坚持党委领导下的校长负责制，完善高校基层党组织建设。在 2019 年北京在全国率先制定《关于加强高校党的政治建设的若干措施》后，北京教育系统进一步强化高校基层党组织的政治属性和政治功能，完善基层党组织管理体制和运行机制；持续开展《北京普通高等学校党建和思想政治工作基本标准》入校检查，全面检查高校开展党建和思想政治工作的情况；开展 32 所高校新一轮章程修订工作，推进高校依法治校并完善高校治理体系；推动 63 所民办高校完成章程修订备案工作，落实党对民办高校的全面领导。

落实立德树人根本任务，健全铸魂育人体系。北京深入贯彻习近平总书记关于教育的重要论述，深刻领会党的二十大对教育的新部署新要求，落实

立德树人根本任务，坚持为党育人、为国育才，在加快建设教育强国的进程中主动走在前列、做出北京贡献。一是坚持不懈用习近平新时代中国特色社会主义思想铸魂育人，持续深入推进习近平新时代中国特色社会主义思想和党的二十大精神进教材、进课堂、进头脑，全面贯穿、有机融入思政课教学和课程思政。二是加强课程思政建设，打造一批课程思政示范高校、推出一批课程思政示范课程、培育一批课程思政教学名师和团队，推动专业教育与思政教育有机融合，持续深化"大思政课"综合改革试验区建设。三是加强思想政治教育骨干力量建设，实施青年马克思主义者培养工程，深入推进党员骨干培训班和博士生宣讲团工作，发挥理论学习骨干的引领带动作用，进一步加强专职辅导员队伍建设。四是加强思想政治教育评价，把研究生思想政治教育评价结果作为"双一流"建设成效评价、学位授权点合格评估的重要内容。

提升高等教育治理能力，深入推进市属高校分类发展。2023 年，北京完成了首轮市属高校绩效考核工作，形成了市属高校绩效考核评价改革的"北京方案"。首轮市属高校绩效考核充分吸收了"第四代评价理论"中的多元参与、协商共建等理念，突出鲜明的分类评价导向，坚持将全面评价与重点评价相结合，将考核结果与高校绩效工资总额挂钩，打破了市属高校绩效工资总量基数多年未调整的僵局，对于激发市属高校分类发展的内生动力产生了积极作用，各界反响良好。在首轮市属高校绩效考核评价改革的有力引导下，市属高校分类发展已经基本实现"入轨"运行。

强化数字教育发展理念，打造智慧教育新高地。北京市教委贯彻落实《北京教育信息化"十四五"规划》总体部署，加快推进智慧校园建设，持续提升教育教学创新和校园治理水平，全面优化数字化育人环境。2023 年，北京市教委制定了《北京市高等学校智慧校园建设规范（试行）》，以指导全市高等学校科学化、规范化进行教育信息化建设与应用；启动北京市智慧校园示范校遴选工作，支持 100 所智慧校园示范校建设，引导学校打造具有时代特征、北京特色且亮点突出的数字教育应用场景，创建新技术赋能下数据驱动、自适感应、泛在互联的新一代学习环境，发挥示范校带动引领作

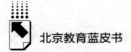

用，激发各学校数字化转型的活力与动能，全面服务学生更高质量的学习与成长；开展北京市数字教育领导力提升项目，建立校长信息化线上线下培训机制，提升校长数字教育领导力，夯实数字化育人基础。

（二）持续强化内涵建设，不断提升人才培养质量

开展本科教育教学改革，全面提高人才培养质量。北京贯彻《北京市"十四五"时期教育改革和发展规划（2021—2025年）》，落实《北京高等教育本科人才培养质量提升行动计划（2022—2024年）》，持续开展一系列项目，全面提高人才培养质量。一是推动本科教学改革创新。持续开展本科教学改革创新工作，推动各高校紧密结合国家发展战略和北京经济社会发展需求，发挥学校办学优势及特色，以育人为核心，开展教育教学改革，有效发挥教学改革在提升人才培养能力中的重要作用；组织"第二届北京高校教师教学创新大赛"，充分发挥大赛示范引领作用，树立高校教师教学创新标杆。二是挖掘树立高校优秀本科教师典范。开展教学名师、青年教学名师、优秀大学生学科竞赛指导教师等的评选宣传工作，进一步推动高校加强教师队伍建设，发挥好优秀本科育人队伍的作用，调动和增强教师参与教学、投身育人的积极性和主动性，完善教师评价体系，提高教师队伍人才培养水平。三是推动北京高校优质本科课程建设。开展"优质本科课程""优质本科教案""优质本科教材课件"等的评选共享工作，进一步推动各高校加强本科课程建设，充分发挥优质课程资源的引导和示范作用，不断提高教师的教学水平和积极性，持续推进课程教学内容更新、教学方式转变。四是推动优秀基层教学组织建设。开展优秀本科教学实验室评选，进一步推动各高校重视教学实验室建设管理工作，充分发挥优秀本科教学实验室的示范作用；开展北京高校虚拟教研室试点工作，进一步推进新型基层教学组织建设，创新教研形态，加强教学研究，共建优质资源。五是支持教学队伍建设。开展北京高校优秀教学管理人员评选及优秀本科教学服务保障人员评选，进一步推动各高校发挥好优秀教学管理人员和教学服务保障人员的示范作用，调动和增强服务教学的积极性和主动性，为师生提供优质的服务、创

造优良的学习生活环境。六是强化本科教育质量评估。印发《北京市属普通高等学校本科教育教学审核评估实施方案（2021—2025年）》，建立健全具有北京特色的本科教育教学质量保障体系；印发《北京地区本科毕业论文（设计）抽检实施细则（试行）》，扩大学位论文抽检的覆盖面并增强规范性；出台《北京市来华留学生高等教育质量发展指标体系（试行）》等文件，强化留学生培养质量评估。

加快研究生教育改革，培养高层次创新人才。北京加快推进新时代研究生教育改革发展，出台《关于推进新时代北京研究生教育改革发展的实施意见》，提出分类推进学科建设，加强学位授权统筹，深化招生选拔机制改革，完善和强化科教融合与产教融合育人机制，实施高层次人才培养专项，加强课程教材建设和导师队伍建设，深化研究生教育开放合作，强化质量监督与管理，推进研究生教育评价改革，加强思想道德与学风建设。《北京研究生教育质量提升行动计划（2022—2024年）》进一步细化改革发力点，提出实施"北京高校高精尖学科2.0"计划、急需紧缺高层次人才培养专项等举措。

推动高职教育高质量发展，切实增强职业教育适应性。根据全国职业教育大会精神以及中共中央办公厅、国务院办公厅《关于推动现代职业教育高质量发展的意见》精神，北京结合本市实际，制定《关于推动职业教育高质量发展的实施方案》，提出贯彻职业教育高质量发展理念，优化技术技能人才供给结构，提升高等职业学校教育发展水平，推进应用型本科高校分类发展，优化产教融合、校企合作政策环境，打通高技能人才职称评价通道，完善对职业学校教师的激励制度，拓宽职业学校毕业生就业渠道，助力打造职业教育示范项目。2022年之后，北京进一步探索职普融通路径，试点开展高端技术技能人才贯通培养项目①；深入推进"双高""特高"建设，对"双高计划"建设单位和"两师基地"开展持续评估；加强职教资

---

① 该项目是入选"北京市特色高水平职业院校"的高职院校与本科高校的联合培养项目，前5年在高职院校学习，后2年在本科高校学习，完成全部学业且成绩合格者，由合作本科高校颁发本科学历证书（专升本）。

源建设，首批认定 18 个市级示范性虚拟仿真实训基地，推进 122 门市级在线精品课程建设，开展 53 个市级专业教学资源库建设。

（三）坚持深化改革，服务高质量发展

强化学科专业建设，优化学科专业结构。一方面，加快学科专业调整优化步伐。北京积极贯彻教育部等 5 部门印发的《普通高等教育学科专业设置调整优化改革方案》，优化调整高校学科专业布局，加强基础学科和新工科、新医科、新农科、新文科建设，新设一批适应新技术、新产业、新业态、新模式的学科专业，淘汰不适应经济社会发展的学科专业。在本科专业方面，2022 年北京高校共新增备案 58 个本科专业，新增审批 12 个本科专业，撤销 43 个本科专业[①]。在研究生学位授权点方面，2022 年北京学位授权自主审核单位增列 5 个硕士专业学位授权点、5 个博士专业学位授权点、8 个交叉学科博士学位授权点、9 个一级学科博士学位授权点，撤销 2 个一级学科硕士学位授权点和 1 个二级学科硕士学位授权点[②]。2023 年，北京高职院校新增 24 个高职专业，撤销 6 个高职专业[③]。在未来，通过制定新一轮"双一流"和高精尖学科增补方案、市属高校新兴交叉学科建设支持方案，北京学科专业调整优化步伐将继续加快。另一方面，完善学科专业建设质量保障机制，进一步加强学科专业设置统筹。完善北京市属高校学科专业发展规划，通过统筹规划、信息服务、政策指导、资源配置等方式，指导市属高校做好学科专业设置工作，促进市属高校优化学科专业结构；加大北京市学位委员会统筹力度，推动学位授权自主审核单位动态调整学

---

① 《关于公布 2022 年度普通高等学校本科专业备案和审批结果的通知》，教育部网站，2023 年 4 月 6 日，http：//www.moe.gov.cn/srcsite/A08/moe_1034/s4930/202304/t20230419_1056224.html。
② 《关于下达 2021 年学位授权自主审核单位撤销和增列的学位授权点名单的通知》，教育部网站，2022 年 7 月 12 日，http：//www.moe.gov.cn/srcsite/A22/yjss_xwgl/moe_818/202208/t20220823_654778.html。
③ 《关于公布 2023 年新增高等职业教育专业名单的通知》，北京市教委网站，2023 年 3 月 30 日，http：//jw.beijing.gov.cn/xxgk/zfxxgkml/zfgkzcwj/202303/t20230330_2948151.html。

位授权点，充分发挥学位授权自主审核功能，着力优化现有学位授权点布局结构；严格学科专业检查评价：定期开展学科专业建设质量检查工作，对市属高校新设学科专业的基本办学条件、师资力量、实践条件、学生满意度、招生规范度等方面进行全面评估，推动各高校落实分类发展要求，结合本校实际以及北京经济社会发展、产业结构调整等需求，进一步突出本校学科专业的优势特色，按照"一校一案"原则，研究制定本校学科专业改革实施方案。

推动基础研究高质量发展，夯实科技自立自强根基。北京面向世界科技前沿、经济社会发展需求、重大国家战略、人民生命健康，坚持将目标导向与自由探索相结合，聚焦提升基础研究和重大原始创新能力、培养拔尖创新和急需紧缺人才等关键环节，为加快打造世界主要科学中心和创新高地、率先建成国际科技创新中心提供战略支撑。自 2021 年北京市教委印发《北京高校科研创新发展行动计划（2022—2024 年）》以来，北京进一步推动北京航空航天大学—北京微芯研究院未来区块链技术与边缘计算、清华大学—北京大学集成电路 2 个高精尖创新中心建设。2023 年，北京市教委、市财政局印发《关于加快推动北京高校基础研究高质量发展的意见》，提出分类优化高校基础研究定位、系统优化高校基础研究布局、深化高校基础研究体制机制改革、加强高水平基础研究平台建设、建设高水平基础研究人才队伍以及开展高水平国际交流合作等重要举措。预计到 2035 年，北京高校承担国家重大基础科学研究任务和解决目标导向科学问题的能力显著增强，培养拔尖创新和急需紧缺人才的能力大幅提升，取得一批面向世界科技前沿的重大原创性成果，解决一批面向国家战略需求的重大科学问题，打造一批高水平基础研究集群，构建基础研究高质量发展的创新生态，成为若干重要基础研究领域原始创新策源地和基础研究先锋力量。

深化科教融汇、产教融合，推动教育、科技、人才协同发展。北京加快推动教育、科技、人才一体化发展，着力造就拔尖创新人才，健全完善协同育人新机制。2022 年，北京启动新一期高精尖创新中心建设，统筹推进"北京实验室"立项建设，获批建设国家首批卓越工程师创新研究院。以此为契机，北京市教委依托市经济技术开发区在集成电路领域良好的发展基础和完整的产业布局，凝聚清华大学和北京大学等高校精锐力量，联合集成电路产业重点单位，统筹推进北京高精尖创新中心、国家卓越工程师创新研究院建设，将高水平科学研究和高层次人才培养推到北京集成电路产业一线，构建"大线出题、小线答题、产研一体"的科教产教深度融合协同育人模式。2023年，北京市教委印发《关于开展北京本科高校产学研深度协同育人平台建设工作的通知》，支持76个产学研深度协同育人平台建设项目，推动高校完善实践科研育人体系，加快创新型、复合型、应用型人才培养，提升高等教育服务经济社会发展的能力，为经济社会高质量发展提供人才和智力支撑。在高职教育方面，北京持续开展市级特色高水平职业院校、特色高水平骨干专业集群和特色高水平实训基地建设，确定北京集成电路产教联合体等11个联合体为北京市域产教联合体。

促进高质量充分就业，完善创新就业创业指导体系。北京多措并举促进高校毕业生高质量充分就业。一是多渠道拓展就业岗位。坚持以市场化、社会化就业渠道为主，充分发挥政策性岗位的稳就业作用，多层次多维度开发基层就业项目。二是加强就业指导和职业素质培养。北京市教委持续开展北京高校就业指导课程教学大赛、就业指导名师工作室和就业创业金课评选活动、就业创业研究课题申报等工作，推动高校完善就业创业指导课程体系，不断提高北京高校就业创业指导师资队伍的专业化水平，提升高校就业创业指导服务质量。同时，持续加强学生实习资源挖掘和建设，支持搭建毕业生职场体验基地、校企实训共享平台，强化实习见习资源共享。三是加大创新创业扶持力度。自2021年《北京市支持高校毕业生就业创业若干措施》印发以来，北京持续扩大创新创业融资渠道，加强创新创业场地支持，完善创新创业激励机制；启用北京高校大学生创业园（沙河园），进一步完善"一街四园多点"孵化体系；举办首届"京彩大创"北京大学生创新创业大赛，参与度实现历史性突破。四是提高就业服务效能。落实高校毕业生就业报到证制度改革，简化就业手续；推动线上签约，落实入职体检结果互认；健全服务体系，探索实名服务、求职招聘、就业见习等事项"打包办",深入开展"公共就业服务进校园"活动,确保毕业生就业服务"不断线"。

三　北京高等教育发展的对策建议

习近平总书记指出,"高等教育经历了量的快速扩张,质的提升矛盾越来越突出"[①]。如何突破质的提升瓶颈是北京高等教育绕不开、躲不过的现实难题。全面构建北京高质量教育体系,实现更高水平、更有影响力的教育现代化,必须不断优化办学理念、课程教学、教师队伍,准确把握"十四五"时期北京高等教育发展的着力点。

持续强化高校党的建设。高度重视党的建设是北京高等教育发展的必然要求和鲜明特色,必须从"抓好后继有人这个根本大计"这一历史高度开展高校党的建设,切实把党的领导贯穿高校办学治校、教书育人全过程,确保党的教育方针得到扎实落实。切实用党的理论武装广大师生,持续推进习近平新时代中国特色社会主义思想进学术、进学科、进课程、进培训、进读本[②]。加快构建高质量高校党建工作体系,深入贯彻落实《中国共产党普通高等学校基层组织工作条例》。

着力推进落实立德树人根本任务。扎实推进全国"三全育人"综合改革试点区建设,全面完善高校思政课程体系建设,推动思政教育融入学科教育、科研过程和校园生活。进一步将德育、美育与劳动教育相结合,推动新时代爱国主义教育与学校教育教学体系深度融合。持续加强高校教职工师德师风建设,完善师德师风考核评价体系,探索建立从"好老师"到"大先生"的教师成长路径。

动态优化北京高等教育结构规模布局。深入开展高等教育结构规模和质量要素协调发展的理论探索,把握高等教育结构规模布局优化的内在规

---

① 《习近平谈治国理政》(第三卷),外文出版社,2020。
② 怀进鹏:《深入学习贯彻党的十九届六中全会精神　加快建设教育强国》,《学习时报》2021年11月22日。

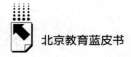

律。积极引导高校按照类型定位，加大学科专业调整力度，持续优化同北京发展相适应的教育结构、学科专业结构、人才培养结构。加强北京高校"双一流"和高精尖学科建设，健全完善新一轮"双一流"和高精尖学科增补方案、市属高校新兴交叉学科建设支持方案。落实《北京城市总体规划（2016 年—2035 年）》的战略部署，整合教育资源，优化海淀区高等学校集聚区、良乡高教园区、沙河高教园区发展环境，加快打造世界一流的高教园区。

全面深化市属高校分类发展改革。以更大的力度推进市属高校内涵式、特色化、差异化发展，进一步加快市属高校分类发展步伐。以市属高校绩效考核评价改革为着力点，在探索中改进、在实践中提升，进一步完善市属高校分类发展绩效考核机制，有效发挥市属高校分类发展绩效考核"指挥棒"作用，把考核评价结果作为优化各类教育资源配置、激发管理模式创新、提升高校治理效能、促进高质量发展的重要施策依据。引导市属高校进一步强化分类定位、明确发展目标、找准改革路径，在统筹好编制资源、设计好薪酬体系、建立好评聘制度的基础上，重点围绕推进教师评价体系科学化开展系统深入的探索，做好校级层面顶层设计，发挥好二级单位主观能动性，兼顾好不同类型教师的特点，营造好干事创业工作氛围和引才育才爱才的发展环境。

深入推进科教融汇。探索构建科研和教育宏观管理体制融合机制，对科研、教育资源进行统筹部署、重新组合、优化配置。探索成立各级各机构跨组织研究生院，充分发挥不同组织机构的科研教育能力，吸引科研机构、行业企业深度参与人才培养。围绕科教融汇重塑北京高校发展路径和办学模式，推动科教融汇成为北京高校发展的核心指导理念。优化以科研育人为核心的研究生培养机制，以多学科交叉解决重大问题专项任务作为研究生课题主要来源和培养载体，以高水平科学研究支撑高层次人才培养，支持高校在承担重大科研任务的过程中自主确定研究生培养规模，制定个性化的培养方案，完善人才培养成本分摊机制。

推动产教融合走深走实。完善大学、研究机构、企业"三位一体"的跨部门合作机制，推动产教融合进入更深层次、更高境界。一方面，建立高等院校、科研院所和企业一体化的知识创新网络，探索建立有机的知识共享和知识流动机制；另一方面，以高校尤其是一流大学、一流学科为核心，有效整合科研院所、企业、高校的研究资源、产业资源，加快市域产教联合体和行业产教融合共同体建设，促进教育链与科技链、产业链、创新链的有效衔接，实现研究成果的快速产业化。

参考文献

教育部财务司、国家统计局社会科技和文化产业统计司编《中国教育经费统计年鉴2022》，中国统计出版社，2023。

《中共中央关于党的百年奋斗重大成就和历史经验的决议》，人民出版社，2021。

李奕：《以党的创新理论为指引　推动首都教育高质量发展》，《北京观察》2023年第9期。

北京市教育委员会：《以科技与教育的双向融合推动北京教育数字化转型升级》，《人民教育》2022年第Z3期。

刘霄：《新时代北京高等教育人才培养工作的思考——塑人、育才、炼杰》，《北京教育（高教）》2022年第1期。

桑锦龙：《新时代推进首都高等教育高质量发展的思考》，《北京教育（高教）》2022年第1期。

王战军、钟贞、刘静：《北京"双一流"建设的现状和发展建议》，《上海教育评估研究》2020年第1期。

王铭：《疏解首都高等教育的进展、重点与思路——基于圈层理论分析框架》，《清华大学教育研究》2019年第5期。

马陆亭等：《笔谈：中国式高等教育现代化的多维思考》，《大学教育科学》2023年第1期。

赵庆年、刘克：《高等教育何以促进经济高质量发展——基于规模、结构和质量要素的协同效应分析》，《教育研究》2022年第10期。

B.7
北京老年教育发展研究报告

史枫　邢贞良　赵志磊*

摘　要: 老年人是国家和社会的宝贵财富,老年教育是我国教育事业和老龄事业的重要组成部分。面对我国快速进入老龄社会的形势,发展老年教育是积极应对人口老龄化、实现北京教育现代化、建设学习型社会的重要举措,也是满足老年人多样化学习需求、提升老年人生活品质、促进社会和谐发展的必然要求。秉承开放、共享理念,尽快完善老年教育服务体系,关键是重点加强区级层面老年教育机构服务能力建设。只有不断优化社区教育服务体系,承担起社区老年教育的职能,才能最大限度地避免重复建设、过度建设,实现资源共建共享,让老年人享受改革带来的幸福感,推动北京老龄事业蓬勃发展。

关键词: 老年教育　社区教育　积极老龄化　北京

一　北京老年人口形势

北京老年人口现状是开展老年教育的基础,也是重要依据。根据 2022 年北京市统计局数据,2022 年北京常住人口为 2184.3 万人,其中 60 岁及以

---

* 史枫,北京教育科学研究院研究员,主要研究方向为终身学习与学习型城市建设理论与政策;邢贞良,博士,北京教育科学研究院副研究员,主要研究方向为社区教育与老年教育研究;赵志磊,北京教育科学研究院副研究员,主要研究方向为终身教育与老年教育。

上人口为465.1万人,占21.3%,比2021年增加23.5万人（见表1）。按照联合国老龄化标准,60岁及以上人口占总人口比重超过10%,表示进入轻度老龄化社会,超过20%为中度老龄化社会。数据显示,北京已经进入中度老龄化社会。北京老年人口形势表现出以下特征。

表1　2022年北京常住人口统计与构成

单位：万人，%

指标	年末人数	比重
常住人口	2184.3	100.0
按城乡分：城镇	1912.8	87.6
乡村	271.5	12.4
按性别分：男性	1114.2	51.0
女性	1070.1	49.0
按年龄组分：0~14岁	264.0	12.1
15~59岁	1455.2	66.6
60岁及以上	465.1	21.3
其中：65岁及以上	330.1	15.1

资料来源：《北京市2022年国民经济和社会发展统计公报》，北京市统计局网站，2023年10月14日，https://tjj.beijing.gov.cn/tjsj_31433/tjgb_31445/ndgb_31446/202303/t20230321_2940951.html。

（一）人口老龄化进程加快

根据北京市老龄协会发布的"2022年北京市老龄事业发展概况"，从常住人口数据来看，2018~2022年全市老年人口增量最多、增幅最大，已经创历史新高；从户籍老年人口数据来看，60岁及以上户籍老年人口为414.0万人，占户籍总人口（1425.6万人）的29.0%，比2021年增长25.7%，65岁及以上户籍老年人口为301.8万人，占总人口的21.2%，增幅为8.1%。另外，从人口发展趋势来看，20世纪60年代初出生的人口已经进入老龄化阶段，20世纪60~70年代又正值我国人口出生高峰期，这就意味着在未来

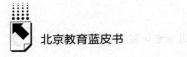
20 多年，北京将持续面临人口老龄化，北京或将较早进入重度老龄化社会，未来北京人口老龄化进程会持续加快。

（二）初老人口是老年教育的主体

从户籍老年人口数据来看，60～69 岁人口为 226.5 万人，占户籍老年人口的 54.7%，是老龄人口的主体人群；70～79 岁人口为 117.6 万人，占户籍老年人口的 28.4%；80 岁及以上人口合计为 69.9 万人，占户籍老年人口的 16.9%（见图 1）。从老年教育的适应年龄阶段来看，60～69 岁老年人是参加老年教育的最适应人群。

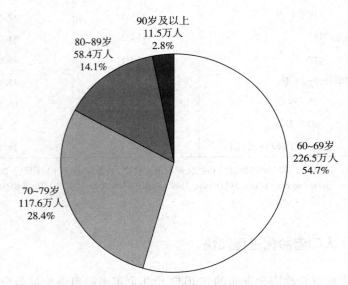

图 1　2022 年北京市户籍老年人口年龄结构

资料来源：《北京市老龄事业发展报告 2022》，北京市卫生健康委员会网站，2023 年 10 月 20 日，https://wjw.beijing.gov.cn/wjwh/ztzl/lnr/lljkzc/lllnfzbg/202310/P020231023507927451629.pdf。

（三）女性老年人在数量上更具优势

据统计，在 60 岁及以上户籍老年人口中，男性有 196.8 万人，女性有 217.3 万人，性别比为 90.6。在 60～69 岁、70～79 岁、80～89 岁、90 岁及以上年龄组中，女性占比始终高于男性（见图2）。女性老年人从数量上更具参加老年教育的潜力，这与老年教育实践相符，在为女性老年人提供服务的同时，要积极引领男性老年人参与。

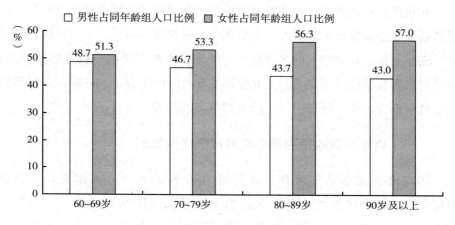

图2 2022年北京老年人口性别构成对比

资料来源：《北京市老龄事业发展报告2022》，北京市卫生健康委员会网站，2023年10月20日，https：//wjw. beijing. gov. cn/wjwh/ztzl/lnr/lljkzc/lllnfzbg/202310/P020231023507927451629. pdf。

（四）各区域发展不均衡

2022年，北京16个区的人口老龄化程度呈现差异化特征。从户籍老年人口总量来看，朝阳区、海淀区和西城区60岁及以上人口位列前三，分别为69.8万人、60.5万人和47.3万人，延庆区老年人口最少（7.9万人）。从户籍老年人口占比来看，丰台区、石景山区和东城区60岁及以上人口占本区总人口的比例排在前3名，分别为35.4%、34.6%和33.3%。与2021年相比，60岁及以上人口占本区总人口比例增幅较大的是门头沟区和怀柔区，均增长2个百分点，其次是丰台区、石景山区和密云区，均增长1.8个百分点①。

---

① 《北京市发布最新人口老龄化现状数据》，北京市统计局网站，2023年10月14日，https：//baijiahao. baidu. com/s？id=1770020009878737980&wfr=spider&for=pc。

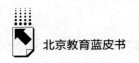
二 北京老年教育的实践探索与发展

北京市及各区政府、相关机构和单位认真贯彻落实国家推动老年教育发展的精神和任务要求,应对人口老龄化带来的挑战与机遇,大力发展老年教育,满足老年人日益增长的多样化学习需求,不断完善终身教育服务体系,推动老年教育持续健康发展。在北京市委和政府的引领下,各职能部门积极开展老年教育工作,取得了一定的成绩与实践经验。

(一)老年教育政策引领老年教育高质量发展

2022 年,北京老年教育工作持续贯彻落实老年教育相关政策,以习近平新时代中国特色社会主义思想为指导,坚持以人民为中心的发展理念,服务北京发展定位。自"十四五"以来,北京累计出台涉及老年教育的政策措施 30 余项,形成了以市级重点规划《北京市"十四五"时期老龄事业发展规划》为蓝图、以《北京市关于加快发展老年教育的实施意见》为基础、以《关于加强新时代首都老龄工作的实施意见》《北京市学习型城市建设行动计划(2021—2025 年)》为动力、以《北京市全民科学素质行动规划纲要(2021—2035 年)》为专项的政策体系,促进老年教育服务体系建设。2019~2022 年北京老年教育相关政策见表 2。北京老年教育相关政策引导老年教育高质量发展,主要体现在以下几个方面。

表 2 2019~2022 年北京老年教育相关政策

年份	政策文件	主要内容
2019	《北京市关于加快发展老年教育的实施意见》	扩充老年教育办学数量,整合优化各类教育资源,组建老年教育志愿者服务团队和老年学习共同体;完善老年教育服务体系,提升老年教育服务能力,积极开发老年人力资源,完善政策保障体系

续表

年份	政策文件	主要内容
2021	《北京市学习型城市建设行动计划（2021—2025年）》	实施"实现老有所学，智慧乐龄聚力工程"，构建覆盖城乡的老年教育服务体系，积极实践共享养老、养教结合、智慧乐龄等老年教育新模式；优化扩大资源供给，消除"数字鸿沟"，不断提升老年教育的服务能力，圆老年人的"大学"梦；树立和培育积极老龄观，营造老年人终身学习的良好氛围，鼓励老年群体参与社会志愿活动，积极推动老年人"乐学有为"，形成多元合作、有效服务积极老龄化的首都老龄工作新局面
2021	《北京市"十四五"时期老龄事业发展规划》	积极开发老龄人力资源，丰富老年人精神文化生活，促进老年教育事业发展；完善"互联网+老年教育"服务模式，探索"医、养、文、体、教"等场所与老年人学习场所的共建共享模式；每个村委会、居委会培育3~5个老年学习共同体，以各种形式经常性参与教育活动的老年人占老年人总数的比例达到40%左右
2022	《关于加强新时代首都老龄工作的实施意见》	加强老年人健康教育和预防保健，开设中医健康大课堂，将健康教育100%纳入老年大学及社区老年教育课程内容；大力促进老年人社会参与，扩大老年教育资源供给，将老年教育纳入终身教育体系，推动老年教育资源开放共享；鼓励有条件的高等学校、职业院校开设老年教育专业课程，充分发挥老年开放大学、老年科技大学辐射作用；支持社会力量参与老年教育服务机构建设；完善"互联网+老年教育"服务模式，依托区域教育资源优势，建设培育市级老年学习示范校（点）；各街道乡镇至少组建一支老年教育志愿者服务团队，大力培育老年学习共同体，发挥社区党组织作用，宣传引导老年人践行积极老龄观
2022	《北京市全民科学素质行动规划纲要（2021—2035年）》	实施老年人科学素质提升行动，以提升信息素养和健康素养为重点，针对老年人的科技素质需求，提高老年人适应社会发展的能力，实现老有所学、老有所乐、老有所为

资料来源：根据网上公开资料整理。

第一，强调政府主导，全面系统规划。从2019年的《北京市关于加快发展老年教育的实施意见》到2022年的《关于加强新时代首都老龄工作的实施意见》和《北京市全民科学素质行动规划纲要（2021—2035年）》，都强调要发挥政府的主导作用，把老年教育纳入终身教育服务体系，构建老年教育服务体系，体现了各级政府在老年教育中的主导作用、责任和使命，并强调全面规划和系统推进。

第二，注重整合资源、创新发展。北京在老年教育相关政策中强调了资源开放共享、创新发展的理念。例如，《北京市关于加快发展老年教育的实

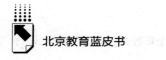

施意见》提出"扩充老年教育办学数量，整合优化各类教育资源"，《关于加强新时代首都老龄工作的实施意见》提出"推动老年教育资源开放共享"。同时，北京鼓励有条件的高等学校、职业院校开设老年教育专业课程，充分发挥老年开放大学、老年科技大学的辐射作用，支持社会力量参与老年教育服务机构建设。

第三，坚持开放共享，扩大老年教育资源供给。北京老年教育相关政策都强调了扩大老年教育资源供给的重要性，主要围绕老年教育办学资源优化、志愿者服务团队和老年学习共同体组建等方面提出了相关措施，满足北京老年人对教育的多样化需求。

第四，倡导全民行动，注重发挥社会、家庭、个人的作用。北京老年教育相关政策不仅强调政府的主导作用，而且注重全民参与和家庭、个人作用的发挥。例如，《关于加强新时代首都老龄工作的实施意见》支持社会力量参与老年教育服务机构建设，并发挥社区党组织作用，宣传引导老年人践行积极老龄观。

总体来说，北京老年教育相关政策具有全面性、系统性和可持续性等特点，旨在促进老年人的全面发展，提高其生活质量和社会参与度。

（二）多元化的老年教育供给全方位满足老年人教育需求

广义的老年教育类型多样，以满足老年人多元化、个性化的教育学习需求，北京老年教育主要包括正式和非正式的老年大学、社区老年教育和自发性老年学习共同体。正式的老年大学是指由相关行政单位审批设立的老年大学，非正式的老年大学是指依托正式老年大学教育服务体系而设立的地方性老年学习点，一些地方也称之为老年大学。

1. 老年大学

北京作为首都，有着高等资源教育集聚的优势，各级各类老年大学成为老年教育的重要载体，在老年教育中发挥着举足轻重的作用。从管理机构来看，目前北京老年大学大致有以下几种类型：一是开放教育系统的老年大学；二是行政单位离退休干部（老干部）局开办的老年大学；三是高等院校开办的老年大学；四是央企开办的老年大学；五是社会组织和企业开办的老年大学。

（1）开放教育系统的老年大学

2021年，《中共中央 国务院关于加强新时代老龄工作的意见》提出"扩大老年教育资源供给""依托国家开放大学筹建国家老年大学，搭建全国老年教育资源共享和公共服务平台"。2022年，经教育部党组研究决定，国家开放大学加挂国家老年大学牌子，并于2023年3月正式挂牌成立。国家老年大学以国家开放大学办学体系为基础，承担老年教育教学、技能培训、文化传承、社会服务、科学研究、国际交流等任务，面向全国老年人开展线上线下相结合的教学活动。截至2022年底，开放大学系统已有30所分部成立省级老年开放大学或专门机构，在基层设立超过5.5万个老年教育学习点①。年满50周岁就可以在线上注册成为国家老年大学学员，并可以在北京市海淀区国家老年大学魏公村校区学习由六大学院开设的44门课程。

北京老年开放大学于2019年依托北京开放大学建立，2022年被纳入国家老年大学教育服务体系，统筹指导全市老年大学教育教学工作，为全市各类老年教育服务机构提供课程标准、师资培训、资源开发等服务。依托各区社区学院（社区教育中心、成人教育中心）建立区域老年大学，依托乡镇、社区教育机构建立老年学校、老年学习点，创造条件吸引各类社会资源进驻，切实把老年教育办到家门口，为老年人提供就近、便捷的教育服务。

（2）行政单位离退休干部（老干部）局开办的老年大学

国务院机关事务管理局、教育部、水利部、外交部等部委的离退休干部（老干部）局均在开办不同形式的老年教育，另外还有市属老干部部门开办的老年大学。北京各区均设立老干部大学，各委办局均有对应的业务处室，此类大学仅面向系统内部职工，部分有行政级别门槛。部分处于改革阶段的

---

① 《国家老年大学成立》，百度百科，2023年10月15日，https：//baike. baidu. com/reference/59290012/bd6dJUsezuxOL1s3adXnOJtEL66iF_ cw7velCxl6ah333nB8lvAb5zFaROOVULWpEYMN EL xKm4wlJ4L5Nd-YcjvEc7qkbccBTNpoejCBLW0LopGlUC6KkgDWs-5RhHqtZ_5TBo3_thkvVYGJx Q3FUFPv7O1BOCkQzicWSv0xaznf3KAvVz0YMsN1。

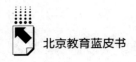

老干部大学面向社会老年人提供教育服务，如顺义区老干部大学等。该类老年大学具有学员学习层次高、资金充足、师资雄厚等特点。

（3）高等院校开办的老年大学

目前，北京央属高校、市属高校的离退休处/老干部处/工会负责开办老年大学，教育部直属高校中明确设立老年大学的有8所，如清华园老龄大学、北京师范大学老年大学等；其他部门直属高等教育机构中有4所设立老年大学，如中央民族大学老年大学、北航老龄大学；北京市属高校中有5所设立老年大学，如首都师范大学老年大学、北京第二外国语学院老年大学等。高校开办的老年大学大部分只面向学校内部离退休职工招生，仅有少数的老年大学充分利用高校资源面向社会招生，如北京师范大学老年大学、对外经济贸易大学老年大学、中国政法大学老年大学、中央民族大学老年大学等。部分高校虽然没有明确成立老年大学，但是基本都设立了离退休干部处，负责本单位离退休干部的教育学习活动，在一定程度上具备老年教育的实践功能。

（4）央企开办的老年大学

各大央企的离退休部门主要服务本系统的老年人学习，如华能集团等。但由于缺乏专业教学组织人员，加之企业退休人员社会化管理等政策的实施，企业所承担的退休职工服务职能越来越少，企业开办老年大学的积极性和意愿也越来越弱。企业退休职工的教育需求大多转向社区，社区承担的老年教育功能越来越突出。

（5）社会组织和企业开办的老年大学

随着《老年教育发展规划（2016—2020年）》的印发，社会组织和企业纷纷开始布局老年教育，加大了老年教育投入力度，在老年事业板块中加入了文化教育内容。例如，同程旅游成立了"百旅会"，专注满足中老年用户在旅游休闲、社交等方面的需求；其他企业也逐步与在京老年教育机构和组织合作举办教学活动。

2. 社区老年教育

社区老年教育以社区为基础，依托北京社区教育服务体系，通过整合各类教育资源，为老年人提供多样化、个性化的教育服务和活动，以提高老年人的素质和生活质量，促进社区的和谐与稳定。社区老年教育具备教育服务、活动组织、志愿服务、家庭关爱和社区参与的职能，在北京的老年教育实践中发挥着举足轻重的作用。

截至 2022 年底，北京 16 个区均设立了区级层面的社区教育机构，有的区依托社区学院构建了服务本区的社区教育三级服务体系，如朝阳社区学院、东城社区学院等；有的区依托社区教育中心服务老年教育，如顺义社区教育中心；有的区依托区级成人教育中心、乡镇成人学校，构建了服务本区的三级成人教育服务体系，并承担老年教育功能，如昌平成人教育中心、房山成人教育中心、通州成人教育中心等。截至 2022 年底，北京共有 338 个乡镇级行政单位开展了老年教育实践工作，共有老年教育机构 2919 个。例如，房山区打破传统实践模式，形成了多元化的老年教育新型办学模式，充分利用社会资源，为老年人提供优质学习场所，让老年人最大限度地参与学习，真正感受到老有所学、老有所乐、老有所为。探索了"市民文明学校总校+市民文明学校中心校+市民文明学校分校"的办学模式，借助三级市民文明教育体系，推动老年教育向纵深发展。市民文明学校总校负责统筹指导，整合社会资源，制定课程标准，培训优质老年教育师资，将社区教育部分资金用于老年教育；市民文明学校中心校面向全镇（街道）开展丰富多彩的活动；市民文明学校分校面向村（社区）的老年人开展学习活动。

社区老年教育是北京比较典型的老年教育模式，各街道、社区依托社区教育服务体系，依靠文体经费、社区教育经费等举办培训班、讲座等，深受社区百姓喜爱，活跃度较高，但缺少系统、科学的组织管理、教育教学，质量有待提高，街道、社区老年艺术团体的活跃度非常高，各大旅游、保健等领域的公司也纷纷涉足街道、社区，依托老年教育活动形成了街道、社区特有的老年产业闭环生态系统。

3. 自发性老年学习共同体

自发性老年学习共同体是一种在便捷的信息化背景下，由老年人自发组

117

织、自主管理、自我服务的学习型组织。它通常以兴趣为导向，依托一定的文化、教育等学习资源，以丰富老年人的精神文化生活、提高生活质量、实现自我价值为目标。自发性老年学习共同体的成员有共同的兴趣爱好和学习需求，通过交流、分享、合作来学习新知识、新技能，并获得归属感和成就感。基于北京丰富的人文历史资源，这类老年教育模式悄然兴起，并越来越受老年人喜爱，甚至在很大程度上已经突破年龄限制，一些年轻人也被吸引，但老年人依然是主力。

三 北京老年教育发展存在的问题

近年来，北京高度重视老年教育发展，取得了较好的成绩，初步形成了多部门推动、多形式办学的老年教育发展格局，但老年教育发展过程中依然存在困难与问题，北京老年教育在制度保障机制、管理体制机制、教育资源、数字化发展等方面还有待完善。

（一）老年教育制度保障机制还需进一步完善

北京在顶层设计上对老年教育进行了整体规划布局，在具体实施过程中为各区预留了很大的探索空间。制度保障机制的不足具体表现在以下三个方面。一是缺乏上位法律法规支撑，对于老年教育的指导和管理主要停留在"行动""计划""意见""通知"等政策性文件层面上，由于缺乏上位法律法规的支撑，良好的顶层设计难以得到法律保障，宏观性的政策文件易造成老年教育政策难以落地，如对老年教育的经费支持保障、对成人教育工作者的保障等，部分区域在老年教育工作方面投入不足。二是重倡导、轻行动，既缺乏配套的一系列政策法律法规，也缺乏具体的财物和技术扶持政策。三是缺少区级层面的制度体制机制保障，市级政策文件常常以转发形式下达，实施细则不明确，主管单位职责不明确，各部门统筹协调不够，缺乏支持力度，致使基层开展工作存在多方面的困难，仅以鼓励"共享""共建"模式发展老年教育，对后续责任归属没有明确规定。

（二）老年教育服务体系初步建立，运行机制仍需完善

构建老年教育服务体系是北京推动老年教育发展的必然选择，也是应对老龄社会、完善终身教育体系、引领老龄事业和产业发展的重要措施。北京现已初步构建以各级老年大学为骨干、社区教育机构为依托、远程网络教育为载体的老年教育服务体系。然而，老年教育服务体系需要更完善的运行机制来保障，缺乏有效的运行机制会造成老年教育服务体系难以发挥作用。例如，根据调研发现，老年学员希望得到高水平教师的指导，而基层办学机构存在优质师资匮乏的问题，这就需要从市级层面统筹建立优质师资准入和退出机制，保障老年教育的可持续发展。

（三）老年教育内涵式发展亟须提质升级

从北京老年教育相关政策文件中可以看出，北京老年教育发展目标已经从过去提升老年人的精神文化水平转变为促进老年人社会参与、开发老年人力资源、提升老年人生活品质，这些目标的实现需要依托老年教育课程和老年教育形式的创新，而在调研中发现，基层老年教育机构仍然以书法、绘画、舞蹈等娱乐性课程为主，服务新发展目标的课程尚未开发，老年教育需求尚未得到有效满足。

（四）老年教育专业服务水平有待提高

老年教育服务体系是老年教育不同主体的有机结合，只有不同主体充分明确自身定位，实现资源整合共享，才能最大限度地优化资源配置。党和政府各级部门近年来已逐步意识到老年教育对于完善终身教育体系、构建学习型社会、服务社区治理的重要性，各行业企业也积极拓展成人教育部门的业务范畴，逐渐延伸至老年教育服务。老年教育是一个多学科融合的领域，具有较强的专业性，随着北京老年教育事业的迅猛发展，老年教育教学、科研、管理方面的人才匮乏问题逐步凸显，北京在老年教育基本理论研究、老年教育课程设计与开发、老年教育管理等方面面临人才匮乏的问题，亟待加快老年教育人才培养。

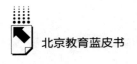

四　北京老年教育发展的对策建议

2021 年 10 月 13 日，习近平总书记对老龄工作做出重要指示："各级党委和政府要高度重视并切实做好老龄工作，贯彻落实积极应对人口老龄化国家战略，把积极老龄观、健康老龄化理念融入经济社会发展全过程，加大制度创新、政策供给、财政投入力度，健全完善老龄工作体系，强化基层力量配备，加快健全社会保障体系、养老服务体系、健康支撑体系。"① "十四五"时期，党中央将积极应对人口老龄化上升为国家战略，老年教育已经突破传统意义上的教育功能，更加体现老年人对美好生活的向往。面向未来，老年教育大有可为。

（一）加强社会各界对老年教育的认识和重视

发展老年教育，首先要从思想上认识老年教育的地位与价值，提高思想站位，明确老年教育发展的目标与定位。老年教育是时代的产物，不仅是老年人享受终身教育的一项基本权利，而且是新时代构建社会主义和谐社会的需要，它是一项利国利民的公益事业。一是北京市政府和相关主管部门应主动更新观念，明确老年教育发展的内涵与意义，以时代发展为导向，认识到办好老年教育是全社会的责任，强调政府、市场、社会、家庭、个人多元主体的主动参与，吸引社会团体和企事业单位的加入，加强协商、交流与良好合作，形成共同推进老年教育发展的合力，实现多元主体共同治理。二是加大宣传力度，为老年教育事业提供舆论支持。充分利用广播、电视、报刊、网络等媒体，面向社区、家庭广泛深入宣传老年教育，号召和鼓励更多的老年人享受老年教育服务，让市民认识到老年教育既是使老年人融入社会、参与社区建设的途径，也是维护社会稳定、促进社会进步、提高社会文明程度

---

① 《贯彻落实积极应对人口老龄化国家战略 让老年人共享改革发展成果安享幸福晚年》，"人民网"百家号，2021 年 10 月 14 日，https：//baijiahao.baidu.com/s? id＝171354553058858
3749&wfr＝spider&for＝pc。

的迫切要求。三是不断完善相关政策条例，从立法角度加强对老年教育的重视。在充分学习领会中央及北京相关政策文件精神的基础上，制定促进区域老年教育发展的相关条例，对一些配套支持服务做出明确规定，不断完善北京老年教育法律法规体系。

（二）创新工作体制机制，促进老年教育服务体系化

《中共中央　国务院关于加强新时代老龄工作的意见》明确提出"将老年教育纳入终身教育体系，教育部门牵头研究制定老年教育发展政策举措"，进一步明确了教育部门承担着研究制定老年教育发展政策举措的职能。实施老年教育需要社会各界的参与，尤其是基层行政单位，需要成立老年教育工作领导小组，将老年教育工作纳入考核目标，统筹、协调、推进各区老年教育工作，整合老年教育资源，制定老年教育发展规划，把老年教育纳入本地区经济社会发展规划和教育事业发展规划。制定老年教育机构建设标准，符合条件的老年学校应实行注册制或者备案制，市级及以上单位可以设立老年大学，其他单位可以设立老年学校。创新社会力量办学机制，鼓励社会力量办学，具有可持续发展模式、符合开办老年学校条件的社会力量可以申请开办老年学校。支持政府部门向老年学校购买老年教育服务。

（三）推动老年教育数字化发展

随着科技的飞速发展和数字化时代的到来，老年教育面临前所未有的机遇和挑战。数字化不仅改变着老年人的生活方式，而且为老年教育提供了新手段。面向未来，以数字化推动老年教育发展显得尤为重要。首先，数字化提供了更加灵活、便捷的学习方式。其次，数字化能够提供个性化的学习体验，积极将虚拟现实和增强现实等技术用于老年教育课程，融合在线游戏课程和互动应用场景，将教育与老年娱乐和生活融合，提升老年人的数字化参与度，不断拓展老年人的数字化学习资源，助力老年人根据自己的兴趣和需求选择适合自己的学习内容和方式，这将大大提高老年人的学习积极性和效果。

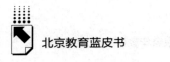
参考文献

刁海峰主编《中国老年教育发展报告（2019-2020）》，中国商务出版社，2021。

岳瑛：《〈老年教育发展规划〉对老年大学课程设置的启示》，《天津市教科院学报》2018年第3期。

李琦、王颖：《老年教育的供需矛盾及解决机制——国际经验与本土思考》，《云南民族大学学报》（哲学社会科学版）2019年第6期。

许竞、李雅慧：《我国老年教育供给与中高龄人群学习需求匹配状况调查——基于部分省市抽样数据》，《现代远程教育研究》2016年第6期。

孙建国：《新时代老年教育的挑战与机遇》，《中国老年学杂志》2023年第1期。

B.8
北京特殊教育普惠发展研究报告

杜 媛 孙 颖 史亚楠*

摘　要： 2023 年，北京特殊教育事业迎来了落实《"十四五"特殊教育发展提升行动计划》的新机遇。本报告聚焦党的二十大"强化特殊教育普惠发展"的要求，立足城市功能定位，以加强特殊教育统筹规划和条件保障、全面提高特殊教育质量为政策导向，以北京特殊教育取得的主要成绩和改革发展现状为基础，分析北京特殊教育普惠发展不平衡不充分的问题，并提出以下对策建议：立足缩小差距，均衡资源配置；立足示范引领，加快内涵式发展；立足能力提升，加强队伍建设；立足强化保障，提高投入水平。

关键词： 特殊教育　普惠发展　北京

党的二十大提出"办好人民满意的教育""强化特殊教育普惠发展"①，丰富了我国特殊教育高质量发展的时代内涵。2023 年是全面贯彻落实党的二十大精神的开局之年，也是深入实施"十四五"规划承上启下的关键之年。特殊教育是公共教育服务优先保障的领域，其服务对象具有特殊性，服

---

* 杜媛，管理学博士，北京教育科学研究院副研究员，主要研究方向为特殊教育政策与质量评价；孙颖，北京教育科学研究院特殊教育研究指导中心主任、研究员，主要研究方向为特殊教育政策与特殊教育管理；史亚楠，北京教育科学研究院助理研究员，主要研究方向为特殊教育政策与质量评价。
① 《习近平：高举中国特色社会主义伟大旗帜为全面建设社会主义现代化国家而奋斗——在中国共产党第二十次全国代表大会上的报告》，中国政府网，2022 年 10 月 25 日，https：//www. gov. cn/xinwen/2022−10/25/content_5721685. htm。

务需求较为迫切。因此，扎实推进特殊教育普惠发展，不仅是回应"办好人民满意的教育"的战略部署，也是夯实教育强国的实践基础①。北京坚持以习近平新时代中国特色社会主义思想为指导，全面深入贯彻落实党的二十大精神，坚持以人民为中心，遵循特殊教育规律，立足城市功能定位，确立特殊教育优先发展的地位，以适宜融合为目标，以加快健全特殊教育体系、不断完善特殊教育保障机制、全面提高特殊教育质量为政策导向，着力在优保障、强资源、重师资、促共享上下功夫，努力办好人民满意的首都特殊教育，让优质教育惠及每一名特殊儿童，谱写加快建设教育强国新篇章。本报告以北京特殊教育普惠发展取得的主要成绩为基础，分析北京强化特殊教育普惠发展面临的现实挑战，提出北京推进特殊教育普惠发展的对策建议。

一　北京特殊教育取得的主要成绩及普惠发展现状

北京特殊教育始终以提高质量、促进公平为重点，坚持规划先行、普及为先、保障为基、质量为本，多措并举统筹推进特殊教育改革发展②，在促进特殊教育普惠发展上取得了一定的成绩，主要体现在以下几方面：《"十四五"特殊教育发展提升行动计划》确定奋斗目标，明确发展方向；优化特殊教育体系，推动公共服务扩容；加大资源普惠保障力度，支撑全市特殊教育事业健康发展；聚焦"急难愁盼"问题，办好人民满意的特殊教育；深化特殊教育改革创新，提高内涵式发展水平。

（一）《"十四五"特殊教育发展提升行动计划》确定奋斗目标，明确发展方向

为全面贯彻落实党的二十大"强化特殊教育普惠发展"的要求，落实

---

① 皮悦明、王庭照：《高质量推进普惠性特殊教育公共服务体系建设——贯彻党的二十大精神，夯实教育强国战略基础》，《中国特殊教育》2023年第6期。
② 《坚持市级统筹　强化优先保障　以"首善"标准推进首都特殊教育优质均衡发展》，教育部网站，2022年2月18日，http://www.moe.gov.cn/jyb_xwfb/moe_2082/2022/2022_zl07/2022。

国务院办公厅转发教育部等部门《"十四五"特殊教育发展提升行动计划》文件要求，结合北京当前经济社会与特殊教育事业发展现状，2023年1月，北京市教育委员会联合市发改委、市民政局、市财政局、市人力资源和社会保障局、市卫健委、市残联等部门共同制定、印发了《北京市"十四五"特殊教育发展提升行动计划》（以下简称《行动计划》），指出特殊教育是建设高质量教育体系的重要内容，到2025年，全市特殊教育体系进一步完善，学前教育阶段残疾儿童入园率明显增长，义务教育阶段残疾儿童入学率保持高水平，各区送教上门比例控制在5%以内，高中教育阶段普及程度显著提高，高等教育入学机会进一步提升，终身教育体系更加完善①。

《行动计划》建立了市级统筹、区级为主、部门联动、各司其职的特殊教育发展责任机制，明确了北京特殊教育"十四五"时期改革发展的路线图和责任书，指明了北京特殊教育普惠发展七大重点任务、22条具体措施，涉及建设高质量特殊教育体系、深化特殊教育课程教学改革、完善融合教育专业支持体系、打造高水平专业化创新型教师队伍、推进新技术赋能特殊教育变革、形成协同创新的特殊教育工作合力、巩固完善特殊教育资源保障机制等方面，为"十四五"时期北京特殊教育发展绘制了蓝图、指明了具体路径，构成了北京特殊教育普惠发展的框架体系，对进一步推进特殊教育普惠发展具有重要意义。

（二）优化特殊教育体系，推动公共服务扩容

普惠性强调的是无歧视性或普及性②，即普遍惠及、人人享有。普惠的特殊教育，是面向所有特殊学生的教育，最重要的就是普及。北京全面加大政府统筹力度，盘活存量、扩大增量，优化资源布局，保障残疾儿童少年义务教育就近优先入学，完善特殊教育体系。

---

① 《北京市"十四五"特殊教育发展提升行动计划》，北京市教育委员会网站，2023年2月8日，http：//jw. beijing. gov. cn/xxgk/zfxxgkml/zfgkzcwj/zcqtwj/202302/t20230208_ 2913641. html。
② 张力：《中国教育发展与规划的政策要点》，《教育发展研究》2010年第Z1期。

1.优化义务教育阶段特殊教育布局,保障"优学位"

党的十八大以来,全市特殊教育服务水平大幅提升,适龄残疾儿童少年得以享有优质的基本公共教育服务,残疾儿童少年义务教育入学率始终保持较高水平。随着残疾儿童少年及其家长对优质特殊教育的需求日益增长,人们对优质特殊教育公共服务的追求也不断提高。在这样的背景下,北京不断健全市、区特殊儿童少年招生入学联动工作机制,充分发挥特殊教育专家委员会作用,规范做好适龄特殊儿童入学前评估,科学制定教育安置方案。北京市教育委员会发布《关于 2023 年义务教育阶段入学工作的意见》,明确坚持"政府统筹、区级为主、免试就近、有序规范"的工作原则,让残疾儿童少年同等条件下在服务范围内就近、就便、优先入学①,高质量落实"一人一案"②。2022 年,全市义务教育阶段特殊教育学生有 7545 人,较2021 年略有减少(见表1)。其中,在特殊教育学校就读的学生有 2963 人,占 39.3%;在普通学校随班就读的学生有 4487 人,占 59.5%;在普通学校特教班就读的学生有 95 人,占 1.3%。全市义务教育阶段残疾儿童入学率持续保持在 99%以上。

表 1 2018~2022 年北京义务教育阶段特殊教育学生数

单位:人

年份	学生总数	小学阶段	中学阶段
2022	7545	4740	2805
2021	7646	4745	2901
2020	7145	4445	2700
2019	6812	4210	2602
2018	6265	3910	2355

资料来源:《全国教育事业统计资料》(2018~2022 年);《北京市教育事业统计资料》(2022 学年度)。

---

① 《北京市教育委员会关于 2023 年义务教育阶段入学工作的意见》,北京市教育委员会网站,2023 年 4 月 22 日,https://www.beijing.gov.cn/zhengce/zhengcefagui/202304/t20230422_3063612.html。

② 孙颖等:《聚焦高质量发展,办好首都人民满意的特殊教育》,《中国特殊教育》2021 年第 6 期。

2. 加强学前特殊教育建设，保障"上好园"

积极扩大学前特殊教育服务的覆盖面，支持普通幼儿园开展学前融合教育，在特殊教育学校附设幼儿园或增加学前部，努力通过多种途径扩充学前教育阶段的特殊教育学位，切实保障学前残疾儿童"上好园"。北京已基本普及学前三年教育康复服务，各区均建立了融合幼儿园，实现每区至少有 1 所融合幼儿园。学前教育阶段特殊幼儿大部分（92.8%）在普通幼儿园就读，另有 7.2%的学前教育阶段特殊幼儿在特殊教育学校的学前班或特殊教育学校开办的幼儿园接受教育①。

3. 积极增加高中阶段教育入学机会，保障"能升学"

北京市人民政府印发《北京市关于深化育人方式改革推进普通高中多样化特色发展的意见》，率先提出对有能力、有意愿继续就读的特殊学生按照就近原则、根据学生意愿经申请安置进入普通高中就读。同时，稳步扩大面向特殊学生的中等职业教育供给，按照新修订的《残疾人中等职业学校设置标准》，结合各区实际，统筹建立特殊学生中等职业教育点，通过建设十五年制特殊教育学校、在特殊教育学校增设中职部、与普通中职学校联合培养、在普通中职学校开办特殊教育班等多种形式，实现特殊教育向高中教育阶段的深度延伸。2022年，全市共有 8 所特殊教育学校设有高中部或中职部（见表2），其中有 6 所学校为从学前到高中阶段的十五年制学校，分别是北京市盲人学校、北京启喑实验学校、北京市西城区培智中心学校、北京市健翔学校、北京市朝阳区安华学校、北京市昌平区特殊儿童教育学校，另有 2 所特殊教育学校设有高中部或中职部，分别是北京市东城区特殊教育学校和北京市通州区培智学校。

表2 2022 年北京 20 所特殊教育学校涵盖学段情况

学校名称	区域	学前教育阶段	义务教育阶段	高中教育阶段
北京市东城区特殊教育学校	东城区		√	√
北京市东城区培智中心学校	东城区		√	

---

① 资料来源：北京教育科学研究院《2022 年北京市特殊教育发展报告》（内部资料）。

学校名称	区域	学前教育阶段	义务教育阶段	高中教育阶段
北京市西城区培智中心学校	西城区	√	√	√
北京启喑实验学校	西城区		√	√
北京市朝阳区安华学校	朝阳区	√	√	√
北京市丰台区培智中心学校	丰台区		√	
北京市石景山区培智中心学校	石景山区		√	
北京市盲人学校	市属	√	√	√
北京市健翔学校	海淀区	√	√	
北京市门头沟区特殊教育学校	门头沟区		√	
北京市房山区特殊教育学校	房山区		√	
北京市通州区培智学校	通州区		√	√
北京市第二儿童福利院自强学校	顺义区		√	
北京市顺义区特殊教育学校	顺义区		√	
北京市昌平区特殊儿童教育学校	昌平区	√	√	√
北京市大兴区特殊教育中心	大兴区		√	
北京市怀柔区培智学校	怀柔区		√	
北京市平谷区特教中心	平谷区		√	
北京市密云区特殊教育学校	密云区		√	
北京市延庆区特殊教育中心	延庆区		√	

注：北京高中教育阶段在校特殊学生中，58.7%的学生在特殊教育学校的高中部或中职部接受教育，41.3%的学生在普通高中或普通中职学校接受教育；高中教育阶段在校特殊教育学生中，智力障碍学生的人数最多，占29.5%，其次是肢体障碍学生（占21.7%）和听力障碍学生（占17.9%）

资料来源：各特殊教育学校上报材料；北京教育科学研究院《2022年北京市特殊教育发展报告》（内部资料）。

4.稳步增加残疾人群体接受高等教育和继续教育的机会

根据残疾考生情况和需要，为残疾考生参加高考提供平等机会和合理便利，对符合国家录取标准的残疾考生"零拒绝"，帮助残疾考生圆大学梦，为残疾大学生适配轮椅、助行器等基本辅助器具，并提供学业、生活支持和帮助。2022年北京市属高校特殊教育学院残疾人单考单招报考人数创历史新高，并面向港澳台招生，市级高等融合教育资源支持中心建设不断推进，形成了大中小幼一体化的融合教育体系。截至2022年，北京共有高等教育阶段在校残疾学生 1401 人，其中职业专科在校残疾学生 164 人、普通本科在校残疾学生 815 人、研究生（含硕士研究生和博士研究生）在校残疾学生 122 人、成人专科和成人本科（含网络本科）在校残疾学生 300 人（见表 3）。

表 3　2022 年北京高等教育阶段在校残疾学生数

单位：人

阶段	在校残疾学生数
职业专科	164
普通本科	815
硕士研究生	98
博士研究生	24
成人专科和成人本科(含网络本科)	300
合计	1401

资料来源：《北京市教育事业统计资料》（2022 学年度）；北京市教育委员会高等教育处《2022年北京市高等教育事业统计数据》（内部资料）。

北京有 1 所高校（北京联合大学）设有特殊教育学院，建有 1 所市级高等融合教育资源支持中心，设立全国首个面向残疾人招生的硕士点。清华大学、北京理工大学、北京师范大学等高校对符合录取条件的各类特殊学生实施从本科到研究生教育阶段的融合教育。2022 年，全市共有 55 所高等教育学校（机构）有各类特殊学生就读，其中中央办高等教育学校（机构）22 所、地方办高等教育学校（机构）33 所①。

（三）加大资源普惠保障力度，支撑全市特殊教育事业健康发展

强化特殊教育普惠发展，关键在于建立强大的投入保障机制，改善特殊教育办学条件，支撑特殊教育事业健康、可持续发展。北京始终坚持和强化"特教特办"，确立特殊教育优先发展的地位，持续加大人、财、物等各项

---

① 资料来源：北京市教育委员会高等教育处《2022 年北京市高等教育事业统计数据》（内部资料）。

资源投入力度，用人、财、物的有力保障支撑特殊教育高质量发展。

1. 加大特殊教育专业教师配备力度

北京统筹建立了以特殊教育学校教师为骨干，以资源教师和随班就读教师为主体，以巡回指导教师、特教教研员为指导，以支持教师、送教上门教师为补充的 7 支特殊教育师资队伍。出台《北京市特殊教育学校办学条件标准》，按照盲校 1∶2、聋校 1∶3、培智学校 1∶2.5 的师生比配备特教教师①，逐年完善特殊教育教师招聘计划。2022 年，全市有特殊教育学校教职工 1355 人，较 2021 年增加 64 人，其中专任教师 1121 人，较 2021 年增加 64 人。专任教师在教职工中的占比为 82.7%，较 2018 年提高 3.9 个百分点（见表 4）。

表 4　2018~2022 年北京特殊教育学校教职工数

单位：人，%

年份	教职工数	专任教师数	专任教师占比
2022	1355	1121	82.7
2021	1291	1057	81.9
2020	1278	1044	81.7
2019	1234	993	80.5
2018	1226	966	78.8

资料来源：《全国教育事业统计资料》（2018~2022 年）；《北京市教育事业统计资料》（2022 学年度）。

2. 加大特殊教育经费投入力度

将特殊教育纳入优质均衡基本公共教育服务体系，优先保障特殊教育经费。落实特殊教育生均公用经费拨款标准，按照每生每年 12000 元的标准足额拨付特殊教育生均公用经费，义务教育阶段特殊教育生均公用经费达到普通小学和初中生均公用经费的 6~8 倍（小学每生每年 1650 元，初中每生每

---

① 《北京市特殊教育学校办学条件标准》，北京市教育委员会网站，2013 年 8 月 13 日，http://jw.beijing.gov.cn/xxgk/zfxxgkml/zfgkzcwj/zwgkxzgfxwj/202001/t20200107_1562759.html。

年1750元），高中教育阶段特殊教育生均公用经费达到普通高中生均公用经费的7倍。生均公用经费列支范围和用途适当拓宽，可用于残疾学生学习用品、干预训练、见习实习、送教师交通费补助、学生伙食补助、购买特教服务等。不断完善从学前到高等教育阶段的残疾学生资助政策，在现有"三免两补"的基础上减免伙食费，补助交通费、特殊学习用品费和校服费等费用，逐步实行"四免多补"资助政策，确保家庭经济困难的残疾学生优先获得资助。

3.加强学校无障碍设施设备建设

在开展融合教育的普通中小学校推进无障碍教学设施设备使用、无障碍电梯加装、无障碍卫生间改造。2023年调查发现①，全市开展融合教育的普通中小学中，有67.2%的学校建有坡道及扶手，有62.9%的学校出入口及道路方便轮椅进出，有51.3%的学校建有无障碍卫生间。完善普通学校特殊教育装备配备，优化资源教室空间布局，针对特殊学生教育需求配备教具、学具、辅具等资源。持续投入专项经费，保障市级自闭症教育训练基地、市级示范性学区融合教育资源中心、特殊教育学校达标建设及融合教育学校无障碍环境改造等。

（四）聚焦"急难愁盼"问题，办好人民满意的特殊教育

普惠的目的是办好人民满意的特殊教育，必须重点关注和解决好人民群众的"急难愁盼"问题，突出体现在特殊学生进入普通学校后的有效参与问题、重度残疾学生送教上门问题以及孤独症儿童的教育安置与教育教学问题等。北京切实从广大学生及其家庭的迫切需要出发，提升家长对特殊教育事业的满意度。

1.健全融合教育长效工作机制

优化融合教育政策，健全普通学校融合教育推进委员会制度，压实普通

---

① 2023年，教育部基础教育司在全国范围内组织开展"健全特殊教育普惠保障机制"调查，如无特别说明，本报告所提到的调查发现均指本次调查结果。

学校开展融合教育的主体责任。2022 年，北京共有 1061 所普通中小学开展融合教育，其中小学 655 所，占全市普通小学的 91.1%；中学 406 所，占全市普通中学的 59.4%。开展融合教育的普通中小学占全市普通中小学的 75.6%（见表 5）。

表 5　2022 年北京开展融合教育的普通中小学数及占比

单位：所，%

学段	学校总数	开展融合教育的学校数	占比
小学	719	655	91.1
中学	684	406	59.4
合计	1403	1061	75.6

资料来源：《北京市教育事业统计资料》（2022 学年度）；《2022—2023 学年北京市教育事业发展统计概况》，北京市教育委员会网站，2023 年 3 月 20 日，http://jw. beijing. gov. cn/xxgk/shujufab/tongjigaikuang/202303/t20230317_2938666. html？eqid = 9fb6038a0042d03c0000000264550387。

　　调查结果表明，全市 70.0% 的开展融合教育的普通学校建有主动鉴别疑似特殊儿童的工作机制，并由负责学校特教工作的人员统筹处理并上报。学校在特殊儿童入学前，主要通过安排教师与家长会谈、给特殊学生安排适当的座位、主动收集学生过去的资料以及安排教师参加特殊教育培训等方式做好准备工作。也有部分学校通过组织资源教师和心理教师进行专业训练辅导、安排更多教师协调特殊儿童所在班级工作、为陪读家长提供休息场所、为陪读家长提供专业讲座资源等方式，为顺利开展融合教育打好基础。

　　2. 规范重度残疾学生送教上门服务管理

　　2022 年北京接受送教上门服务的学生占义务教育阶段特殊教育学生的 8.1%，较 2021 年下降 0.5 个百分点（见表 6）。北京研究制定重度残疾学生送教上门服务管理办法，并进一步明确送教上门课程实施要求，充分利用卫生、康复和社区等有关资源，为重度残疾学生实施定人、定点、定时、定内容的个性化送教服务，提高送教上门质量。

表 6　2021~2022 年北京义务教育阶段送教上门学生数及占比

指标	2021 年	2022 年	2022 年较 2021 年变化
学生总数(人)	7646	7545	减少 101 人
送教上门学生数(人)	656	613	减少 43 人
送教上门学生占比(%)	8.6	8.1	下降 0.5 个百分点

资料来源:《北京市教育事业统计资料》(2021~2022 年);北京市教育委员会《2022—2023 学年北京市教育事业发展统计数据》(内部资料)。

3.提高孤独症儿童教育质量

各区科学规划、按需建设孤独症儿童特殊教育学校或学部,采用混合编班或单独编班的形式合理安置孤独症儿童,满足区域内孤独症儿童特殊教育需求。在孤独症谱系障碍高发地区、全市"三城一区"(中关村科学城、怀柔科学城、未来科学城和北京经济技术开发区)等重点发展地区,依托孤独症儿童教育基础较好的特殊教育学校、特殊教育中心和普通学校,布局建设了示范性孤独症与情绪行为障碍儿童教育康复训练基地,按照"正向支持、精准施策、可持续发展"的原则,以孤独症儿童在普通学校实现能进入、深参与、强支持为核心,构建了孤独症儿童优质融合教育的制度一体化、课程一体化和支持一体化实践模式[1],着力提高对普通教育学校孤独症儿童通用学习设计和课堂教学参与的指导,不断提高孤独症儿童特殊教育的有效性。

(五)深化特殊教育改革创新,提高内涵式发展水平

普惠的内核在于质量。北京着力推进特殊教育改革创新,深化特殊教育课程教学改革,不断完善特殊教育专业服务体系,全面提高教师特殊教育专业能力,不断推进特殊教育高质量发展。

1.深化特殊教育课程教学研究

有效落实国家特殊教育课程方案和课程标准,结合北京实际研制了《北

---

[1]　孙颖等:《基于 APS 质量框架的孤独症儿童融合教育质量提升实践研究——以北京市为例》,《中国特殊教育》2023 年第 6 期。

京市特殊教育学校课程实施指导意见》，积极探索具有北京特色的国家课程实施经验，面向特殊教育学校组织开展"五育"并举下的特殊教育学校教师课堂教学效能提升研究，强化不同学科、不同学段、不同类型课程（德育、体育、劳动教育、教育康复等）的教学研究。立足普通学校的融合教育课堂主阵地，着眼特殊需要学生的实际获得，创新融合教育教学模式，深入研究融合教育课堂教学、特殊需要学生评估与干预以及孤独症学生课堂参与等重点难点热点问题，积极推动市、区、校协作共研，以教研促进内涵式发展。研究制定北京市特殊教育学校办学质量评价标准和北京市融合教育质量评价标准，逐步建立具有首都特色的特殊教育办学质量评价标准体系，为常态化开展特殊教育质量监测打好基础。

2. 加强四级特殊教育资源中心建设

进一步夯实"市、区、学区、学校"四级专业服务体系建设。在市级层面，充分发挥北京教育科学研究院特殊教育研究与指导中心的引领作用，加强特殊教育发展中的创新性、前瞻性和重点难点热点问题研究，并积极建设北京市特殊教育资源中心，发挥市级优质资源的示范辐射作用。在区级层面，全市已有16个区建立区级特殊教育中心，积极推动燕山地区和北京经济技术开发区建设区级特殊教育中心，并加强中心标准化建设，规范中心职责及管理细则。在学区和学校层面，在全市各区建有200个学区融合教育资源中心和超过500间特殊教育资源教室，形成了立体化、多层面的专业支持服务网络，兜底保障每个学生享有专业支持。

3. 推进特殊教育数字化应用

重视特殊教育与信息技术的深度融合，充分应用互联网、云计算、大数据、5G、虚拟现实和人工智能等技术，加强市特殊教育信息化管理平台建设，建成北京市特殊教育支持服务平台（http://tejiao.bjedu.cn/）。推进特殊教育智慧校园、智慧课堂建设，推动残疾儿童少年相关数据互通共享，开发特殊教育数字化课程教学资源，推进人工智能辅助教育。调查结果表明，全市88.2%的特殊教育学校积极利用信息技术开展备课、授课、教研等与教学相关的活动，82.4%的特殊教育学校利用信息技术为学生提供视觉提示、语音识别、康复支持等个性化支持，64.7%的特殊教育学校利用信息技术开展教务管理、行政管理等相关工作，58.8%的特殊教育学校利用信息技术开发数字化课程教学资源，不断提升特殊教育智能化管理水平。

4. 全面提高教师特殊教育专业能力

开展全市特殊教育教师教学基本功展示和融合教育优秀教学案例遴选活动，发现和形成了一批展示特殊教育教学和融合教育改革发展成果的特殊教育优质资源，充分发挥典型经验和优质资源的领航作用，进一步推动广大特殊教育教师和融合教育教师提高综合素质、专业水平和育人能力。建立特殊教育发展联盟，为郊区干部教师提供每期半年的脱产体验式培训，让他们参与核心城区优质特殊教育学校教育教学活动；推动城区教师跨区发挥专业引领与辐射作用，依托特殊教育发展联盟统筹建立优秀特殊教育教师跨区服务、专业引领机制，通过送教到校、不同区域学校间"同上一节课"、优秀教师和对口教师"传帮带"等多种形式，发挥优秀特殊教育教师的专业辐射及业务引领作用。全市特殊教育学校专任教师中，有94.1%的教师接受过特殊教育相关专业培训。

二 北京特殊教育普惠发展面临的现实挑战

当前，北京特殊教育发展水平与普惠发展的新要求和人民群众的新期盼仍有一定差距，全市特殊教育发展不平衡的问题依然存在，进一步缩小城乡、区域、校际差距仍需付出很大努力；特殊教育发展不充分的压力依然较大，全市优质特殊教育资源的分布还不能满足广大特殊学生及其家长的多样化需求。

（一）区域间发展不平衡问题仍客观存在

1. 十五年制特殊教育学校区域布局不平衡

《行动计划》提出，到2025年，各区均要建有一所从幼儿园到高中全学段衔接的十五年制特殊教育学校。截至2022年，全市仅有6所十五年制

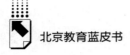

特殊教育学校，集中分布在中心城区，其中西城区2所、海淀区2所（含市属学校1所）、朝阳区1所、昌平区1所，仍有12个区未建立十五年制特殊教育学校，与《行动计划》的要求存在一定差距。十五年制特殊教育学校建设基础较弱、区域间布局不平衡的问题比较突出，在一定程度上影响了特殊教育向非义务教育阶段的延伸发展。

2. 各级特殊教育资源中心区域建设不平衡

燕山地区和北京经济技术开发区未建立区级特殊教育资源中心，也未成立特殊教育专家委员会，特殊教育专业支持供能不足，迫切需要在"十四五"时期补齐短板，加快推进区域特殊教育资源中心及特殊教育专家委员会建设。《关于加强残疾儿童少年义务教育阶段随班就读工作的指导意见》指出，接收5名以上残疾学生随班就读的学校应当设立专门的资源教室。而调查发现，全市特殊教育资源教室建设还未达到要求，亟须进一步优化区域资源配置，加强普通学校资源教室建设。

3. 非义务教育阶段特殊教育资源区域分布不平衡

中心城区与远郊区、城市与乡村特殊教育发展不平衡的问题依然存在，突出表现为非义务教育阶段特殊教育学位不足。例如，北京市丰台区有常住人口200万人以上，但是仅有1所九年制特殊教育学校，区域内非义务教育阶段特殊教育学位供需矛盾较为突出。

（二）特殊教育质量保障还需落细落实

1. 特殊教育数字化发展仍需更多支持

尽管北京市特殊教育支持服务平台已正式上线运行，但是全市特殊教育优质课程资源和示范性教学案例资源仍不充足，现有数字化平台的教育评估和教学管理功能仍未充分发挥作用，特殊教育智慧校园、智慧教室建设仍需进一步加强，相关经验和案例还需积极宣传推广。

2. 特殊教育课程教学改革仍需加强

调查发现，全市各特殊教育学校均能根据国家课程方案与课程标准匹配专业教师和课程资源，开齐、开足课程。但是，也有个别学校仅能开齐规定课程，无法开足部分课程的课时。调查发现，全市各特殊教育学校在深化特殊教育课程教学改革方面仍面临诸多挑战，主要体现在课程资源开发、专业师资配备、教育康复训练和多样化学生评价等方面。

（三）特殊教育教师队伍建设仍需加强

1. 特殊教育学校专任教师数量不足

2022 年，全市有特殊教育学校教职工 1355 人，其中在编人员 1298 人、编外人员 57 人。全市 50% 的特殊教育学校均表示，当前学校的教职工配备不能满足学生的教育教学需要，共有 10 所特殊教育学校的教师配备无法满足 2.5：1 的生师比配备要求。除了本校的教学任务之外，部分特殊教育学校教师还需承担区域内巡回指导、送教上门工作，工作负担较重。

2. 特殊教育学校专任教师中具有研究生学历的占比偏低

2021 年，全市特殊教育学校专任教师中，具有研究生学历的教师占比仅为 6.4%[①]，与国内部分地区相比存在一定差距。根据可获得的数据，上海特殊教育学校专任教师中，具有博士研究生学历的教师有 8 人，具有硕士研究生学历的教师有 231 人，具有研究生学历的专任教师占比为 15.1%，比北京高 8.7 个百分点；广东特殊教育学校专任教师中的博士研究生有 3 人，比北京多 2 人，具有研究生学历的专任教师占比为 8.0%，比北京高 1.6 个百分点（见表 7）。

表 7　2021 年全国及部分地区特殊教育学校专任教师研究生学历情况

单位：人，%

地区	专任教师数	博士研究生数	硕士研究生数	研究生占比
北京	958	1	60	6.4
上海	1584	8	231	15.1
广东	6589	3	524	8.0

资料来源：《全国教育事业统计资料》（2021 年）。

[①] 《2021 年全国教育事业发展统计数据》，教育部网站，2022 年 12 月 30 日，http：//www.moe.gov.cn/jyb_sjzl/moe_560/2021/gedi/202212/t20221230_1037285.html。

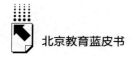
3.融合教育专业教师配备不足

北京特殊教育学校教师、资源教师、巡回指导教师等特殊教育专业教师配备现状与全市特殊教育改革发展的需求仍有一定差距。调查发现，62.5%的区认为目前各级特殊教育资源中心人员配备不能满足特殊教育发展需要。在区级层面，专职巡回指导教师和拥有特殊教育专业背景的巡回指导教师比例较低，难以保障巡回指导工作质量，区级特殊教育教研员配备不足。在学校层面，全市普通学校中专职资源教师配备不足，与《行动计划》的要求仍有较大差距，亟须进一步加强教育行政部门与编办、财政、人社等相关部门之间的协调，同抓共促、统筹推进，多层面、多渠道增强融合教育专业师资力量。

三 强化特殊教育普惠发展的对策建议

党的二十大要求"办好人民满意的教育""强化特殊教育普惠发展"。习近平总书记在中共中央政治局第五次集体学习时强调，加快建设教育强国，把促进教育公平融入深化教育领域综合改革的各方面各环节，缩小教育的城乡、区域、校际、群体差距，努力让每个孩子都能享有公平而有质量的教育[1]。强化特殊教育普惠发展，要坚持以习近平新时代中国特色社会主义思想为指导，将思想和行动统一到党中央、国务院的决策部署上来，践行以人民为中心的发展思想，以全面落实《行动计划》为抓手，采取更加有力的举措高质量发展特殊教育事业，实现更加公平、更高质量的发展，让社会主义现代化发展的成果惠及每一个残疾学生[2]。

（一）立足缩小差距，均衡资源配置

一是缩小不同特殊教育服务对象之间的差距。在现有视力、听力、言

---

① 《习近平在中共中央政治局第五次集体学习时强调 加快建设教育强国 为中华民族伟大复兴提供有力支撑》，"人力资源和社会保障部"百家号，2023年5月31日，https：//baijiahao. baidu. com/s？id＝1767337574326204036&wfr＝spider&for＝pc。
② 李天顺、冯雅静：《强化普惠是特殊教育的基本发展方向》，《中国特殊教育》2022年第11期。

语、肢体、智力、精神、多重残疾儿童少年的基础上，积极将其他有特殊需要的儿童少年纳入特殊教育服务范围，并注重加强对超常儿童个性化教育支持的研究①，逐步提高面向不同类别特殊群体的教育服务质量，逐步拓展特殊教育公共服务的覆盖范围。

二是缩小不同区域之间的差距。优化特殊教育学校布局，各区都要建立一所从幼儿园到高中全学段衔接的十五年制特殊教育学校，将十五年制特殊教育学校建设工作列入《"十四五"特殊教育发展提升行动计划》重点项目库，并纳入全市教育督导、学前教育、高中教育等事业发展中统一规划、同步实施。加快完善燕山地区、北京经济技术开发区特殊教育专业支持机制，尽快成立区域特殊教育资源中心，负责区域内的特殊教育指导和专业支持；依托区域特殊教育资源中心建立特殊教育专家委员会，为区域内特殊教育发展提供咨询与指导。

三是缩小不同学段教育之间的差距。增加学前教育学位供给，积极推进学前融合教育，普通幼儿园要接收服务范围内具有接受普通教育能力和意愿的残疾儿童就近入园，努力做到"应收尽收、应融尽融"。持续推进有能力、有意愿接受普通高中教育的残疾学生就近就便申请入学，加快发展面向残疾人群体的中等职业教育。重点支持区域内学前残疾儿童、高中教育阶段残疾学生入学率较低的区域，在特殊教育学校新建、扩建和改建特殊幼儿园（班、部）、普通高中部（班）、职业教育部（班）。

（二）立足示范引领，加快内涵式发展

一是强化信息技术与特殊教育深度融合、创新发展。汇集优质资源，推动特殊教育教师教学基本功展示和融合教育优秀教学案例典型成果在北京市特殊教育支持服务平台推广，积极建设北京特殊教育精品课程。推动数字化为特殊学生成长各阶段赋能，着重提升师生信息化素养，推进特殊教育智慧

---

① 《北京市"十四五"特殊教育发展提升行动计划》，北京市教育委员会网站，2023 年 2 月 8 日，http://jw.beijing.gov.cn/xxgk/zfxxgkml/zfgkzcwj/202302/t20230208_2913641.html。

校园、智慧课堂建设。

二是强化特殊教育改革发展成果宣传交流。组织开展北京市融合教育示范区、示范校评选，积极推广荣获国家级基础教育教学成果奖和北京市基础教育教学成果奖的特殊教育领域优秀成果，宣传交流推广特殊教育改革发展典型经验和做法，全面展示北京特殊教育教学和融合教育改革发展成果，促进特殊教育内涵式发展质量的提升。

三是强化特殊教育跨部门协调创新发展。不断健全由教育、发展改革、民政、财政、人力社保、卫生健康、编办、残联等相关部门组成的特殊教育联席会议制度，加强医疗、康复、教育、科研等机构的合作，协力探索预防、筛查、早期干预、康复、教育等环节的有效方法，为特殊学生提供精准、优质、专业的服务。

（三）立足能力提升，加强队伍建设

一是建立特殊教育教师队伍建设促进机制。持续加强特殊教育教师队伍建设，着力强化特殊教育普惠发展的最根本保障。督促各区针对特殊教育教师总量不足、结构性缺编等问题，在核定的中小学教职工编制总额内统筹调配编制资源，按照编制标准积极优化特殊教育学校教师配备。优化融合教育专业教师配备，按照学区数量配备专职巡回指导教师，每个学区均要建立融合教育资源中心并配备专业团队，每所融合教育学校均要建立特殊教育资源教室并配有特殊教育专职资源教师。

二是全面提高教师专业能力。通过与高校、科研机构合作培养等方式，提升普通学校特殊教育资源教师、巡回指导教师和开展融合教育教学的学科教师的专业能力，将特殊教育纳入普通学校教师继续教育必修内容。强化特殊教育教研对教师专业能力的引领，加强市区教研部门建设，配足配齐专职特殊教育教研员，统筹推进特殊教育学校和融合教育学校协同教研。制定出台北京市特殊教育办学质量评价标准，以评促建，全面提升特殊教育教师落实特殊教育国家课程方案和课程标准、推进融合教育的专业能力。不断完善教师待遇保障机制，认真落实特殊教育教师津贴标准和有关待遇倾斜政策。

（四）立足强化保障，提高投入水平

持续优化以政府公共财政为主导的特殊教育公共服务供给格局，加强与财政部门的沟通联系，反馈特殊教育经费投入保障工作存在的困难，提升普惠保障水平，保障国家和北京市普惠政策有效落实。完善经费投入机制，将特殊教育全面纳入财政保障范围，支持市、区财政教育经费优先向特殊教育倾斜。改善特殊教育办学条件，持续推进特殊教育学校标准化建设。健全从学前到高等教育阶段的残疾学生资助政策，优先保障家庭经济困难的残疾学生获得资助，积极拓宽特殊教育经费来源渠道，为推动特殊学生全面发展和终身发展奠定坚实的保障基础。

参考文献

《习近平：高举中国特色社会主义伟大旗帜 为全面建设社会主义现代化国家而奋斗——在中国共产党第二十次全国代表大会上的报告》，中国政府网，2022 年 10 月 25 日，https：//www.gov.cn/xinwen/2022-10/25/content_5721685.htm。

《习近平在中共中央政治局第五次集体学习时强调 加快建设教育强国 为中华民族伟大复兴提供有力支撑》，教育部网站，2023 年 5 月 29 日，http：//www.moe.gov.cn/jyb_xwfb/s6052/moe_838/202305/t20230529_1061907.html。

《国务院办公厅关于转发教育部等部门"十四五"特殊教育发展提升行动计划的通知》，教育部网站，2021 年 12 月 31 日，http：//www.moe.gov.cn/jyb_xxgk/moe_1777/moe_1778/202201/t20220125_596312.html。

《教育统计数据》，教育部网站，2022 年 12 月 28 日，http：//www.moe.gov.cn/jyb_sjzl/moe_560/2021/。

《特殊教育办学质量评价指南》，教育部网站，2022 年 11 月 1 日，http：//www.moe.gov.cn/srcsite/A06/s3331/202211/t20221107_975922.html。

《北京市"十四五"特殊教育发展提升行动计划》，北京市教育委员会网站，2023 年 2 月 8 日，http：//jw.beijing.gov.cn/xxgk/zfxxgkml/zfgkzcwj/zcqtwj/202302/t20230208_2913641.html。

《坚持市级统筹 强化优先保障 以"首善"标准推进首都特殊教育优质均衡发展》，教育部网站，2022 年 2 月 18 日，http：//www.moe.gov.cn/jyb_xwfb/moe_2082/

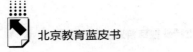

2022/2022_zl07/2022。

《北京市教育委员会关于2023年义务教育阶段入学工作的意见》，北京市教育委员会网站，2023年4月22日，https：//www.beijing.gov.cn/zhengce/zhengcefagui/202304/t20230422_3063612.html。

《北京市特殊教育学校办学条件标准》，北京市教育委员会网站，2013年8月13日，http：//jw.beijing.gov.cn/xxgk/zfxxgkml/zfgkzcwj/zwgkxzgfxwj/202001/t20200107_1562759.html。

陈如平、安雪慧、张琨：《构建优质均等的基本公共特殊教育服务体系》，《中国特殊教育》2022年第5期。

丁勇：《强化特殊教育普惠发展　让每一个特殊儿童焕发生命精彩——学习党的二十大报告的心得体会》，《中国特殊教育》2022年第11期。

皮悦明、王庭照：《高质量推进普惠性特殊教育公共服务体系建设——贯彻党的二十大精神，夯实教育强国战略基础》，《中国特殊教育》2023年第6期。

李天顺、冯雅静：《强化普惠是特殊教育的基本发展方向》，《中国特殊教育》2022年第11期。

张力：《中国教育发展与规划的政策要点》，《教育发展研究》2010年第Z1期。

孙颖等：《聚焦高质量发展，办好首都人民满意的特殊教育》，《中国特殊教育》2021年第6期。

孙颖等：《基于APS质量框架的孤独症儿童融合教育质量提升实践研究——以北京市为例》，《中国特殊教育》2023年第6期。

专 题 篇
Thematic Reports

B.9
2022年北京教育满意度调查报告

赵丽娟 卢珂 王玥*

摘　要： 对来自北京各区的 2047 所幼儿园、1412 所中小学及 21 所职业高中的 35522 名学生家长，1408 名人大代表和政协委员，8785 名校（园）长和教师，2005 名督学（共计 47720 名），采用网络调查方式，围绕政府统筹、学校办学、师资队伍、教育效果 4 个方面的教育工作及"双减"政策落实情况等进行了问卷调查。调查结果显示，2022 年北京市及各区教育工作整体情况得到公众的较高评价，公众教育满意度较上年有所提升；"双减"政策实施成效得到公众进一步认可，但仍需继续深化；义务教育优质均衡发展现状、社会资源用于学生教育情况、校园周边环境治理情况等与公众的期望仍有一定差距。针对公众教育满意度低、公众意见建议集中的教育热点难点问题，给出完善教育工作的对策建议。

* 赵丽娟，北京教育科学研究院基础教育科学研究所教育政策研究室副研究员，主要研究方向为教育政策；卢珂，北京教育督导评估院副研究员，主要研究方向为教育经济与管理；王玥，北京教育督导评估院副研究员，主要研究方向为心理测量与评价。

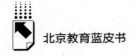

关键词： 教育满意度　网络调查　北京

为深入了解公众对北京市及各区教育工作的评价、期盼以及意见建议，2022 年北京市教委连续第 14 年委托第三方机构组织开展"北京教育满意度调查"，通过全面分析公众对 16 个区及燕山地区、经开区的教育满意度，及时掌握公众的公共教育服务需求和获得感，为办好人民满意的教育、推动北京教育高质量发展提供决策参考和依据。

一　调查基本情况

（一）调查内容

为保证教育满意度调查的科学性、有效性、延续性，本次调查基于调查目标，坚持科学规范、突出重点、关注热点的原则，在保持问卷主体部分基本稳定的基础上，结合国家和北京最新政策文件要求、北京教育改革发展现状及百姓关注的教育热点难点问题，对指标体系和调查工具进行了修改完善。一是加强"双减"调查（主要针对义务教育学生家长），增加对学校组织考试情况、小学一年级"零起点"教学情况、"双减"后家长焦虑缓解情况及对"双减"政策效果的评价、"双减"后学生学校作业负担及校外培训负担变化情况的调查；进一步了解学生睡眠时间不足问题，增加对学生睡眠时间不足的原因调查。二是加强新冠疫情期间教育工作状况调查，增加线上教学开展情况的调查。三是突出重点，对往年部分调查内容过细的题目进行精简。调查内容主要包括公众对政府统筹、学校办学、师资队伍、教育效果 4 个方面教育工作的满意度，共计 30 个二级指标 53 项评价要素。

（二）调查方法

1. 调查方式

2022 年仍采用网络调查方式开展问卷调查。通过发送短信通知调查对象填答问卷，调查于 2022 年 9 月 9~30 日进行。

2. 调查对象及抽样方法

公众群体由学生家长、人大代表和政协委员（科教文卫体领域，下同）、校（园）长和教师、督学 4 类群体构成。采用分层随机抽样方法抽取学生家长、校（园）长和教师样本，分层变量包括学段、学校（幼儿园）办学类别及所在地域等；根据学生、教师总数，按照有限总体的样本量计算公式，以不超过 1.05% 的抽样误差计算出学生家长、校（园）长和教师的样本量，再根据各区各学段学生和教师实际人数确定各层次样本量。各区人大代表和政协委员、督学全员受邀填答。

3. 统计分析方法

对于封闭题收集的定量数据，运用 SPSS 统计软件进行分析处理。通过赋值和加权方法计算公众对各项指标的满意度得分和综合得分。将"满意"赋值为 100 分，"比较满意"赋值为 80 分，"一般"赋值为 60 分，"不太满意"赋值为 40 分，"不满意"赋值为 20 分，其中 80 分为"比较满意"最低水平。学生家长、人大代表和政协委员、校（园）长和教师、督学 4 类群体的权重采用德尔菲法并结合相关政策文件要求确定。

对于开放题收集的定性信息，运用内容分析法和归纳法，将所收集的公众意见和建议进行编码和归类，在此基础上统计分析公众的意见建议分布情况。

（三）样本分布

2022 年共调查了来自北京各区的 2047 所幼儿园、1412 所中小学及 21 所职业高中的 35522 名学生家长，1408 名人大代表和政协委员，8785 名校（园）长和教师，2005 名督学，共计 47720 个有效样本。其中，学生家长、校（园）长和教师样本所在学校分布符合北京市及各区中小学校的公办民办、城乡分布特征，能够代表北京市及各区学生家长、校（园）长和教师总体（见表1）。

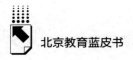

表1　学生家长、校（园）长和教师样本分布情况

单位：人，%

类别		学生家长		校（园）长和教师	
		样本量	百分比	样本量	百分比
学段	幼儿园	8941	25.2	2132	24.3
	义务教育	22863	64.4	5182	59.0
	普通高中	2840	8.0	892	10.2
	职业高中	873	2.5	579	6.6
合计		35522	100	8785	100
办学类型	公办	29733	83.7	6832	77.8
	民办	4916	13.8	1374	15.6
	缺失值	873	2.5	579	6.6
合计		35522	100	8785	100
地域	城区	29300	82.5	6965	79.3
	镇区	4193	11.8	1201	13.7
	乡村	2029	5.7	619	7.0
合计		35522	100	8785	100
区域	东城区	2128	6.0	587	6.7
	西城区	3119	8.8	660	7.5
	朝阳区	5324	15.0	1303	14.8
	丰台区	2346	6.6	600	6.8
	石景山区	922	2.6	281	3.2
	海淀区	6334	17.8	1501	17.1
	门头沟区	546	1.5	165	1.9
	房山区	2089	5.9	456	5.2
	通州区	2811	7.9	550	6.3
	顺义区	1840	5.2	412	4.7
	昌平区	2354	6.6	564	6.4
	大兴区	2214	6.2	509	5.8
	怀柔区	644	1.8	213	2.4
	平谷区	800	2.3	305	3.5
	密云区	927	2.6	293	3.3
	延庆区	554	1.6	217	2.5
	燕山地区	156	0.4	73	0.8
	经开区	414	1.2	96	1.1
合计		35522	100	8785	100

二 调查结果

（一）总体情况

1. 北京教育工作的公众综合满意度为86.0分[①]，比上年提升0.3分，70.5%的公众对北京教育"满意"或"比较满意"

从4类群体来看，各类群体的满意度均达到"比较满意"水平；其中，督学的满意度（91.9分）最高，学生家长的满意度（83.1分）相对较低（见图1）。

从4个维度来看，公众对北京教育工作4个维度的满意度均达到"比较满意"水平，其中，公众对学校办学（88.9分）、师资队伍（88.7分）的满意度相对较高，其次为教育效果（87.7分），对政府统筹的满意度（83.4分）相对较低（见图2）。

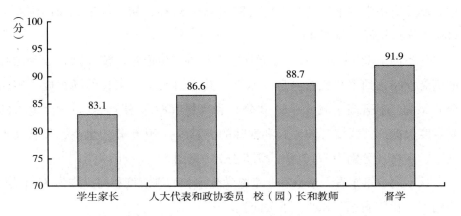

图1　2022年公众对北京教育工作的满意度调查结果

---

① 公众综合满意度中，学生家长、人大代表和政协委员、校（园）长和教师、督学4类群体的权重分别为50%、15%、20%、15%，该权重通过德尔菲法，收集41名专家两轮意见，并参考教育部《县域义务教育均衡发展督导评估暂行办法》确定。

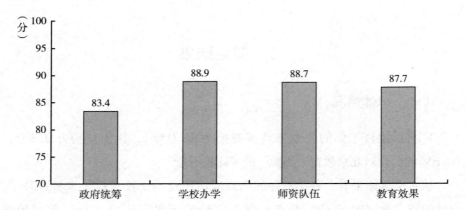

图2　2022年公众对北京教育工作4个维度的满意度调查结果

从各城市功能区①来看，4个区域的公众满意度均达到"比较满意"水平，其中，生态涵养发展区公众满意度最高（88.9分），明显高于首都功能核心区（86.3分）、城市发展新区（85.9分）、城市功能拓展区（85.4分）（见图3）。

从各学段来看，各学段学生家长满意度均达到"比较满意"水平，其中，职业高中学生家长的满意度（87.0分）最高，初中学生家长的满意度（80.7分）较低（见图4）。

从不同地域②来看，城区、镇区、乡村的学生家长、校（园）长和教师的满意度均达到了"比较满意"水平，其中镇区学生家长的满意度（84.6分）最高，显著高于城区（83.0分）和乡村（81.4分），乡村学生家长的满意度较低；镇区校（园）长和教师的满意度（90.6分）最高，显著高于城区、乡村（分别为88.5分、87.5分）（见图5）。

从不同户籍来看，京籍和非京籍学生家长的满意度相同，均为83.1分，达到了"比较满意"水平（见图6）。

---

① 根据《北京市"十一五"时期功能区域发展规划》第三部分四大功能区域发展规划，北京城市功能区分为：首都功能核心区（东城区、西城区、原崇文区、原宣武区）；城市功能拓展区（朝阳区、海淀区、丰台区、石景山区）；城市发展新区（昌平区、通州区、顺义区、大兴区、房山区）；生态涵养发展区（门头沟区、平谷区、怀柔区、密云区、延庆区）。
② 依据教育事业统计对于学校三类地域的划分，分为城区、镇区、乡村。

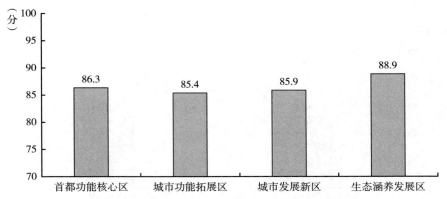

图3 2022年各城市功能区公众对教育工作的满意度调查结果

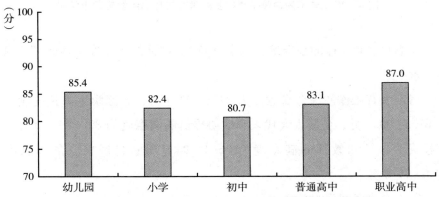

图4 2022年各学段学生家长对教育工作的满意度调查结果

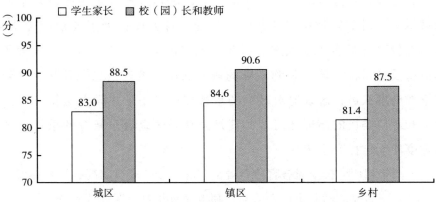

图5 2022年不同地域学生家长、校（园）长和教师对
教育工作的满意度调查结果

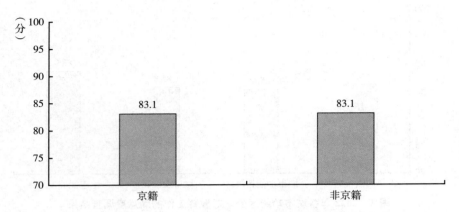

图6　2022年不同户籍学生家长对教育工作的满意度调查结果

2.各区教育工作的公众综合满意度及4个群体的满意度均达到"比较满意"水平

各区教育工作的综合满意度为84.8～92.4分；各区学生家长的满意度为81.5～90.7分；各区人大代表和政协委员的满意度为82.6～92.0分；各区校（园）长和教师的满意度为86.2～94.9分；各区督学的满意度为89.0～99.3分。

3.公众满意度高的方面

教育收费规范状况，校园安全状况，课程开齐开足情况以及学校体育锻炼一小时保障情况、幼儿园户外活动等方面得到了公众广泛认可，满意度较高（见表2）。此外，师生关系状况得到了学生家长、人大代表和政协委员、校（园）长和教师的较高认可；教育信息公开状况得到了督学的高度认可；区政府对教育的重视程度、小学入学办法得到了人大代表和政协委员的高度认可，尤其是公众对区政府对教育的重视程度的满意度比上年提升了7.0分。

与上年相比，公众对教育收费规范状况，校园安全状况，学校体育锻炼一小时保障情况、幼儿园户外活动，师生关系状况，课程开齐开足情况以及教育信息公开状况等方面的满意度均有所提高。

表2　2022年公众满意度位居前五的指标（由高到低排序）

排序	学生家长	人大代表和政协委员	校（园）长和教师	督学
1	教育收费规范状况（92.1分）	教育收费规范状况（93.0分）	教育收费规范状况（96.3分）	教育收费规范状况（96.9分）
2	校园安全状况(89.4分)	校园安全状况(91.4分)	学校体育锻炼一小时保障情况、幼儿园户外活动(95.3分)	学校体育锻炼一小时保障情况、幼儿园户外活动(96.2分)
3	课程开齐开足情况（88.5分）	区政府对教育的重视程度(90.6分)	课程开齐开足情况（94.7分）	校园安全状况(95.2分)
4	师生关系状况(88.3分)	师生关系状况(89.6分)	校园安全状况(93.5分)	课程开齐开足情况（95.2分）
5	学校体育锻炼一小时保障情况、幼儿园户外活动(88.1分)	小学入学办法(89.3分)	师生关系状况(93.5分)	教育信息公开状况（95.1分）

4. 公众满意度低的方面

4类群体对义务教育学校间办学水平差距的满意度相对较低，对社会资源用于学生教育情况的满意度连续多年排名后五；同时，学生家长对小学升初中办法、校园周边环境、学校心理健康教育工作的满意度较低，均未达到"比较满意"水平；人大代表和政协委员对幼儿园入园难缓解情况、校园周边环境、教师的教育教学水平的满意度相对较低；校（园）长和教师、督学对区政府或教育行政部门对学校的评价①、区政府减轻教师负担情况②的满意度均排名后五，且校（园）长和教师对学校（幼儿园）的设施条件的满意度、督学对教师的教育教学水平的满意度也排名后五（见表3）。

---

① 主要针对校（园）长和教师、督学进行了调查，调查题目为：本区政府或教育行政部门对学校的评价主要是看学生的考试成绩吗？

② 主要针对校（园）长和教师、督学进行了调查，调查题目为：您觉得本区在减轻教师负担方面（如清理规范与中小学教育教学无关事项、统筹规范精简相关报表填写工作、统筹规范督查检查评比考核事项、社会事务进校园、抽调借用中小学教师等）做得如何？

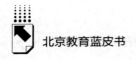

表 3   2022 年公众满意度位居后五的方面（由低到高排序）

排序	学生家长	人大代表和政协委员	校（园）长和教师	督学	公众总体
1	义务教育学校间办学水平差距（63.0分）	义务教育学校间办学水平差距（73.3分）	义务教育学校间办学水平差距（70.4分）	义务教育学校间办学水平差距（81.5分）	义务教育学校间办学水平差距（68.8分）
2	社会资源用于学生教育情况（70.7分）	社会资源用于学生教育情况（81.5分）	区政府减轻教师负担情况（74.5分）	区政府减轻教师负担情况（86.2分）	社会资源用于学生教育情况（77.0分）
3	小学升初中办法（76.8分）	幼儿园入园难缓解情况（84.5分）	区政府或教育行政部门对学校的评价（76.0分）	社会资源用于学生教育情况（87.8分）	区政府减轻教师负担情况（79.5分）
4	校园周边环境（79.4分）	校园周边环境（84.6分）	社会资源用于学生教育情况（81.4分）	区政府或教育行政部门对学校的评价（88.7分）	区政府或教育行政部门对学校的评价（81.5分）
5	学校心理健康教育工作（79.5分）	教师的教育教学水平（84.6分）	学校（幼儿园）的设施设备条件（82.5分）	教师的教育教学水平（89.7分）	小学升初中办法（83.1分）

对比上年的调查结果，公众对于义务教育学校间办学水平差距、社会资源用于学生教育情况、区政府减轻教师负担情况的满意度均处于低位徘徊状态，均未达到"比较满意"水平。但值得一提的是，校（园）长和教师、督学对区政府或教育行政部门对学校的评价、区政府减轻教师负担情况的满意度分别比上年提升了 7.5 分、4.5 分，提升幅度较大。

对于义务教育学校间办学水平差距满意度低的原因，开放题分析结果显示，各区之间、城乡之间、校际仍存在较大差距仍是公众关注的主要方面，对缩小学校之间在硬件、师资、教育质量等方面的差距的呼声较高。对于社会资源用于学生教育情况满意度低的原因，开放题分析结果显示，七成左右的调查对象反映区内博物馆、图书馆、运动馆等开放的资源少；三成左右的调查对象反映场馆开放时间不能满足学生需求、场馆布局不合理等。对于区政府减轻教师负担情况满意度低的原因，开放题分析结果显示，多数校

（园）长和教师依然觉得与教学无关的事项过多，还有部分教师反映"双减"增加了教师负担。

（二）重点关注指标调查结果

结合北京教育两委重点工作和百姓关注的热点难点问题，本次调查的重点关注指标为"双减"政策落实情况、疫情防控下的教育教学情况、规范办学情况等。调查结果显示，公众认为"双减"政策落实效果"比较好"（80.2分），对学校疫情防控等工作的满意度较高，学校规范办学水平进一步提升。

1. 公众对"双减"政策落实情况的满意度与上年相比有所提升

在"双减"政策落实情况方面，学生家长对义务教育学校课后作业布置与批改情况、义务教育学校提供的课后服务"比较满意"（得分分别为83.9分、82.4分）；公众对校外培训机构规范治理情况"比较满意"（82.9分）。与上年相比，2022年公众对上述3项指标的满意度均有所提升，尤其是对义务教育学校提供的课后服务的满意度提升了3.2分（见表4）。

表4　2022年公众对"双减"政策落实情况的满意度调查结果（由高到低排序）

单位：分

序号	调查内容	学生家长	人大代表和政协委员	校(园)长和教师	督学	2022年总体	2021年总体
1	义务教育学校课后作业布置与批改情况	83.9	—	91.6	92.2	87.2	86.2
2	义务教育学校提供的课后服务	82.4	—	89.0	92.5	85.7	82.5
3	校外培训机构规范治理情况	77.5	86.3	87.1	91.7	82.9	81.2
4	对"双减"政策落实效果的评价	72.2	85.7	88.7	90.3	80.2	—

2. 五成以上义务教育阶段学生家长反映孩子参加了校外培训班，目的主要是满足孩子学习兴趣、培养孩子特长、提高成绩等

56.5%的义务教育阶段学生家长反映学生参加校外培训班，比上年下降了19.9个百分点，下降幅度较大；分别有20.6%、11.4%、24.5%的义务

教育阶段学生仅参加了线上培训、仅参加了线下培训、线上和线下培训都参加。选择线上培训的学生中，66.9%参加了学科类培训，45.2%参加了艺术类培训，31.9%参加了体育类培训（见图7）；选择线下培训的学生中，67.1%参加了艺术类培训，54.3%参加了体育类培训，36.3%参加了学科类培训（见图8）。近六成学生家长反映给孩子报校外培训班（含家教）主要是为了满足孩子学习兴趣或培养孩子的特长；26.4%的家长反映给孩子报校外培训班（含家教）主要是因为孩子成绩不好，想提高学习成绩；17.7%的家长反映给孩子报校外培训班（含家教）主要是为了应对升学考试（见图9）。

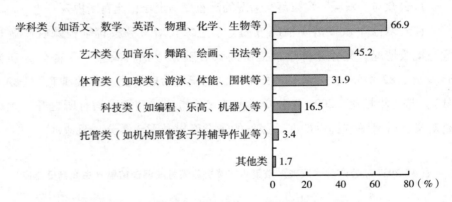

图7 2022年北京义务教育阶段学生参加的线上培训情况

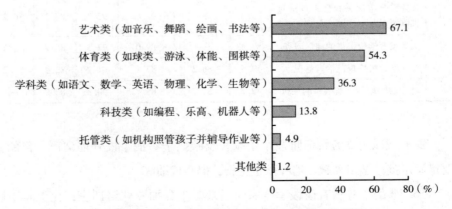

图8 2022年北京义务教育阶段学生参加的线下培训情况

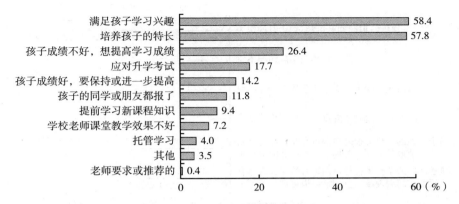

图9　2022年北京义务教育阶段学生家长给孩子报校外培训班（含家教）的主要原因

3. 校外培训机构办学行为得到进一步规范，但违规问题以各种"隐形变异"方式存在

针对参加校外培训班学生的家长调查了校外培训机构规范办学情况。调查结果显示，2022年，绝大多数（91.1%、88.8%）家长表示校外培训班未组织过孩子参加选拔性考试、不存在广告宣传与实际情况不符的现象；多数（69.0%、63.8%）家长表示校外培训班不存在留作业、一次性收取时间跨度超过3个月的费用的现象（见图10）。与2021年相比，在校外培训班未组织过孩子参加选拔性考试、不存在一次性收取时间跨度超过3个月的费用的现象方面，学生家长满意度有所提升。

学科类培训规范办学情况有所改善。在上课时间方面，绝大多数（95.3%、91.1%）家长表示不存在线上培训班有时超过晚上九点才结束、线下培训班有时超过晚上八点半才结束的现象，多数（64.7%）家长表示孩子所在的学科类校外培训班不存在有时在休息日及法定节假日上课的情况；在课程内容方面，大多数（79.9%）家长表示孩子所在的学科类校外培训班不存在有的课程内容有超前或超纲现象，与2021年相比，该指标的满意度提升了1.5个百分点。

但应看到，违规现象发生率还比较高，开放题中公众对"隐形变异"的违规学科类校外培训反映较多，应当进一步加大治理力度。

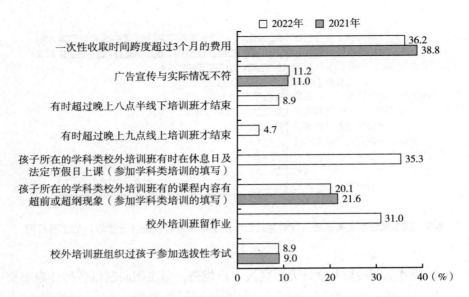

**图 10　2021~2022 年北京义务教育阶段学生家长认为校外培训机构
存在的办学行为不规范现象**

说明：部分指标 2021 年数据缺失。

4. "双减"后大多数义务教育阶段学生家长反映学生的学校作业负担、
校外培训负担有所减轻，学生的睡眠时间有所增长，家长的教育焦虑有所缓解

从"双减"后学生的学校作业负担变化情况来看，分别有 83.6%的学生家
长、94.2%的校（园）长和教师、98.2%的督学认为学生的学校作业负担减轻许
多或有所减轻，有 5.3%的学生家长认为学生学校作业负担更重了（见图 11）。

从"双减"后学生的校外培训负担变化情况来看，分别有 72.8%、
52.3%的学生家长认为孩子的学科类校外培训、非学科类校外培训负担减轻
许多或有所减轻，分别有 8.3%、6.1%的学生家长觉得两类培训的负担更重
了（见图 12）。

从"双减"后学生的睡眠时间来看，学生睡眠时间达标①率为 75.1%，

---

① 教育部办公厅《关于进一步加强中小学生睡眠管理工作的通知》规定，小学生每天睡眠时
间应达到 10 小时，初中生应达到 9 小时。

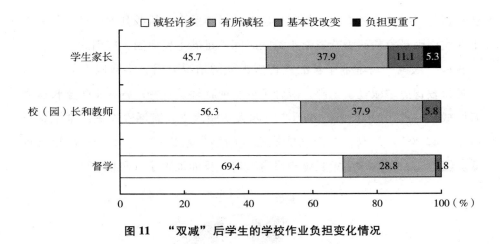

图 11 "双减"后学生的学校作业负担变化情况

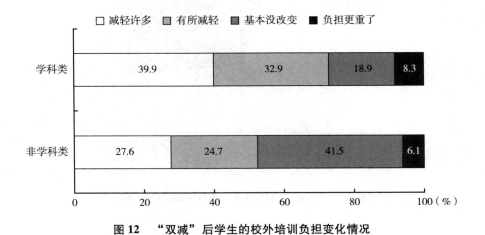

图 12 "双减"后学生的校外培训负担变化情况

说明：图 12 数据为对学生家长的调查数据。

比 2021 年提高了 5.0 个百分点。各区学生睡眠时间达标率为 68.7%～87.3%，四大功能区中生态涵养发展区最高（83.5%），首都功能核心区最低（69.4%）。但义务教育阶段学生睡眠时间达标情况尚有一定的改进空间，尤其是从百分比来看，24.9%的学生家长认为孩子的睡眠时间达不到规定时间。对睡眠时间不达标的学生家长进一步调查了影响学生睡眠的原因，近六成家长反映孩子习惯不好，做作业爱磨蹭；三成家长反映学校作业多，写作业花费的时间长；还有 1/4 的家长反映孩子睡前玩手机或其他电子产品。以上 3 类原因是家长认为造成学生睡眠时间不足的主要原因，应引起关注。

从"双减"后学生家长的教育焦虑缓解情况来看，半数以上的学生家长觉得教育焦虑减轻了全部、减轻了许多或减轻了一些；各区学生家长认为有所减轻的占比为 42.9%~68.6%，四大功能区中生态涵养发展区学生家长占比（62.8%）最高，首都功能核心区的学生家长占比（44.9%）相对较低。但有 24.4% 的学生家长觉得没有减轻，反而加重了（见图 13）。

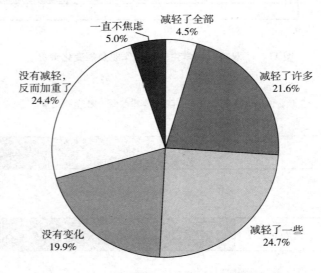

一直不焦虑 5.0%
减轻了全部 4.5%
减轻了许多 21.6%
减轻了一些 24.7%
没有变化 19.9%
没有减轻，反而加重了 24.4%

图 13　"双减"后学生家长的教育焦虑缓解情况

5. 公众对疫情防控期间区及学校所做的组织安排、学校疫情防控等工作满意度较高，但家长对学校组织的线上教学情况的满意度未达到"比较满意"水平

对于区政府及教育行政部门针对新冠疫情所做的工作，公众总体满意度为 92.7 分，其中督学最高（95.5 分），其次为人大代表和政协委员（91.8 分）、校（园）长和教师（91.3 分）。

对于学校的组织安排工作、学校组织的线上教学情况及学校疫情防控工作 3 项指标，公众总体满意度分别为 86.3 分、84.2 分、90.9 分，满意度较高，但在这几项指标上，学生家长的满意度相较于其他群体均较低，尤其是学生家长对学校组织的线上教学情况的满意度相对较低，未达到"比较满意"水平（见表5）。

表5 2022年公众对疫情防控期间教育教学情况的评价

单位：分

序号	调查内容	学生家长	人大代表和政协委员	校（园）长和教师	督学	公众总体
1	区政府及教育行政部门针对新冠疫情所做的工作	—	91.8	91.3	95.5	92.7
2	学校疫情防控工作	88.3	92.2	92.9	95.7	90.9
3	学校的组织安排工作	81.0	—	92.8	95.6	86.3
4	学校组织的线上教学情况	78.4	—	91.8	93.3	84.2

6. 学校规范办学得到进一步加强，但不规范现象仍在一定范围内存在

与2021年相比，2022年认为存在义务教育学校或班级公布学生考试成绩排名现象的各群体占比均有所下降，但认为义务教育学校寒暑假、休息日及法定节假日违规补课现象存在的督学比例以及认为存在幼儿园小学化倾向的学生家长比例均有所上升（见图14）。具体来看，7.4%的学生家长认为存在幼儿园小学化倾向；6.2%的学生家长、3.3%的校（园）长和教师及6.7%的督学认为存在义务教育学校开设重点班实验班现象；5.6%的学生家长、2.5%的校（园）长和教师及3.4%的督学认为存在义务教育学校或班级公布学生考试成绩排名现象；此外，5.2%的公众认为存在学校不能保证学生每天一小时体育锻炼现象，7.9%的公众认为存在义务教育学校寒暑假、休息日及法定节假日违规补课现象。

（三）公众对教育工作的意见和建议

本次调查以多项选择题和开放题的形式收集了公众对区域教育工作的意见建议。

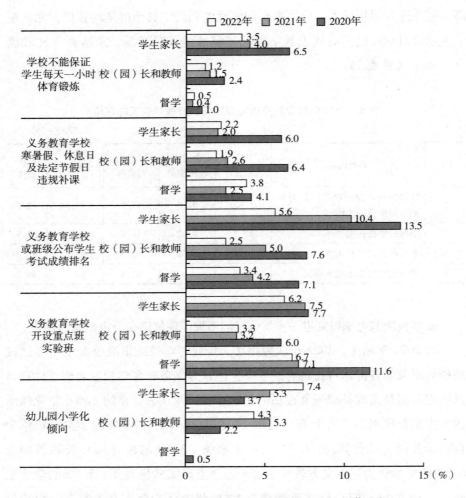

图 14 2020~2022 年公众认为存在的办学行为不规范现象

说明：部分年份的部分指标数据缺失。

1. 公众认为统筹区内社会资源用于学生教育、提升教师队伍水平、缩小义务教育学校间的相对差距是教育工作亟须加强的三个方面

对于多选题给出的 10 个方面〔调整优化本区学校（幼儿园）布局、提升教师队伍水平、校园周边环境治理、统筹区内社会资源用于学生教育、缩小义务教育学校间的相对差距、规范学校办学并减轻学生课业负担、促进学

160

生全面发展、提高教师福利待遇、加强家校协同育人、提高学生餐饮质量]，公众认为教育工作亟须加强的 3 个方面分别为统筹区内社会资源用于学生教育、提升教师队伍水平、缩小义务教育学校间的相对差距（见表6）。不同群体的统计结果有所不同，其中，近半数的学生家长、人大代表和政协委员、校（园）长和教师认为亟须统筹区内社会资源用于学生教育；70.3%的校（园）长和教师、52.6%的督学认为亟须提高教师福利待遇；55.5%的人大代表和政协委员、58.2%的督学认为亟须提升教师队伍水平（见图15）。

表6　2022 年公众认为教育工作亟须加强的三个方面（多选题，由高到低排序）

排序	学生家长	人大代表和政协委员	校(园)长和教师	督学	公众总体
1	统筹区内社会资源用于学生教育	提升教师队伍水平	提高教师福利待遇	提升教师队伍水平	统筹区内社会资源用于学生教育
2	促进学生全面发展	统筹区内社会资源用于学生教育	统筹区内社会资源用于学生教育	提高教师福利待遇	提升教师队伍水平
3	缩小义务教育学校间的相对差距	缩小义务教育学校间的相对差距	缩小义务教育学校间的相对差距	统筹区内社会资源用于学生教育	缩小义务教育学校间的相对差距

2. 公众对加强师资队伍建设、均衡配置教育资源、减轻教师负担等方面的意见建议较多

本次调查共收集了 20644 条公众对教育工作的意见建议，其中学生家长16254 条、人大代表和政协委员 842 条、校（园）长和教师 2985 条、督学563 条。经分类编码统计分析发现，加强师资队伍建设是 4 类群体意见建议最为集中的方面，意见建议条数均排在前 4 位；学生家长、人大代表和政协委员、督学对均衡配置教育资源的意见建议较为集中；人大代表和政协委员、校（园）长和教师、督学对提高教师待遇和地位、减轻教师负担的意

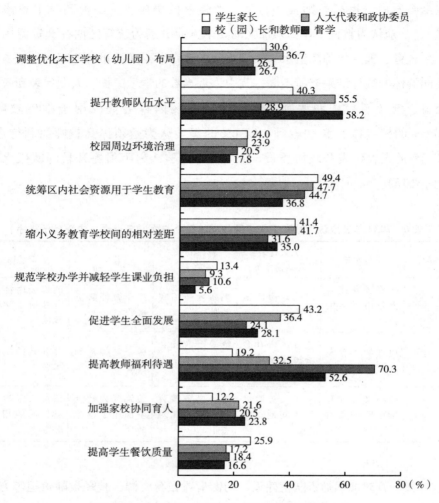

图15　2022年公众认为教育工作亟须加强的方面

见建议也较为集中，条数均排在前5位；学生家长、督学对加强家校沟通与合作的意见建议较为集中。此外，学生家长对规范招生入学办法、解决学校餐饮问题的意见建议条数排前2位；人大代表和政协委员对统筹社会资源用于学生教育的意见建议较多；校（园）长和教师对加强教师管理的意见建议较多；督学对提高学校教育教学质量的意见建议也较多（见表7）。

表 7　2022 年公众对教育工作的意见建议前 5 位（由高到低排序）

排序	学生家长	人大代表和政协委员	校（园）长和教师	督学
1	规范招生入学办法	加强师资队伍建设	提高教师待遇和地位	加强师资队伍建设
2	解决学校餐饮问题	均衡配置教育资源	减轻教师负担	提高教师待遇和地位
3	加强师资队伍建设	提高教师待遇和地位	加大教育投入改善教育设施条件	减轻教师负担
4	加强家校沟通与合作	统筹社会资源用于学生教育	加强师资队伍建设	均衡配置教育资源
5	均衡配置教育资源	减轻教师负担	加强教师管理	加强家校沟通与合作、提高学校教育教学质量

三　主要结论及对策建议

（一）主要结论

1. 2022年北京市及各区教育工作整体情况得到公众较高评价，公众教育满意度较上年有所提升

2022 年，学生家长、人大代表和政协委员、校（园）长和教师、督学对北京市及各区的教育工作的满意度均达到"比较满意"水平，并且政府统筹、学校办学、师资队伍、教育效果 4 个维度的公众满意度均达到"比较满意"水平；不同学段、不同户籍、不同地域的学生家长及校（园）长和教师的满意度也均达到"比较满意"水平。教育收费规范状况，校园安全状况，学校体育锻炼一小时保障情况、幼儿园户外活动，师生关系状况及课程开齐开足情况等方面得到公众的高度认可。

2. "双减"政策实施成效得到公众进一步认可，但需继续深化

义务教育学校"双减"政策实施情况得到学生家长的较高评价。学生家长对义务教育学校课后作业布置与批改情况、义务教育学校提供的课后服务的满意度均达到"比较满意"水平，且 2022 年公众对义务教育学校提供的课后服务的满意度较 2021 年有所提高。

163

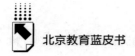

校外培训机构规范治理情况得到教育利益相关方的普遍认可，2022年公众对校外培训机构规范治理情况的满意度比2021年有所提高，其中人大代表和政协委员、校（园）长和教师的满意度的提高幅度较大。校外培训机构办学行为得到进一步规范。与2021年相比，在校外培训班未组织过孩子参加选拔性考试、不存在一次性收取时间跨度超过3个月的费用的现象、学科类校外培训班按要求规范上课时间和课程内容方面，家长的认可度均有所提升。

"双减"政策实施以来成效明显。公众认为落实效果"比较好"；大多数义务教育阶段学生家长反映"双减"后学生的学校作业负担、校外培训负担有所减轻，学生睡眠时间达标率上升，教育焦虑得到一定缓解。但开放题中公众反映的部分学生无法有效、便利地获得所需的校外培训服务，校外培训治理后"隐形变异"学科类培训继续出现，非学科类校外培训资质不全以及质量参差不齐等问题，是未来"双减"工作面临的新挑战。

3. 义务教育优质均衡发展现状、社会资源用于学生教育情况、校园周边环境治理情况等与公众的期望仍有一定差距

在调查的4个维度中，公众对政府统筹的满意度相对其他维度较低，特别是公众认为义务教育学校间的相对差距较大；多选题和开放题征集的公众对加强和改进教育工作的意见建议中，公众对于加强师资队伍建设的呼声仍然很高，对于均衡配置教育资源的呼声较高，"统筹区内社会资源用于学生教育""提升教师队伍水平""缩小义务教育学校间的相对差距"是公众认为教育工作亟待加强的方面，也是公众的意见建议最为集中的方面，这说明优质教育资源供给仍不能满足公众的教育需求。

此外，校园周边环境治理、提升学生餐饮质量也是公众一直以来反映较集中的问题，特别是公众对校园周边环境治理的满意度多年来持续处于低位，相关工作尚需进一步改进和加强。

（二）对策建议

基于以上调查结果，针对公众教育满意度低、公众意见建议集中的教育热点难点问题，给出以下三点对策建议。

1. **大力推进义务教育优质均衡发展，促进北京基本公共教育服务质量全面提升**

学生家长的教育焦虑主要源于对优质教育资源获得的不确定性。促进义务教育优质均衡发展，是写好"双减"政策"下半篇文章"的必经之路。市级层面，应当继续深化落实城乡教育一体化、构建优质均衡的基本公共教育服务体系等党和国家相关政策文件精神，强化统筹，通过城乡学校共同体建设，健全城乡学校帮扶激励机制和学区、集团办学管理运行机制，加快提升薄弱学校、农村学校办学水平；通过制定科学合理的评价导向，完善学校、教师评价制度和教师交流轮岗保障与激励机制，促进师资均衡配置；完善和推广开放型在线辅导平台，缩小区域间、城乡间在师资、办学条件和水平等方面的差异。区级层面，应当加大统筹力度，合理配置资源，通过教师交流轮岗、集团化办学等举措，加快推进学区内、集团内学校率先实现优质均衡发展，进一步扩大优质教育资源的覆盖面，精准帮扶薄弱地区和学校，全面提升区内义务教育学校办学水平，缩小校际差异，办好百姓家门口的每所学校。

2. **进一步巩固深化"双减"成效，促进北京义务教育高质量发展**

全面提高课后服务质量，减少学生和家长对校外培训的依赖。校内课后服务是学校教育的重要组成部分，其与校外培训相比具有更正规的教育优势，在很大程度上可以减轻区域和学校差异所导致的学生参与校外培训的压力。问卷调查结果显示，当前各区学校在落实"双减"政策、推进各具特色的课后服务方面的质量与效果参差不齐，尤其是农村学校和城区一般校学生家长、首都功能核心区及城市功能拓展区教育需求较大的学生家长对丰富课后服务形式和内容、提高课后服务质量的意见建议较多，满意度相对较低。学校应利用自身资源优势，根据学生和家长的现实需求，创新课后服务的内容、方式，在学科类课后服务上，针对学习有困难的学生和有拓展学习需求的学生分别制定有针对性的方案；在非学科类课后服务上，注重培养学生的兴趣和特长，因地制宜地开发校本课程。探索有效的多元化课外资源为课后服务赋能的供给模式与机制，如建立健全向校外培训机构购买公共服

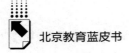

务、依托数字教育资源开展课后服务的有效模式与机制，增加课后服务课程供给，增强课后服务的吸引力和有效性，促进学生全面发展。

进一步完善校外培训治理机制和监管方式，提高校外培训治理水平。调查结果显示，非学科类校外培训机构在规范办学方面的问题比较突出，削弱了"双减"效果。针对非学科类培训行业属性突出、种类繁多等特点，应进一步健全各级党委和政府统一领导下的分工协作机制，兼顾各区教育发展实际和公众需求，将统一治理与因地制宜相结合；加强对校外培训机构的质量监管，结合北京市实际，科学研制不同类别非学科类校外培训机构的设置标准，对非学科类校外培训机构的资质和行为进行规范和明确；加强数字技术、人工智能等技术在校外培训监管中的应用，探索远程监管、移动监管等非现场监管和对线上违规培训的识别和监管，及时了解和掌握群众反映强烈的突出问题，推进监管模式创新，提升监管精准化水平。

3. 加大政府统筹力度，关注人民群众所急所需所盼

针对统筹社会资源用于学生教育、校园周边环境治理、提升学生餐饮质量等公众满意度较低及意见建议较为集中、呼声较高的方面，市、区政府应加大统筹力度，建立有效的部门协同机制，压实部门责任，形成工作合力，有效治理校园周边环境，落实博物馆、纪念馆、公共图书馆、美术馆、文化馆（站）按规定向学生免费开放的政策，有条件的公共体育设施、科技馆和各类科普教育基地应免费或低价向学生开放，充分发挥公共文化体育和科普资源的重要育人作用；可通过政府购买服务方式为学校提供食堂、医疗卫生保健、学生上下学校车服务，加强劳动实践、社会活动、研学实践等基地及家庭教育指导服务中心建设，关注人民群众所急所需所盼，不断提升百姓的教育满意度和获得感。

"十四五"时期北京市加快义务教育
优质均衡发展的难点问题研究

尹玉玲[*]

摘　要：　义务教育发展目标从基本均衡发展向优质均衡发展转变，成为各级政府推进义务教育均衡发展的紧迫任务。北京市牢牢把握"促进公平、提高质量"两大战略主题，采取有效措施，全面提高义务教育均衡发展水平和质量。根据北京市义务教育优质均衡发展核心评价指标体系及监测发现，影响北京市义务教育优质均衡发展的难点问题主要表现为优质教育资源配置不足与分配不均衡、高素质专业化教师队伍发展不充分且分布存在较大差距、不同学校的办学水平和管理能力存在较大的差别。"十四五"时期，北京市加快义务教育优质均衡发展，要以新发展理念为指导，按照"增量、提质、均衡、公平"的思路，坚持补短板、优布局、提质量，全面深化义务教育阶段体制机制改革。

关键词：　义务教育　优质均衡　高质量发展　北京市

　　高质量发展是各级各类教育的生命线。义务教育发展目标从基本均衡发展向优质均衡发展转变，成为各级政府推进义务教育均衡发展的紧迫任务。如何认识义务教育优质均衡发展的内涵？根据国家对县域义务

＊　尹玉玲，博士，北京教育科学研究院教育发展研究中心副研究员，主要研究方向为教育规划、教育政策。

教育优质均衡发展的评估认定要求，如何从北京实际出发，对义务教育优质均衡发展进行科学评估认定？从已有的难点问题出发，找到破解发展不充分不均衡问题的对策，是"十四五"时期北京市加快义务教育优质均衡发展的题中应有之义。

一 推进义务教育优质均衡发展的背景

《中共中央关于制定国民经济和社会发展第十三个五年规划的建议》把"提高教育质量"确立为"十三五"期间教育发展的主题。进一步扩大优质教育资源覆盖面，满足广大人民群众"上好学"的现实需求，已经成为各级政府推进义务教育均衡发展的重要任务。

为了解决义务教育发展不均衡的难题，国家相继出台了一系列重要的政策文件。教育部 2012 年印发了《县域义务教育均衡发展督导评估暂行办法》，对实现义务教育发展基本均衡的县（市、区）进行督导评估认定。从 2013 年开始，全国启动了对义务教育发展基本均衡县（市、区）的督导评估认定工作。截至 2020 年 5 月，全国已有 2767 个县（市、区）通过了国家义务教育基本均衡发展督导评估认定，占比达 95.32%，义务教育实现县域基本均衡发展；有 23 个省份整体通过了国家认定，占 71.9%[①]。

义务教育基本均衡发展的任务实现后，为巩固成果，引导各地将义务教育均衡发展向更高水平推进，党中央、国务院做出加快推动义务教育优质均衡发展的决策部署，开启了义务教育从基本均衡发展向优质均衡发展迈进的新阶段。国务院教育督导委员会建立县域义务教育优质均衡发展督导评估制度，开展义务教育优质均衡发展县（市、区）督导评估认定工作。2017 年，教育部制定了《县域义务教育优质均衡发展督导评估办法》，积极开展对义务教育优质均衡发展县（市、区）的督导评估认定工作。2023 年 6 月，中

[①] 《全国超 95%的县（市、区）通过国家义务教育基本均衡发展督导评估认定》，新华网，2020 年 5 月 19 日，http://www.xinhuanet.com/politics/2020-05/19/c_1126005035.htm。

共中央办公厅、国务院办公厅印发了《关于构建优质均衡的基本公共教育服务体系的意见》，提出促进区域协调发展、推动城乡整体发展、加快校际均衡发展、保障群体公平发展、加快民族地区教育发展。面对国家和教育部的新要求，面对老百姓的新期盼，包括北京在内的发达省市开始将实现义务教育优质均衡发展作为面向 2035 年的一项重大改革和发展战略，推动义务教育优质均衡发展成为办人民满意的教育的必然追求。

二　义务教育优质均衡发展的内涵与特点

（一）优质均衡发展的内涵

什么是优质均衡发展？已有不少的学者对其概念和内涵进行了分析与界定。到目前为止，综合来看有以下观点。

从教育资源的分配角度出发，有学者认为，教育均衡发展理论的提出源自教育资源配置不均衡现象，因而将基础教育均衡发展界定为：基础教育阶段的教育资源在不同地区、各级各类教育之间得到公平、合理的分配，即缩小区域之间、各级各类学校之间在基础教育阶段的发展水平差异，从而使基础教育迈入区域和谐发展的阶段，同时使不同区域、不同学校之间形成相互促进、共同进步的互助合作关系[①]。

从教育质量的角度出发，有学者认为，优质均衡发展不仅是教育的均衡发展，而且是优质教育的均衡发展。优质教育是就教育质量而言的，是基础教育在合格发展的基础上追求的一种优质发展。优质均衡发展是在资源均衡的基础上对教育质量的一种优质追求，其核心是质量的优质和均衡[②]。

从教育特色的角度出发，有学者认为，均衡不是完全一致，而是在一个

---

①　马健生等：《基础教育区域均衡发展研究——大都市比较的视角》，北京师范大学出版社，2016。

②　冯建军：《走向优质均衡：基础教育发展主题的转换》，《江苏教育研究》2010 年第 22 期。

"底线"基础上的各具特色，是一种"特色均衡"。特色均衡理念指导下的区域义务教育倡导突出自身优势打造品牌效应，凸显学科教学质量、学生综合素质以及学校的课程建设等教学特色，在特色中找均衡，在均衡中寻特色①。

综合以上研究成果，本报告将义务教育优质均衡发展理解为：义务教育阶段在实现入学机会公平后，公平合理配置教育资源，提升学校办学水平和教学质量，实现校校有特色，让每一个孩子都有接受优质教育的机会、都能接受合适的教育、都能实现所有可能方面的发展。

（二）义务教育优质均衡发展的特点

一是高级均衡。有关学者认为教育均衡发展经过了低水平均衡、初级均衡、高级均衡、高水平均衡4个阶段的变化②。义务教育优质均衡发展对应的应该是高级均衡阶段或高水平均衡阶段，即在确保受教育群体和个体的权利平等、入学机会均等的基础上追求学校、教育质量的均衡，充分尊重学生的差异和个性，让每个学生充分发挥自己的特长和学习潜能。"优质均衡发展，前提是均衡，核心是优质"③，它的核心要义是强调人的发展，实现所有人所有可能方面的发展④。

二是整体均衡。实现优质均衡不能再局限于过去所提倡的区域层面的思路，因为狭隘的区域化思想只会带来新的教育不均衡。只有综观全局，从更大的范围内强调义务教育优质均衡发展，才能消除区域之间教育发展的不均衡。

三是特色均衡。不能用单一的高标准评价所有学校。优质均衡发展，需要政府根据每所学校的历史和特点，关注每所学校的发展，办好每所学

---

① 北京师范大学现代教育技术研究所项目组：《促进区域内义务教育优质均衡发展的理论和实践研究》，《基础教育参考》2010年第7期。
② 翟博：《教育均衡发展：理论、指标及测算方法》，《教育研究》2006年第3期。
③ 冯建军：《走向优质均衡：基础教育发展主题的转换》，《江苏教育研究》2010年第22期。
④ 陈学军：《义务教育优质均衡发展究竟是什么》，《教育发展研究》2012年第22期。

校，在确保所有学校达到合格要求的情况下，促进学校的多样化、特色化发展。

四是全程均衡。义务教育优质均衡发展，意味着既要关注教育机会的优质均衡，又要关注过程的优质均衡和结果的优质均衡，因为起点公平是过程公平、结果公平的前提，教育起点的不公平必将导致教育结果的不公平，过程公平、结果公平更是目前政府关注的重点。只有基于过程实施和结果评价，才能判断均衡是否真正达到优质水平。

由此可以理解，促进义务教育均衡发展，不是"削峰填谷"搞"平均主义"，也不是一个模式办学，千篇一律、千校一面，更不是千人一套，不考虑学生的特殊才能和实际情况，对所有学生采用一样的教育方法。从国家对优质均衡发展的要求来看，义务教育优质均衡发展与之前要求的基本均衡发展相比，其内涵集中体现为"五个更"：一是全面发展的理念更鲜明；二是标准化建设程度更高；三是教师队伍更强；四是学校办学更有特色；五是人民群众更满意。

三　北京市推动义务教育优质均衡发展的实践

北京市牢牢把握"促进公平、提高质量"两大战略主题，采取有效措施，全面提高义务教育均衡发展水平和质量。

第一，北京市研制《北京市推进义务教育优质均衡发展督导评价实施方案（试行）》，明确全市各区创建国家义务教育优质均衡发展区的时间表和路线图。在西城区等 6 个区，开展国家义务教育优质均衡发展区建设与督导评估工作，推动创建国家义务教育优质均衡发展区。

第二，加大资源统筹配置力度。落实义务教育学校办学条件标准，促进义务教育资源在区域内和区域之间均衡配置。一是横向联手增加优质资源。深化区域集团化办学、学区制改革，通过新建、改扩建等方式，每年完成新增 2 万个学位的市政府实事项目，稳步推进 17 所市级统筹优质学校建设。二是纵向贯通培育优质资源。通过新建九年一贯制学校、九年一贯

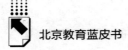

对口直升、优质高中名额分配等方式，纵向拓展入学新通道，加速普通校成长为新优质校的进程。三是集聚社会力量拓展优质资源。统筹在京高校、各级教科研部门、民办教育机构及其他社会力量等多种优质资源，支持中小学特色发展。

第三，深入推进义务教育免试就近入学，探索单校划片和多校划片相结合的入学方式，形成更加公平的就近入学规则。取消推优入学，将特长生比例控制在4%以内，所有公办初中（含央属大学附中）全部参加小升初派位，加大市级监管力度，各区统一使用市级小升初派位系统，小学、初中就近入学比例达到99%以上。统筹安排优质高中招生计划，精准扶持远郊区初中和城区一般初中。

第四，瞄准义务教育薄弱环节和短板。细化研究资金保障政策，支持学校持续改善办学条件，深入推进义务教育优质均衡发展。积极实施《北京市义务教育薄弱环节改善与能力提升项目规划（2021—2025年）》，针对义务教育薄弱环节，明确将学位建设、操场改造、信息化提升、校园安全作为重点支持方向，推进实施回天地区提升计划的15个在建项目和8个新启动项目以及城南行动计划的7个在建项目和1个待开工项目，落实好支持通州区基础教育质量提升行动计划，持续提升通州区基础教育发展水平。推进34对城乡"手拉手"项目学校内涵式发展和质量提升，修订城乡教育一体化发展项目管理办法，完善建设机制，持续推动100所项目学校发展。加大对乡镇学校的补助力度，优先改善乡镇学校办学条件，将全市287所乡镇学校全部纳入保障范围，资金全部由市级财政负担，进一步促进城乡一体化。

第五，加强教师培养与素质提升。北京市督促指导各区建立了教师入职检查、师德违规查处通报和报告制度。健全中小学教师分层、分类、分岗精准培训体系，并实施新周期名师名校长领航计划，推行中小学校长职级制度，培育高素质教师人才。推进实施新时代基础教育强师计划，开展"教育家型教师、校长涵养项目""名师名校（园）长工程"等高端培训。全面实施中小学教师信息技术应用能力提升工程，提升教师信息技术应用能力。制定《北京市落实〈教育部等六部门关于加强新时代乡村教师队伍建设的意见〉的工作方案》，大力推进乡村教师队伍建设高质量发展。组织开展北京市中小学教师"区管校聘"管理改革示范区建设，着力推进教师全职交流轮岗和骨干教师交流轮岗。制定《深化推进义务教育学校校长教师交流轮岗工作方案》，在东城区、密云区、西城区、海淀区、朝阳区、大兴区、门头沟区和延庆区进行试点。中心城区在深化学区（教育集团）改革的基础上，着力推进学区（教育集团）内和跨学区（教育集团）交流轮岗。

第六，建强用好双师课堂。制定《北京市中小学空中课堂录制基地录制规范》等10余项规范，统一课程录制标准。精心布局20个市级录课基地，补录高质量课程，目前已建成覆盖基础教育各学段各学科的全口径课程资源库。开展"双师"课堂试点，选取200所试点学校，远郊区至少20%的课时采用"双师"课堂并排入课表。办好"空中课堂"，开展中学教师开放型在线辅导，实施远郊区初中学生免费在线辅导计划，覆盖全市初中生，落实全科辅导。

第七，加快教育数字化转型。利用"互联网+教育"融合创新模式推动实现优质教育资源的开放与共享，特别是加快实现农村地区数字教育资源的全覆盖。

第八，提高教育教学质量。把培育和践行社会主义核心价值观作为衡量教育质量标准的首要内容，大力发展素质教育，深化课程改革，提供多元培养方式和多样资源供给，全面提高人才培养质量。完善全市义务教育质量标准，建立义务教育优质均衡发展年度监测制度。监测内容包括义务教育各学校达到市定基本办学标准的情况，以及区域内义务教育校际校舍、设备和图书、教师配备和流动、教育质量、生均班额等指标的均衡情况。加强对义务教育学校办学水平和教育教学质量的督导，着力促进学校内涵式发展。以提高质量为核心，凝练办学特色，提高办学水平。着力促进每一个学生综合素质的全面提升，完善学生综合素质评价。

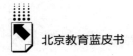

第九，坚定有序持续推进"双减"工作。严格落实《北京市关于进一步减轻义务教育阶段学生作业负担和校外培训负担的措施》，推进课程改革和教育教学改革，加强义务教育学校教学管理，建设中小学教学管理信息系统，促进教育教学质量的全面提升。提高课堂质量，丰富课后服务内容，切实减轻学生过重的课业负担。探索家校社共育新模式，建设家校社共育咨询室。启动"营改非""备改审"工作，稳妥推进校外培训机构压减转型。发挥街道属地网格化管理和"吹哨报到"机制作用，强化日常监管，坚决查处学科类"隐形变异"培训。协同文旅、体育、科技等部门，加快推进非学科类校外培训规范管理。出台线上学科类培训机构年检指标体系并实施首次年检。

四 北京市义务教育优质均衡发展核心评价
指标体系及监测

2018 年，北京市开始开展区级人民政府推进义务教育优质均衡督导评价工作，制定了《北京市推进义务教育优质均衡发展督导评价实施方案（试行）》，督导评价内容包括组织领导、资源配置、队伍建设、教育治理、教育质量、创新发展 6 个方面。对照教育部《县域义务教育优质均衡发展督导评估办法》和《北京市推进义务教育优质均衡发展督导评价实施方案（试行）》，除去已经达标的传统数量型指标，本报告整理归纳出存在一定达标难度的质量型指标，构建北京市义务教育优质均衡发展核心评价指标体系，包含资源配置、政府保障程度、教育质量、社会认可度和家长教育参与度 5 个一级指标、11 个二级指标、14 个三级指标、20 个四级指标，详见表 1。这些指标不仅涵盖国家认定要求，如义务教育学校教师、校舍、设备等的标准化配置水平及校际均衡情况，而且涵盖北京作为首善之区的地方特定要求，如中小学生体质健康测试达标优良率、智慧校园覆盖率、绿色学校达标率等。监测结果如下。

表1 北京市义务教育优质均衡发展核心评价指标体系

一级指标	二级指标	三级指标	四级指标
资源配置	校际硬件条件差异	义务教育学校间硬件条件综合差异系数	生均教学及辅助用房面积差异系数(小学、初中)
			生均体育运动场馆面积差异系数(小学、初中)
	校际师资配置差异	义务教育学校间师资综合差异系数	每百名学生拥有县级以上骨干教师数的差异系数(小学、初中)
			每百名学生拥有体育、艺术(美术、音乐)专任教师数的差异系数(小学、初中)
	校际综合差异	校际综合差异系数	义务教育学校校际差异系数(小学、初中)
政府保障程度	教师队伍	教师交流轮岗	每年交流轮岗教师的比例不低于符合交流条件的教师总数的10%
			交流轮岗工作实现中小学校全覆盖
		骨干教师交流轮岗	骨干教师比例不低于交流轮岗教师总数的20%
		教育资格	专任教师持有教师资格证上岗率达到100%;义务教育专任教师中本科及以上学历人员比例超过96%
	特殊群体	随迁子女入学机会	符合条件的随迁子女在公办学校和政府购买服务的民办学校就读的比例不低于85%
教育质量	入学机会	义务教育普及程度	初中三年巩固率达到95%以上
			残疾儿童少年义务教育入学率达到95%以上
	学生学业发展	学生学业质量	在国家义务教育质量监测中,相关科目学生学业水平达到Ⅲ级以上,且校际差异率低于0.15
	学生体质健康	学生体质健康状况	体质健康测试达标优良率(小学、初中)
			视力不良检出率(小学、初中)
			肥胖率(小学、初中)
	校园建设	智慧校园	智慧校园覆盖率
		绿色学校	绿色学校达标率
社会认可度	教育满意度	社会公众对教育工作满意度	教育满意度调查得分
家长教育参与度	家校协同	家长教育参与度	家庭教育服务覆盖率

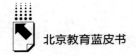

北京教育蓝皮书

第一，在校际硬件条件的均衡程度上，最高区比最低区的指数高0.511；在师资配置的均衡程度上，最高区比最低区的指数高0.404；校际学业成绩的差异大于硬件条件和师资配置的差异，最高区比最低区的指数高0.722。从各区来看，生态涵养发展区的校际均衡程度明显高于中心城区和城市发展新区。

第二，各区教育公平情况各不相同。有的区校际生均师资配置差异大，有的区校际生均硬件条件差异大，还有的区校际教育质量差异大。

第三，2022年义务教育阶段符合条件的随迁子女在公办学校就读的比例达到91.21%，远远超过了不低于85%的标准。小学达到92.08%，初中达到86.55%。

第四，全市小学体育器械配备达标率为97.77%，各区差别不大。初中体育器械配备达标低于97%，低于90%的区为丰台区（88.46%）。

第五，全市小学音乐器材配备达标率为95.16%，美术器材配备达标率为95.44%。各区差别不大。低于90%的区主要有丰台区（82.61%）、石景山区（81.82%）、怀柔区（87.5%）和平谷区（85.71%）。全市初中音乐和美术器材配备达标率为97%，低于90%的区为丰台区（84.62%）。

第六，北京市参与交流轮岗的干部教师占符合交流轮岗条件的干部教师总数的比例超过四成。其中，全职交流轮岗干部教师占参与交流轮岗干部教师总数的比例超过五成；参与交流轮岗的区级及以上骨干教师占参与交流轮岗教师总数的比例超过四成[1]。除了作为首批试点的东城区和密云区已经实现交流轮岗工作中小学校全覆盖，其他区交流轮岗工作实现中小学校全覆盖存在一定的困难。2022年1月开始的第二批试点区——西城区、海淀区、朝阳区、大兴区、门头沟区和延庆区及2022年9月全市推开的其他区还需不断推进义务教育学校干部教师交流轮岗工作。

第七，小学专任教师持有教师资格证上岗率达到100%，初中达到99.99%。义务教育专任教师中本科及以上学历人员比例方面，2021年小学

---

① 《北京新一轮干部教师交流轮岗满一年，各区交流轮岗机制已初步形成》，新浪网，2022年10月14日，https://finance.sina.com.cn/jjxw/2022-10-14/doc-imqmmthc0875333.shtml。

达到 95.45%，初中达到 99.24%，达到了"义务教育专任教师中本科及以上学历人员比例超过 96%"的要求。

第八，北京市残疾儿童少年义务教育入学率达 99% 以上，融合教育比例达到 70%（2018 年）。

第九，中小学体质健康测试达标优良率 2020 年达到 62.4%，要实现"到 2025 年超过 70%"的目标还需要很大的努力。北京市体检中心、市疾病预防控制中心等部门共同编纂的《北京市 2020 年度体检统计报告》相关数据显示，北京市高考招生体检和中考招生体检异常指标检出率排在第 1 位的都是视力不良检出率。北京市中小学生视力不良检出率为 59.5%（2019 年），一年级学生约 1/3 视力不良。2020 年中考招生视力不良检出率为 82.24%。北京市中学生的体重增幅明显，尤其是男生超重情况更为显著。中考招生体检男生平均肥胖率为 43.12%，较 2019 年提高 8.74 个百分点；女生超重情况与 2019 年相比也略有增长。

第十，智慧校园方面，2023 年北京高校、中小学校和教育研究机构等近 3000 个单位实现了 100% 接通互联网。其中，千兆以上带宽入校占比超过 70%，无线网络覆盖率达 90% 以上。2022 年底，全市中小学绿色学校达标率为 70%。

第十一，2022 年北京教育工作满意度调查结果显示，社会公众对北京教育工作的综合满意度为 86.0 分，较上年（85.7 分）再度攀升①。公众对政府统筹、学校办学、师资队伍、教育效果 4 个方面工作的满意度均超 80 分，即达到"比较满意"水平，其中对师资队伍的满意度达 88.7 分。各区教育工作综合满意度均达到"满意"（85 分）水平，其中延庆区（92.8 分）得分最高。30.7% 的普通中小学生家长觉得孩子睡眠时间不达标，有较大的改进空间。在课后服务方面，部分家长认为服务质量还有待提高，形式不够多样化，课程内容不够丰富②。

---

① 《北京教育一本通》（2022 年），北京教育科学研究院（内部资料）。

② 《北京教育工作满意度调查结果公布　三成家长觉得孩子睡眠不达标》，腾讯网，2021 年 12 月 1 日，https://new.qq.com/rain/a/20211201A0BN1F00。

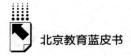
第十二，2020年东城区成立北京首个区级"家庭教育指导服务中心"，每年安排专项资金用于全区家庭教育指导服务工作。到2023年，北京家庭教育指导工作体系框架基本搭建完成，市、区两级家庭教育指导服务中心已实现全覆盖，在全国率先研究建立覆盖城乡的"114N"① 家庭教育指导服务体系。

五 影响北京市义务教育优质均衡发展的难点问题

（一）优质教育资源配置不足与分配不均衡

优质教育资源配置不足与分配不均衡问题主要表现在3个方面。

1. 区域教育发展不平衡，优质教育资源在中心城区集聚

受历史原因影响，北京中心城区聚集了大量的优质教育资源，东城区、西城区和海淀区（以下简称"东西海"三区）的优质教育资源更为密集。以市级示范幼儿园为例，北京市共有市级示范幼儿园147所，城六区有110所，占比高达74.8%，而"东西海"三区有67所，占比为45.6%。市级示范性普通高中、金帆艺术团承办学校、金鹏科技团承办学校等也出现同样的特征。中心城区优质教育资源集聚，给义务教育优质均衡发展带来困扰，同时是中心城区人口集聚、交通拥堵、房价居高不下等问题的重要原因之一。近年来，北京市通过名校办分校、城乡一体化学校建设、教育集团化建设、加强市级政府对高中阶段教育资源的统筹等举措，促进资源均衡与机会均衡，将一批人口吸引到城市功能拓展区和城市发展新区工作和居住，改革举措取得重要成效。但是，发展惯性依然存在，一部分有条件的群众依然难解

---

① "114N"中的第1个"1"是由北京市妇联、教委、妇儿工委办、民政局、人社局、卫健委、关工委等7家单位共同成立的北京市家庭教育工作指导委员会，统筹推进北京全市家庭教育指导服务工作；第2个"1"是依托北京丰富的科研学术资源，成立北京市家庭教育专家委员会；"4"指推动完善贯通市、区、街（镇）、居（村）四级的指导服务体系；"N"指统筹用好公共文化服务场所和家庭教育服务机构等各类社会资源，推进北京全市家庭教育工作高质量发展。

心中的"名校"情结和"东西海"三区情结。

学校规模区域分布不均。每十万人口拥有的各级学校数方面，首都功能核心区和生态涵养发展区的小学数都超出全市均值，城市功能拓展区除石景山区以外，小学、中学规模总体上低于全市均值，城市发展新区中顺义区和大兴区小学、中学规模总体低于全市均值。区域之间学校在校生规模差距明显。2022年基础教育在校生规模较大的4个区依次为海淀区、朝阳区、西城区、东城区，规模最小的4个区依次为平谷区、怀柔区、门头沟区、延庆区。海淀区、西城区、朝阳区3个区的小学、中学校均规模和班级规模均高于全市均值。

2. 区际、校际发展不平衡，与优质均衡发展目标存在差距

总体来看，16个区小学和初中资源配置各项指标值的综合达标比例均未达到100%。有的区小学综合达标比例较高，有的区初中综合达标比例较高。从综合差异系数来看，小学仅5个区的综合差异系数达标（小于0.5），初中仅3个区的综合差异系数达标（小于0.45）。

对照《县域义务教育优质均衡发展督导评估办法》确定的资源配置方面的7项单项指标来看，这些单项指标的达标情况并不乐观。研究表明，小学和初中16个区均没有7项指标都达标的。有的区小学没有一个指标达标，有的区初中没有一个指标达标，但有的区有6个指标达标①。而且，无论是小学还是初中，各区的每百名学生拥有县级以上骨干教师数、生均教学及辅助用房面积、生均体育运动场馆面积3项指标的达标比例均较低。从区域来看，生均教学及辅助用房面积和生均体育运动场馆面积方面，从首都功能核心区向外扩散，达标比例依次升高。从差异系数来看，多个区的小学、初中每百名学生拥有县级以上骨干教师数、生均教学及辅助用房面积、生均体育运动场地面积的差异系数超过了0.7，甚至有的区超过了1.0，区际仍存在很大差异②。另外，从实地调研中发现，首都功能核心区、城市功能拓展区的

---

① 范文凤：《北京市义务教育优质均衡及区域特征分析》，2019年北京教育科学研究院学术年会论文（内部资料）。

② 范文凤：《北京市义务教育优质均衡及区域特征分析》，2019年北京教育科学研究院学术年会论文（内部资料）。

部分学校体育运动场地、专业教室和食堂是不达标的。骨干教师及体育、艺术专任教师在区际和校际的配置差距也较大。

3. 城乡教育发展不平衡，城乡一体化水平有待进一步提升

近年来，北京市不断加大乡村教育投入力度，乡村义务教育学校的办学条件不断改善。在体育器械配备达标学校比例、音乐器材配备达标学校比例、美术器材配备达标学校比例、理科实验仪器达标学校比例、体育运动场馆面积达标比例上，乡村小学和初中与城区/镇区小学和初中相差无几，有的指标甚至高于城区/镇区小学和初中（见表2）。但是，这些指标无法反映器材的质量和使用情况。从相关的调研来看，乡村学校教师"三低一高"问题非常突出，即体育、艺术专任教师配置比例低于城镇，骨干教师、学科带头人和特级教师配置比例低于城镇，名师、名校长配置比例低于城镇，教师流动率高于城镇。乡村学校教师队伍配备不齐全、课程无法开齐开足，在很大程度上制约了办学条件的改善。

表2　2022年北京市义务教育学校城乡分布及其办学条件比较

单位：所，%

指标	小学			初中		
	城区	镇区	乡村	城区	镇区	乡村
学校数	546	80	93	208	64	61
体育器械配备达标学校比例	98	96	97	96	98	98
音乐器材配备达标学校比例	98	96	95	96	98	100
美术器材配备达标学校比例	98	96	95	96	98	100
理科实验仪器达标学校比例	98	96	96	95	98	97
体育运动场馆面积达标比例	66	93	90	87	97	100

资料来源：《北京市教育事业统计资料》（2022~2023学年度）。

北京市中小学校均规模城乡不一。小学和初中学校在城区集中分布，校均规模远高于镇区和乡村（见表3）。究其原因，在于中心城区人口密集，学校的办学场地、教室面积小，难以扩张规模，而乡村和镇区面积较大，生源少而分散。

表3　2022年北京市城乡中小学校在校生校均规模比较

单位：所，人

指标	区域	小学	初中
学校数	城区	546	208
	镇区	80	64
	乡村	93	61
校均规模	城区	1746	1469
	镇区	953	412
	乡村	583	200

资料来源：《北京市教育事业统计资料》（2022~2023学年度）。

（二）高素质专业化教师队伍发展不充分且分布存在较大差距

虽然北京市中小学教师队伍文化程度不断提高，但中小学教师队伍数量短缺和专业素质亟待提升问题依然存在。

1. 教师需求呈增长趋势，新教师供不应求，师资需求缺口较大

教师数量严重不足。如果考虑"二孩"生育政策实施后的教师需求、教师流失、走班制以及中高考制度改革等因素，实际教师缺口会更大（见表4）。

表4　2020~2025年北京市基础教育阶段教师缺口数据及预测

单位：万人

年份	学前阶段	小学阶段	初中阶段
2020	-1.28	-2.69	-0.55
2021	-1.57	-2.94	-0.57
2022	-2.00	-2.96	-0.58
2023	-1.89	-3.82	-0.57
2024	-1.71	-4.16	-0.60
2025	-1.45	-4.42	-0.64

资料来源：《北京市教育事业统计资料》（2020~2023学年度）；缺口预测数据来自北京教育科学研究院赵佳音博士的预测数据。

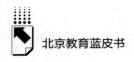

2. 中小学教师职业吸引力不够，影响师资补充

中小学教师职业缺乏吸引力和竞争力，从根本上制约教师队伍的补充，教师队伍难以吸引优秀人才。北京市中小学生均教育经费在全国最高，但教育事业费中工资福利支出的比重在全国排名靠后。

3. 与主要发达国家相比，北京市中小学对教师专业标准的要求不高

从主要发达国家的情况来看，英国要求学前教育和小学教育教师至少要有本科学历，中学至少要有硕士研究生学历；美国纽约州要求教师获得初级资格证之后，需连续工作两年，完成150个小时的在职职业培训并在3年内获得硕士学位。虽然北京市专任教师学历合格率始终维持在较高水平，整体教师学历水平处于全国第一梯队，但与主要发达国家相比，北京市中小学教师队伍的学历水平和专业化程度（职业资格认证难度）还不够高。

第一，专任教师的高级职称占比仍然很低。通过表5可以发现，教育阶段越高，专任教师中高级职称教师比例越高。虽然幼儿园、小学、初中的专任教师中高级职称教师比例自2015年以来一直在上升，但占比仍然很低，2022年幼儿园为2.42%，小学为11.59%，初中为28.04%。

表5　2015年及2020~2022年基础教育专任教师高级职称教师比例

单位：%

阶段	2015 年	2020 年	2021 年	2022 年
幼儿园	0.19	1.94	1.95	2.42
小学	1.26	9.08	9.98	11.59
初中	19.37	28.09	27.88	28.04

资料来源：《北京教育一本通》（2022年），北京教育科学研究院（内部资料）。

第二，拥有研究生学历的专任教师还不够多。以2022年为例，北京市幼儿园专任教师中研究生学历教师比例为1.52%，小学为12.93%，初中为29.56%（见表6）。而且，各级各类教育还有一定比例的学历不合格教师，如幼儿园还有1.90%的高中阶段毕业教师、41.35%的专科学历教师；小学有3.83%的专科学历教师；初中有0.81%的专科学历教师。

表6 2022年北京市基础教育专任教师学历情况

单位：%

阶段	研究生毕业	本科毕业	专科毕业	高中阶段毕业	高中阶段以下毕业
幼儿园	1.52	55.22	41.35	1.9	0.1
小学	12.93	83.17	3.83	0.08	—
初中	29.56	69.62	0.81	—	—

资料来源：《北京教育一本通》（2022年），北京教育科学研究院（内部资料）。

4. 优质教师的区域分布差距明显

城六区特级教师、市级学科带头人、市级骨干教师的数量明显要比城市发展新区和生态涵养发展区更多（见表7）。以中小学教师中具有高级专业技术职务的人数为例，首都功能核心区和城市功能拓展区的平均值高于城市发展新区和生态涵养发展区平均值的总和（见表8）。

表7 2021年北京市各区优质教师情况

单位：人

区域	特级教师	市级学科带头人	市级骨干教师
全市	1014	383	2180
东城区	69	34	171
西城区	79	36	176
朝阳区	249	68	332
丰台区	85	28	148
石景山区	21	12	55
海淀区	205	63	305
房山区	32	19	128
通州区	43	19	170
顺义区	63	21	97
昌平区	38	19	162
大兴区	33	16	123
门头沟区	17	6	53

续表

区域	特级教师	市级学科带头人	市级骨干教师
怀柔区	15	7	49
平谷区	10	10	58
密云区	23	12	78
延庆区	18	9	59

资料来源：《北京教育年鉴2022》。

表8　2021年北京四大功能区中小学教师专业技术职务人数

单位：人

四大功能区	中小学教师中具有高级专业技术职务的人数平均值
首都功能核心区	1541
城市功能拓展区	
城市发展新区	745
生态涵养发展区	792

注：因有些区的数据缺失，在计算时采用一般平均的方法忽略不计。
资料来源：《北京教育年鉴2022》。

（三）不同学校的办学水平和管理能力存在较大的差别

1. 不同学校文化的差别

学校办学理念通过学校文化体现。通过学校文化，对学生进行道德熏陶，帮助学生潜移默化地接受道德教育，实现成长。而学校文化在很大程度上影响着学校的质量。学校文化既包括校园建筑、环境布置等显性要素，也包括人际环境、心理环境等隐性要素。评判一所学校的好与坏，除了分数和排名，更要看重学校的文化、氛围和风气。因此，学校之间的发展不均衡从根本上源于学校文化的差别。参观和体验不同的学校，能明显感到学校文化的差别在哪。有的学校校风积极向上，校园环境处处体现学校办学理念和办学特色，治校管理中处处体现以学生为本，尊重学生权利和需求，重视教师的成长，在课程开发和实践活动中始终贯彻立德树人、全面育人。但在有的学校，学校文化只体现在校园雕塑、墙上标语、走廊布景上，只有实物、没有内涵，以抓成绩为主要任务。

2. 不同学校校长的理念与管理水平的差别

校长的素质和能力在很大程度上会影响学校的发展。面对学校管理，有的校长眼里有学生，重视教师文化，只要是对学生成长和教师发展有利的事情，校长会全力以赴；有的校长不满足学校的现状，在面临形势变化时，能及时审时度势，积极寻求和利用学校外部资源，扩大学校的资源和影响力；而有的校长不懂教育规律，个人追求高于学校发展，只片面追求学校分数，不关心学生的成长和教师的发展；还有的校长不思进取，以不出乱子和事故为原则，不与外界有太多的联系，只想按部就班、维持现状。久而久之，优质—中等—薄弱的学校层级感越来越明显，学校办学水平参差不齐。

3. 不同学校管理制度和管理手段的差别

管理制度的合理性直接关系学校运行的效率。好的管理制度能化繁为简，达到事半功倍的效果。学校内部管理体制涵盖学校内部的领导体制、管理机构、管理制度、人事制度和分配制度等。有的学校内部管理机构设置缺乏活力，保留着"上级决策，下级执行；一人指挥，众人行动；统一任务，逐级完成：套路相似，结构雷同"的运行机制，学校内部缺乏自下而上的主动参与性和自主决策权；有的学校管理制度不健全，管理比较混乱；有的学校管理层级太多，遇事需要层层请示，管理效能低，管理方式主要是自上而下地贯彻领导意图，高层领导对基层实际情况了解不够；有的学校实行统一管理，学校一把手统管所有学校事务，学校管理不够民主；有的学校管理死板，遇事不懂灵活变通，尤其是在改革创新方面，领导层以不出差错、维持现状为原则；还有不少学校管理缺乏激励机制，存在"干多干少、干好干坏一个样"的思维，内部分配制度不合理，教师的积极性和主动性得不到充分的调动和发挥。

4. 不同学校数字化转型的差别

由于学校经济基础和办学条件不同，以及学校领导人治理水平的差异，不同学校在数字化应用方面存在很大的差别，从而给学校提质增效带来了不同的影响。有的学校应用数字管理平台进行学校管理、促进教师的专业化成长；有的学校基于大数据和人工智能，建立了全过程教育评价机制，能促进学生自主学习和教师的因材施教。以数字化赋能"双减"课后服务为例，有的学校进行课后服务数字化创新，让数字化深度融入课后服务，提高课后服务的管理效率。通过数字化技术，实现课后服务的精准推送，让每个孩子都能找到适合自己的个性化学习内容。融入数字化手段，包括应用沉浸式拟真技术、人机交互技术、基于虚拟空间的多人协作技术、学生安全管控技术等，整合学习内容并创编新内容，实现课后服务创新发展。同时，通过数字化创新提高课后服务的管理效率，降低运营成本。课后服务资源管理平台一方面引进社会优质客户服务资源，另一方面提升家长选课、学校排课等课后服务管理的实效。但有的学校没有将数字技术手段融入课后服务和班级管理，导致实践中出现大量教师参与课后服务时间长、工作累、压力大的不良状况。同时，由于没有很好地利用专业平台进行班级管理，班级管理时间浪费现象严重。

六 "十四五"时期北京市加快义务教育优质均衡发展的对策措施

《北京市"十四五"时期教育改革和发展规划（2021—2025 年）》明确提出义务教育更加优质均衡的目标，并从北京教育发展实际水平出发，优化了北京教育主要发展指标，用质量型指标替换传统数量型指标，删去了学前教育毛入园率、义务教育毛入学率、高中阶段毛入学率、高等教育毛入学率等指标，增加了普惠性幼儿园覆盖率、中小学生体质健康测试达标优良率、智慧校园覆盖率等指标，提出"到 2025 年，全市适龄儿童入园率保持在 90%以上，普惠性幼儿园覆盖率达到 90%，学前教育教师接受专业教育的比例达到 85%，义务教育就近入学率保持在 99%以上，义务教育专任教师中本科及以上学历人员比例超过 96%"。值得注意的是，该规划特别明确，到 2025 年，中小学生体质健康测试达标优良率由 2020 年的 62.4%升至超过 70%。同时，全市智慧校园覆盖率达 85% 以上，绿色学校达标率超过70%，平安校园达标率达 100%。为了达到这些指标，"十四五"时期北京市政府必须从全局出发，立足难点问题，坚持首善标准，把提高质量作为义务教育工作的重要任务。

（一）基本思路

推进义务教育优质均衡发展，不仅是全国义务教育实现基本均衡发展后提出的一个新的发展目标，也是北京到 2035 年实现高水平教育现代化，满足新时代北京人民对更加公平、更加高质量教育需要的重要内容。"要把老百姓家门口的每一所义务教育学校都办成优质校，保障每一个孩子都能平等接受优质的义务教育，高质量实现义务教育优质均衡发展，义务教育办学质量达到世界领先水平。"为此，北京市要以新发展理念为指导，按照"增量、提质、均衡、公平"的思路，坚持补短板、优布局、提质量，全面深化义务教育阶段体制机制改革。

（二）对策措施

1. 教育资源布局调整和供给优化

（1）合理布局教育资源

优化城市南部和西部地区的教育规划，着力改变教育发展不均衡的局面，缩小教育服务水平差距。

结合新城建设、中心城区人口疏解、城乡接合部重点村改造，在平原地区新建一批优质中小学和幼儿园，增加学位和师资供给，形成与区域人口、产业需求相契合的教育资源布局，增强新城对中心城区人口和产业转移的吸引力。

主动对接城市人口和产业布局，加强天通苑、回龙观等人口密集区域，三城一区、城市副中心、北京大兴区临空经济区等重点功能区以及金融、科技、文化创意、信息、商务服务等现代服务业集聚区的教育设施规划建设，形成与区域经济社会发展需求相适应的基本公共教育服务体系。

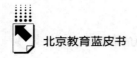

（2）优化教育资源供给结构

根据北京学龄人口结构和变化趋势，准确把握基础教育各学段学位需求动态，调整各学段教育资源供给结构。适应学龄人口变化，合理规划布局幼儿园，确保幼儿就近入园。深化九年一贯制、十二年一贯制等办学体制改革，在有条件的学校稳步推进走班制、分层教学改革，满足学生个性化学习和兴趣特长可持续发展的需要。

（3）扩大优质教育资源辐射面

分区域分阶段扩大优质基础教育资源规模。以"区联区、校携校"的方式，加强中心城区与外围各区的教育联动发展，辐射带动人口导入地区提升办学质量。

统筹推进城乡义务教育一体化改革发展，继续加大城区优质基础教育资源向郊区的辐射力度。通过学区联盟、教育集团、教育集群、城乡结盟校、区域教育联合体等多种形式，持续增加优质教育资源供给，在学校布局、资源配置、学校管理、教育教学等方面实施城乡一体化管理，努力满足郊区人民群众"上好学"的需求。

推进学校标准化建设，不断加大首都功能核心区、城市功能拓展区的不达标学校体育场地、专业教室和食堂的建设力度，逐步达到本市办学标准。城市发展新区和生态涵养发展区应合理、有效利用市级财政增量经费，主要用于信息、体育、艺术、科技等专任教师的配置和培训，以及骨干教师和名师名校长的培养。

进一步推进学区制管理和集团化办学，推动托管、城乡结盟校、名校办分校、学校发展共同体的跨学段合作、优质管理输出、优秀教师特派，加大优质教育资源供给力度。

大面积推进高校和科研院所创办附中、附小。在资源共享、品牌建设、学校管理、课程开发、学科建设、师资培养等方面开展深度合作。继续探索向社会力量购买优质教学服务。统筹利用教育系统内外一切可以利用的资源，除在英语学科吸引民办教育机构参与教学改革外，扩大政府购买教育服务的范围和规模，深化委托办学、合作办学试点。

2. 全面建设高素质专业化的教师队伍

深化教师队伍改革，在全面提升教师素养、完善教师管理制度、增强教师获得感方面下功夫。坚持引进与培养并重，通过人才引进和扩大师范院校的招生名额，增加中小学教师培养的数量，特别是美术、音乐、体育和科技方面的专业教师。

提升现有中小学教师队伍的整体质量，推进实施名师名校长工作室、名师导学团、学区联合备课等多种方式，充分发挥优秀、骨干教师的作用，实现优秀教育经验、成果的共享。加快城乡基础教育一体化建设，完善基础教育教师统一调配机制。

各级政府加快落实《关于进一步推进义务教育学校校长教师交流轮岗的指导意见》，积极推进义务教育教师队伍"区管校聘"改革，推进优秀校长和骨干教师在城乡之间、校际的交流轮岗。完善教师在统筹项目学校间的流动机制和学区内的走教机制。

积极落实乡村教师支持计划。加大对乡村教师队伍编制、激励机制的创新力度，提高乡村学校高级教师职称结构比例，设立专项用于乡村教师的职称评定。支持和吸引更多优秀教师向乡村学校流动，落实建设乡村教师周转宿舍和为乡村教师租赁周转房政策，大力实施乡村教师周转宿舍建设项目，提高乡村教师岗位生活补助标准。

加快提升中小学教师信息素养和数字技能。在高校本科阶段开设人工智能专业，满足中小学人工智能教师数量需求。在师资问题短时间内无法有效解决的情况下，学校可以考虑借助外部课程资源来填补空缺，经费充足的学校可以考虑购买商业化的课程资源。

3. 完善义务教育质量标准和监测制度

参照教育部《县域义务教育优质均衡发展督导评估办法》，研制符合北京城市功能定位的义务教育优质均衡发展评估标准，构建具有北京特色、科学清晰、面向知识经济的学生核心素养体系，并围绕此体系完善相应的育人模式和教育质量监测评价体系。以提高质量为核心，突出办学特色，加强对义务教育学校的办学水平和教学质量的督导和全程监测，着力促进学校内涵式发展。重点攻坚城市发展新区和生态涵养发展区的乡村薄弱学校，对于有些监测指标没有达到规定质量标准的区实行动态监测，推进所有区义务教育整体质量向更高水平推进。完善学生综合素质评价制度，着力促进每一个学生综合素质的全面提升。特别要关注影响教育质量的方面，如"中小学生体质健康测试达标优良率""义务教育阶段学生掌握2项运动技能""义务教育阶段学生掌握1项艺术爱好""遏制中小学生视力不良""遏制中小学生肥胖"等。

4. 加快教育数字化转型升级

教育数字化是我国开辟教育发展新赛道和塑造教育发展新优势的重要突破口。数字化的本质是利用现代技术手段汇聚优质教育资源、赋能教育教学。要继续推进"京学网"数字化教育平台建设，为扩大优质教育资源覆盖面和推动教育现代化提供更好支撑。全市要积极推广"干部教师交流数据分析平台"，采用教育数据平台对学校进行精准分析、个性诊断，根据学校个性需求，统筹开展"双师"课堂、校际联研、名师讲堂、课后服务等，助力学科优秀教师发挥辐射引领作用。

推动数字信息与学校教育教学的深度融合。落实具有北京特色的智慧校园建设标准，实现信息化覆盖全体师生。将"互联网+"思维引入全社会资源，共建丰富、优质、开放、共享的数字教育资源库，满足学习者开放、泛在、个性化的学习需求。利用好已有的数字学校平台，以强带弱、以城带乡，使学校之间共享资源，整体提升管理水平和教育教学水平，推动所有学校共同发展。创新"互联网+教育"模式，推行线上教育，推动实现优质教育资源的开发与开放，加快实现乡村地区数字教育资源的全覆盖，让更多乡村教师和孩子享受优质的数字教育资源。

5. 持续加大政府对义务教育的投入力度

第一，落实《首都教育现代化2035》提出的要求："依法确保财政一般公共预算教育支出逐年只增不减，确保按在校学生人数平均的一般公共预算教育支出逐年只增不减。"

第二，进一步提高义务教育学校公用经费保障水平。政府需要在改善中小学办学条件上增加投入，主要表现为支持中小学智慧校园建设，开发和购买优质数字教育资源，确保中小学体育运动场馆面积达标和专用教室建设达标，支持特殊学校建设及专业设施设备购置。

第三，提供专项经费，支持远郊区深入推进薄弱环节改善与能力提升工作，持续改善乡村学校基本办学条件，有序扩大城镇学位供给，提升学校办学能力，缓解"城市挤、乡村弱"问题。

第四，健全城乡统一投入机制，增强市级教育经费统筹能力，推动增量经费主要向财力薄弱区域、人口导入区域、农村地区倾斜，并向学前教育、特殊教育、薄弱学校倾斜。

第五，支持边远山区继续实施好乡村义务教育学生营养改善计划，落实每生每天5元的营养膳食补助标准，持续改善山区学生营养健康状况。分配的增量资金主要用于义务教育阶段教师培训和提高教师队伍的绩效工资和福利待遇。

第六，安排配套资金，继续支持乡村实施好"特岗计划""国培计划""银龄讲学计划"等，引导支持乡村学校多渠道补充优秀师资，优化教师队伍结构，提升教师教学能力。

6. 依法保障特殊群体的受教育权利

逐步完善进城务工人员随迁子女在京接受义务教育的"两为主"政策，探索建立与居住证和积分制相适应的进城务工人员随迁子女在京接受学前教育及义务教育的招生入学政策，逐步促进符合条件的居住证持有人依法享有公共教育服务权益。加大对经济困难学生的资助力度，扩大家庭经济困难学生奖助学金、助学贷款的覆盖范围，按照精准资助、动态管理原则完善资助方式，让困难家庭的孩子都能接受公平、有质量的教育。推进融合教育，根据不同残疾儿童少年的特点和需求，制定个性化培养方案，实施差别化教学，通过随班就读、特教学校就读、送教上门等方式，为残疾儿童少年提供适宜的教育。

7. 促进学生德智体美劳全面发展

建成德智体美劳全面培养的教育体系。坚持立德树人根本任务，把立德树人融入思想道德教育、文化知识教育、社会实践教育各个环节。完善素质教育推进思路，把学生核心素养培养和成人成才放在首位，通过课程改革、教学改革和考试评价制度改革，推进全科、全程、全员育人和实践育人。打通各学段边界，探索学段联通，为学生发展提供全链条优质教育资源。深化九年一贯制、十二年一贯制等办学体制改革，在有条件的学校稳步推进学校教育走班制、分层教学改革，满足学生个性化学习和兴趣特长可持续发展的需要。推动普职融通，为学生提供多元化的学习机会和资源。全面开展初中开放性科学实践活动和综合社会实践活动，开展城区学生"学工""学农"活动和郊区学生"游学"活动。进一步推动学校科技、音体美育的发展，完善相关政策，让更多的高校和高水平艺术团体积极助力中小学特色发展。把劳动教育纳入人才培养全过程，贯通大中小学各学段，贯穿家庭、学校、社会各方面，完善劳动教育课程，分学段开展日常生活劳动、生产劳动和服务性劳动。

推动健康校园、平安校园行动落地。学校要做好对健康教育的宣传与引导，践行健康生活方式，带动师生提升健康素养。健全学校健康教育工作体系，依规配齐体育教师、心理健康教育教师、卫生技术及专兼职营养健康管理人员。建立学生健康档案，掌握学生生长发育和健康状况，做好学生参加体育锻炼和劳动的卫生指导，针对近视、肥胖等常见病开展防控行动，有针对性地制定科学有效的干预措施。全面优化校园环境，加强体育设施建设，学校教室面积、室内空气质量、采光通风等指标要达到科学标准。学校还要针对交通安全、消防安全、应急避险等开展宣传教育，小学阶段以安全应急与逃生避险知识为主，中学阶段以培养自救互救和自我保护能力为主。

8. 落实家校社协同育人机制

狠抓地方政府责任落实，努力构建政府为主、部门协调、多元参与的义务教育优质均衡发展推进机制，解决老百姓反映强烈的择校、大班额、学生课业负担等热点难点问题。撬动社会优质教育资源，发挥好社会优质教育资源和文化资源优势，深化中小学生社会大课堂建设，开展初中开放性科学实践活动和综合社会实践活动。把家庭教育纳入社会公共服务体系，加大政府主导家庭教育的力度。完善家校合作机制，使家长在德智体美劳方面和学校的教育教学理念和方法保持一致,赋予家长更大的教育知情权和参与权,真正行使好学校家委会、家长教师协会的职责,形成家校教育合力。积极推进政府购买专业的社会服务,吸引更多优质的民办机构参与学校学科改革和委托办学,实现优质教育资源的互通共享。加强政府、学校与企业的在线开放资源平台建设和移动教育应用软件研发合作。购买社会优质教育资源参与学校校本课程开发和课后服务,通过各类跨界合作给学生提供更丰富多元的课程选择,满足更大的社会需求。

B.11
"十四五"时期北京教育现代化
建设的区域实践样态

雷 虹*

摘　要： "十四五"时期北京全面开启高水平教育现代化建设，顶层设计的实施与优化必须与基层创新形成良性互动。北京各区围绕总体目标将教育现代化建设的基本逻辑与自身发展基础相结合，在不断实验和调适的过程中积极探索多维度赋能教育高质量发展之道，仅从教育普及普惠、优质均衡、开放创新方面来看，虽然各区域的进展不尽相同，但一系列先行探索已经展露北京在新时代推进教育现代化的具有生命力的基层实践样态，初步形成了多样化的区域路径，为后续不断将北京教育现代化建设推向深入、绘就现代化的多样性图景奠定了重要基础。

关键词： 教育现代化　实践样态　北京

　　"十四五"时期是北京全面开启建设高质量教育体系和高水平教育现代化的重要阶段。北京牢牢抓住立德树人这一根本任务，深入贯彻新发展理念，着力从公平普惠、优质均衡、开放创新、协同共建、绿色安全等维度推进教育的高质量发展。这一阶段的根本任务是以人民为中心，通过提高创新能力、提质增效、优化结构等方式，解决原有发展阶段中存在的一些突出矛

---

* 雷虹，北京教育科学研究院教育发展研究中心副研究员，主要研究方向为教育政策、教育规划评估。

盾和问题，推进教育发展的质量变革、效率变革和动力变革。北京各区域面对"十四五"时期建设高水平现代化、推进高质量发展的总体目标，结合自身的特点和优势、短板和弱项，纷纷确定本区域的发展思路，谋求在体系结构、体制机制、政策工具和技术手段等方面的优化与突破，探索打造本区域的教育现代化实践样态与路径。本报告重点分析北京各区域在推进教育普及普惠、优质均衡、开放创新等方面的先行探索和典型实践，从而为下一阶段进一步丰富、优化北京教育现代化建设的内涵与实施路径，有序推进各地探索现代化的进程提供有益参考。

一 区域推进教育普及普惠的实践样态分析

高质量教育体系建设首先要做到基本教育公共服务体系普及普惠。北京是国内率先实现义务教育、高中教育全面普及的地区。进入"十四五"时期，北京加强教育普及普惠的焦点主要集中在继续推进学前教育普及普惠发展和强化特殊教育普惠发展。各区域都在努力增强资源供给弹性、提升发展品质。

（一）推进学前教育普及普惠发展

北京通过实施三期学前教育行动计划，在解决"入园难""入园贵"问题上取得了重要突破。《北京"十四五"时期教育改革和发展规划（2021—2025年）》设定的目标是：到2025年，全市学前三年入园率保持在90%以上，普惠性幼儿园覆盖率达到90%。2022年全市学前教育入园率达到93%，普惠性幼儿园覆盖率达到91%（见表1），已实现"十四五"预期目标。分区域来看，不同区域的幼儿园学位资源仍存在不均衡问题，远郊区学前教育资源相对充裕，中心城区因教育人口高度集聚、土地资源稀缺，学前教育资源相对紧张，特别是东城区、西城区、海淀区等区的学前教育资源供给压力依然很大。这些区域破解学前教育资源供给困境的思路主要表现为：强化学位需求预测，设定年度性学位增量指标；加快新建、改扩建幼儿园，积极盘活存量资源，推进普惠性幼儿园持续扩容；探索合作共建办园模式，如

2022 年，西城区引导一些部门在满足系统内部入园需求的基础上，通过扩大办园规模、合理增加班级容量等方式面向社会提供更多普惠性学位；统筹部分街道及周边街道辖区内各类幼儿园学位资源。总体而言，鼓励引导社会力量办园、各方合力增加普惠性学位的趋势越来越明显，有利于增强教育资源供给的弹性，促进布局更加合理。

表 1　2022 年北京各区普惠性幼儿园覆盖率

单位：%

区域	普惠性幼儿园覆盖率	区域	普惠性幼儿园覆盖率
全市	91	通州区	91
东城区	93	顺义区	94
西城区	84	昌平区	96
朝阳区	88	大兴区	94
丰台区	84	怀柔区	97
石景山区	90	平谷区	100
海淀区	92	密云区	97
门头沟区	96	延庆区	100
房山区	100		

资料来源：北京教育统计数据。

（二）强化特殊教育普惠发展

2018 年以来，北京优先保障残疾儿童就近入学，义务教育入学率达99%以上，为 5921 名残疾学生发放补助超 2680 万元，60%以上的普通中小学校建立了融合教育推进委员会，80%以上参加高考的残疾学生考取高校，融合教育成效显现[①]。2023 年初，北京市教委等 7 部门发布的《北京市"十四五"特殊教育发展提升行动计划》提出：到 2025 年，特殊教育体系进一步完善，学前教育阶段残疾儿童入园率明显增长，义务教育阶段残疾儿童入学

率保持高水平，各区送教上门比例控制在5%以内，高中教育阶段普及程度显著提高，高等教育入学机会进一步提升，终身教育体系更加完善①。这一目标具有鲜明的普惠性特征。各区都积极扩大特殊教育资源供给，但不同区域的供给能力不同。目前，北京特殊教育资源主要由融合教育资源中心、特殊教育学校、学区特殊教育资源中心、特殊教育基地、资源教室等构成，即"区—学区—学校"三级资源体系框架。在中心城区和一些经济状况较好的区，除了区层面的融合教育资源中心、特殊教育学校外，学区特殊教育资源中心、特殊教育基地、资源教室等的覆盖率和建设水平也相对较高。以海淀区为例，全区每年投入特殊教育经费超过1.5亿元，中小学校资源教室已增加到97个，17个学区中有8个学区建立了融合教育资源中心②。西城区共有11个学区，学区特殊教育资源中心已达9个。"十四五"后期，各区都将在特殊教育资源建设方面有新作为，加快朝三级资源全覆盖、构建融合教育资源新生态方向迈进，除了强化标准化特殊教育资源建设外，各区也将在满足更专业化、多样化的教育需求和加强特殊教育资源建设方面进行尝试。

特殊教育的普惠发展要求特殊教育服务供给在满足义务教育需求的基础上积极向两端延伸。目前，北京各区在扩展特殊教育服务对象和范围方面进行了一系列探索。一是积极推进学前融合教育。例如，海淀区接收特殊儿童就读的幼儿园已达48所，通过启动学前融合教育试点建设"学前融合教育基地"；有一部分区正在逐步推进融合幼儿园建设。二是进一步增加高中阶段入学机会，为特殊教育群体提供更多的中等职业教育机会。例如，处于远郊区的昌平区特殊儿童教育学校2021年增设了学前部和职高部，通过与多所职业学校建立合作，努力使学生在初中毕业后能进入职业学校接受教育；中心城区的部分区域积极尝试加强对高中阶段特殊学生课程需求与教育教学

---

① 《北京市"十四五"特殊教育发展提升行动计划》，北京市教育委员会网站，2023年1月20日，http://jw.beijing.gov.cn/xxgk/zfxxgkml/zwgkjhgh/202301/t20230120_2906295.html。

② 《海淀区将新建十五年制特殊教育学校，融合教育资源中心覆盖所有学区》，"现代教育报"百家号，2023年3月31日，https://baijiahao.baidu.com/s?id=1761887940384631573&wfr=spider&for=pc。

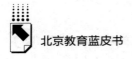

策略的研究，并为该类学生提供支持性就业教育服务，为其在普通高中和职业高中学习提供帮助。

二　区域推进教育优质均衡的实践样态分析

建设教育强国，基础教育是基点。中共中央办公厅、国务院办公厅印发的《关于构建优质均衡的基本公共教育服务体系的意见》提出：到2027年，优质均衡的基本公共教育服务体系初步建立，供给总量进一步扩大，供给结构进一步优化，均等化水平明显提高。"十四五"时期，构建优质均衡的基本公共教育服务体系的关键着力点就在于全面保障义务教育优质均衡发展。当前，北京各区都在对照标准积极推进优质均衡区创建工作，以加快缩小城乡间、区域间、校际教育发展水平的差距。

（一）以城乡教育一体化加快缩小县域内城乡教育差距

"十四五"时期，北京义务教育城乡差距进一步缩小，虽然城区的在校生校均规模明显大于镇区、乡村，但从体育运动场馆面积达标率、体育、音乐、美术器械或器材配备达标率及理科实验仪器达标率来看，三类地区的差距已经很小，镇区和乡村的一些指标甚至反超城区（见表2）。从校均藏书量来看，三类地区的差距也在逐年缩小。这可以从一个侧面表明，各区不仅在硬件资源建设上基本做到均衡，在软件建设上也在尽力缩小差距并取得了积极成效。

表 2　2022 年北京市义务教育发展城乡状况比较

指标	初中			小学		
	城区	镇区	乡村	城区	镇区	乡村
在校生校均规模（人/所）	1469	412	288	1746	953	583
体育运动场馆面积达标率（%）	87	97	100	66	93	90
校均藏书量（万册/所）	3.8	2.6	2.0	4.3	3.2	2.1
体育器械配备达标率（%）	96	98	98	98	96	97

续表

指标	初中			小学		
	城区	镇区	乡村	城区	镇区	乡村
音乐器材配备达标率(%)	96	98	100	98	96	95
美术器材配备达标率(%)	96	98	100	98	96	95
理科实验仪器达标率(%)	95	98	97	98	96	96

资料来源:《北京市教育事业统计资料》(2022~2023学年度)。

为建立与常住人口变化更协调的基本公共教育服务供给机制,合理规划布局城乡学校,实现以城带乡、优质均衡发展,北京在"十四五"时期稳步推进17所市级统筹优质学校建设,7所已经建成并交付使用,5所已开工;坚持推进34对城乡"手拉手"项目学校的内涵式发展和质量提升。积极修订城乡教育一体化发展项目管理办法,完善建设机制,持续推动100所项目学校发展。通过对城乡一体化政策的持续落实和创新,各区基础教育发展中的一系列"急难愁盼"问题在一定程度上得到了统筹性、综合性解决。

(二)以推进师资配置均衡化加快缩小校际办学质量差距

教师是教育高质量发展的第一资源,是落实立德树人根本任务的主体。推动教育优质均衡发展,需要不断提升教师的专业素质,强化教师资源均衡配置。

从教师资源的学历层次来看(见表3),2022年,北京小学的专科及以上学历专任教师比例为99.93%,本科及以上学历专任教师比例为96.10%;初中的本科及以上学历专任教师比例为99.18%,研究生学历专任教师比例为29.56%;普通高中的本科及以上学历专任教师比例为99.84%,研究生学历专任教师比例为40.55%。分析2021年和2022年各区教育委员会所属事业单位公开招聘教职工的学历要求,招聘小学教师普遍要求本科及以上学历,招聘初中和高中教师普遍要求具有研究生学历,特别是中心城区、经济技术开发区等区域，研究生学历已成为基础教育中学阶段专任教师学历的主流。可见，各区都在逐步提高教师入职的学历要求。从教师资源的配置情况来看，中心城区的海淀区、朝阳区、石景山区和城市发展区的房山区、通州区、顺义区、昌平区、大兴区的小学生师比相对较高，生态涵养区的小学生师比相对较低；中心城区的东城区、西城区、海淀区，城市发展区的房山区、通州区以及生态涵养区的普通中学生师比相对较高（见表4）。与教师在规模上存在的区域性配置差异相比，高职称教师和骨干师资配置的不均衡程度更为凸显。为促进师资的均衡合理、动态灵活配置，北京加强统筹协调、科学谋划，按照先行试点、扩大试点、全面推开的"梯次推进"策略深化推进义务教育学校干部教师交流轮岗工作。2021年9月完成了第一批东城区、密云区两个区的试点，2022年2月完成第二批西城区、海淀区、朝阳区、大兴区、门头沟区和延庆区6个区的试点，2022年8月在全市全面推开，进一步完善相关保障政策，建立供需台账，强化精准匹配，全程跟踪评估过程与实际成效，切实推进各区校长交流轮换、骨干教师均衡配置、普通教师派位轮岗，全市参与交流轮岗的干部教师占符合条件教师总数的比例已超过七成，区级及以上骨干教师占参与轮岗教师总量的40%左右。

表3　2022年北京各级教育专任教师学历情况

单位：人，%

学段	研究生毕业		本科毕业		专科毕业	
	人数	比例	人数	比例	人数	比例
幼儿园	758	1.52	27510	55.22	20599	41.35
小学	9920	12.93	63787	83.17	2934	3.83
初中	11849	29.56	27902	69.62	325	0.81
普通高中	9242	40.55	13512	59.29	34	0.15

注：一贯制学校教职工数和专任教师数统计在初中或高中；各级教育的专任教师数按照人事档案进行统计。

资料来源：根据《北京市教育事业统计资料》（2022~2023学年度）数据计算所得。

表4 2022年北京各区基础教育生师比情况

区域	小学	普通中学	区域	小学	普通中学
全市	17.92	6.95	通州区	18.20	7.33
东城区	13.41	7.51	顺义区	17.66	6.71
西城区	16.45	9.36	昌平区	18.11	5.00
朝阳区	25.87	5.09	大兴区	19.08	5.76
丰台区	15.54	6.32	怀柔区	12.58	6.56
石景山区	21.70	5.66	平谷区	11.14	7.77
海淀区	20.02	8.35	密云区	13.87	8.08
门头沟区	10.90	7.46	延庆区	12.39	7.14
房山区	17.39	7.55			

资料来源：根据《北京市教育事业统计资料》（2022~2023学年度）数据计算所得。

各区聚焦义务教育优质均衡发展这一核心目标，密切结合自身发展实际推出各自的干部教师交流轮岗机制，促进义务教育提质增效，主要改革思路集中体现在以下几方面。

一是将干部教师交流轮岗与教师"区管校聘"管理体制改革和学区制、集团化办学改革相结合。例如，东城区借此机会进一步推进"区管校聘"管理体制改革，干部教师完成了由"学校人"向"学区人"再向"系统人"的转变。以教师交流轮岗促进集团化改革，深化47对深度联盟、14所九年一贯制学校、8条优质教育资源带和7个教育集团的建设，推进"龙头校"与"成员校"一体化管理，共同教研、同址上课，逐步深度融合，充分发挥优秀干部与骨干教师的辐射带动作用，整体提高教师队伍水平，缩小区域内、校际教育发展差距。密云区的教师在全区内根据实际需求流动，推动教师从"学校人"转变为"系统人"，各校师资结构得到优化，全区实现教师动态管理与调配，教师学历层次、年龄结构、职称比例趋于合理。

二是有效对接学校和教师的实际需要，突出交流轮岗的计划性、精准性、时效性。各区开展了深入细致的调查研究，全面了解符合交流轮岗条件的干部教师的基本情况和学校优化教师资源配置的需求，在学区、教育集团和全区层面建立干部教师资源供需台账，统筹协调、精准匹配交流轮岗干部教师,确保每所义务教育学校都有机会获得至少一个学区(教育集团)的教育资源支持,合理确定交流轮岗干部教师、流向岗位、交流轮岗方式与周期、预期目标等内容,设计针对交流轮岗过程与效果的跟踪调研评估方案。例如,海淀区运用大数据平台智能化分析、精确诊断薄弱学科等需求信息,坚持按需定岗、按岗选人,通过精准匹配,实现真需要、真交流、真有效。西城区北京小学校长担任青年湖小学校长,选派两名干部分别担任党支部书记和执行校长,选派4名骨干教师指导学科组建设,创新优质校校长组团任用的方式,满足了青年湖小学领导班子配备的实际需要①。

三是积极服务教师自主发展。统筹考虑干部教师专业发展需求和意愿、学校发展的需求等因素,注重促进教师在学科知识结构、教学经验方面的结构性更新,将交流轮岗作为提升干部教师专业能力、丰富教育阅历、提升职业贡献力的有效途径,有效激发交流轮岗的内驱力。在推进过程中,明确交流轮岗干部教师的预期目标和关键任务,对交流轮岗干部教师进行过程化管理,切实保障交流轮岗干部干部教师在流入学校发挥作用。例如,东城区史家胡同小学校长任革新里小学校长,史家教育集团内24位干部教师参与革新里小学的交流轮岗工作,将史家胡同小学先进的办学理念、现代学校文化和办学经验迁移到革新里小学。密云穆家峪小学交流轮岗教师与本校教师均快速成长,60%的教师参与市区级展示交流活动并获奖,骨干教师占专任教师的近1/4。

四是不断完善支持保障机制。各区结合试点工作推进过程中遇到的主要困难和问题,积极协调区委编办、区人力资源和社会保障局、区财政局研究制定相关配套措施,提供政策支持,统筹编制管理,改进岗位管理办法和公开招聘方式,完善教师管理制度,有效破解制约交流轮岗的制度性难题。例如,朝阳区探索按照生均拨款,加强编制资源统筹,引导教师资源向不足的学校流动。密云区把交流轮岗经历作为职称评审标准条件、评优评先优先考

---

① 《各区交流轮岗机制已初步形成,北京干部教师交流轮岗取得积极成效》,"首都教育"百家号,2022年10月14日,https://baijiahao.baidu.com/s?id=1746618978744774038&wfr=spider&for=pc。

虑，设立专项资金对优秀交流轮岗教师进行奖励。怀柔区建立了交流轮岗工作与学校编制管理、绩效工资改革相关联的机制，缺编单位按照人均标准的20%适当核增绩效工资，超编单位按一定比例核减绩效并逐年递减。丰台区明确奖励性绩效，用于校际绩效差距的补贴，减少交流轮岗对教师收入的影响。大兴区明确严重超编单位按照不低于本单位符合交流轮岗条件教师总数20%的比例交流轮岗，超编单位按15%的比例交流轮岗，进一步优化了师资结构。

（三）以持续深化集团化办学和学区制改革促进校际优质均衡

"十四五"以来，北京各区坚持以集团化办学和学区制改革为抓手，横纵双向多举措扩大教育优质资源供给，加快促进校际优质均衡。一方面，各区通过学区制、集团或集群办学、合作办学、政府购买服务等多种模式，促进校际横向深度联合，扩大、重组优质教育资源；另一方面，各区积极为优质教育资源贯通搭建立体网络，力推九年一贯制、对口直升、初高中对接等举措，推动学段贯通、课程贯通、资源贯通，提供在本区域 9 年乃至 12 年有机衔接的教育资源优质供给服务。区域的集团化办学和学区制改革在更加走深走实的同时展现出一些新趋势。

一是区域教育集团化发展持续扩容。"十三五"末期，北京集团化办学覆盖率达到52%，学区覆盖率达到90%。进入"十四五"时期，各区进一步加快集团化办学进程。例如，朝阳区扩容到 20 个教育集团，全区 80%以上的学校被纳入集团化管理；海淀区着力构建中部示范引领、北部跨越发展、东西两翼齐飞、南部内涵提质的优质均衡发展格局，合作办学、组建教育集团等是主要方式。全市集团化办学覆盖率已升至 75%，抱团发展、合作共赢已成为基础教育优质均衡的最显著样态之一。

二是优质教育资源薄弱区对输入教育资源的品质需求向高端升级。经过此前多轮的优质教育资源扶持，结合当前教育高质量发展的战略要求，优质教育资源薄弱区对区域优质教育资源的需求不断升级，与以往相比更倾向于吸引中心城区的核心优质教育资源输入并寻求更具实质性意义的深度合作。以通州区、大兴区、房山区、顺义区、怀柔区等区域的优质教育资源扩充为

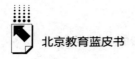

例，这几个区普遍选择与西城区、海淀区、东城区等教育强区的一流优质教育资源合作，并期望利用这些资源打造本区域的"火车头"。

三是更好地发挥区域内已有优质教育资源的辐射带动作用。优质教育资源薄弱区将教育强区资源引入本区后，往往对如何为其提供适宜的发展环境缺乏重视与有效手段。"十四五"以来，部分区域越来越重视对本土既有优质教育资源的统筹规划与培育，力图通过多种方式使其发挥更大的引领作用。例如，海淀区在推动优质教育资源大量外输、扶持其他区发展的同时，全面强化优质教育资源在本区内的引领帮扶，支持优质教育资源向重点片区扩容下沉，促进东部地区、西部地区、南部地区、北部地区、中部地区的优质均衡发展。丰台区优化教育布局，打造"十强学校"，通过优质教育资源的辐射，逐步实现每个街镇有 1~2 所优质学校，促进本区基础教育发展能级的全面提升。

四是教育资源共建共享进入更深层次。随着集团化办学和学区制改革的不断推进，资源共建共享也进入新阶段。为了增强集团内、学区内合作主体的内生发展动力，北京越来越重视挖掘各校教育资源，在人才贯通培养、师资共享与水平提升、课程共建共享等多个层面深入合作，并具体在教师交流、课程共建、资源共享、学生互访、教育教学、课程培训、教师培训等方面开展一系列的合作，真正推进共同发展。

三　区域推进教育开放创新的实践样态分析

开放创新是推动北京教育发展的重要动力，也是教育现代化建设不断取得新成就的宝贵经验。当今世界正处在大发展大变革时期，教育开放创新是与时代对标的过程，更是有效应对发展格局变化和知识创新的重要方式。"十四五"以来，北京为了加快建设高质量教育体系，在复杂的国际环境下努力构建适应新形势的对外开放格局，并积极推进教育创新，各区域都在自身发展战略上予以高度重视，并在实践中做出了不少有益的探索，促进了发展新领域新赛道的开辟和发展新动能新优势的塑造。

（一）坚持推动适应新形势的教育对外开放

教育是不同国家、不同文化进行交流与对话的关键力量，因此推进高水平教育对外开放具有重要的战略意义。"十四五"以来，北京教育发挥能动性，坚持推进对外开放，为自身的高质量发展积蓄能量。为应对国际交流新形势，各区域在市级的支持和推动下，积极开展线上国际教育交流与合作、促进国际教育资源规模和质量的双提升。

1. 依托线上平台推进国际教育交流与合作走向深入

新冠疫情防控期间，为了做到国际交流不停歇、对外开放不止步，部分区域积极研究和探索对外交流的新模式，利用"互联网+"技术，推动"云交流、云合作"。这种线上对外交流总体呈现三种特征。

一是交流规模不断扩大。随着交流策划和模式越来越成熟，学校及师生参与意愿不断增强，参与人数不断增加。例如，海淀区 2021 年参与线上交流的基础教育学校比 2020 年增加了 27 所，参与师生将近 2000 人次。此外，一些区域也通过各种方式不断扩大自身的国际交流"朋友圈"，与更多的境外优秀学校建立起友好合作关系。

二是交流方式日益丰富。为了使线上交流更加具有吸引力、效果更好，校际交流的参与方也在努力创新和改善交流方式。教师可以通过学科教研、同课异构、录播课堂、评价与分享等方式广泛、深入地分享彼此的教学理念和实践经验。例如，学生通过展示优秀文化、开展线上竞赛和线上社团活动、共同学习、讨论分享等，围绕核心素养强化自身能力，提升多元文化沟通能力。

三是交流广度和深度不断拓展。持续拓展校际交流的内涵，强化在学生国际理解力培养、各学科教研、校园文化建设、家校互动等多领域、深层次的校际交流合作，务实地促进双方的互学互鉴、互融互通。

新冠疫情防控政策调整后，各区抢抓线下国际交流有序恢复的契机，积极挖掘友好城市、合作学校的优势资源，持续释放国际教育交流潜能，线下教育对外交流与合作加速升温。目前，北京教育对外开放呈现"线上+线

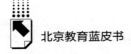

下"相结合的格局，但"云交流、云合作"已经成为常态，形成了一系列有效途径与策略，在促进学校发展、教师专业成长、学生核心素养提升等方面发挥着越来越重要的作用。

2. 国际教育资源快速扩张

为了促进北京的开放，党中央、国务院支持北京开展国家服务业扩大开放综合示范区和自由贸易试验区建设（简称"两区"建设），突出科技创新、服务业开放、数字经济特征，城市各领域都需要融入和服务北京开放发展新格局。为了大力推动教育的改革开放，北京市教委出台了《教育领域开放改革三年行动计划》，其中在基础教育阶段的重要政策取向就是加大国际教育资源供给力度，为国际人才和引进人才提供宜居宜业的国际化环境。

一是国际学校布局全面优化。充分利用市级统筹建设的优质校资源发展国际教育，支持重点地区根据需求新建一批国际学校。支持设有高中部的5所市建共管学校和7所市建区办学校实施高中中外合作办学项目。在中关村科学城、怀柔科学城、未来科学城和北京经济技术开发区等引进人才密集地区和海淀区、朝阳区等重点区域新建一批国际学校。目前，北京国际学校数量明显增加，呈现以朝阳区、海淀区等重点区域为中心不断向外扩大的趋势，其中朝阳区和大兴区是新增国际学校数量最多的区域，其次是海淀区、怀柔区和通州区，最后是东城区、西城区、丰台区、房山区、石景山区、昌平区。北京国际学校不仅覆盖区域更广、教育对外开放程度更深，布局也更为合理，各区的相关教育资源较以往更为均衡。

二是国际教育资源品质持续提升。大部分新建学校都受到了优质资源的支持，纷纷与现有办学项目开展合作，力求发挥已有优质资源在推动新一轮国际教育发展方面的辐射和引领作用。此外，由于市级的政策导向，国际学校之间的差异化竞争也有所增强，不少学校主动提高自身办学品质。例如，顺义区积极鼓励国际学校提供多语言、多类别国际课程，支持国际特色民办学校加强课程融合创新和人才贯通培养，以满足多元化、个性化国际教育需求。

三是国际教育资源支持政策有所突破。北京试点将外籍人员子女学校审批权限下放至区级教育行政部门。首次在全国范围内放宽外籍人员子女学校的开办者限制，允许我国社会组织和个人开办。

（二）以教育数字化赋能教育创新发展

近年来，以5G、人工智能、大数据等为代表的新一代信息技术正以惊人的速度向社会各领域全面渗透。"互联网+教育"的跨界融合也在推动信息技术不断融入教学、管理、评价等教育领域内的关键性业务。"十四五"以来，北京教育决策部门主动捕捉技术变革新机遇，深入实施国家教育数字化战略行动和《北京市"十四五"时期智慧城市发展行动纲要》，将加快推动数字化转型作为支撑教育高质量发展的基础性、先导性举措，以期推动教学、管理与服务体制的变革。各区普遍高度重视推进本地区的教育信息化发展，经过不断探索与实践，在利用教育数字化促进教育教学模式变革、提升育人质量、提高教育治理水平等方面已经形成一定的路径。

1. 进一步加大统筹力度

各区针对"十四五"教育现代化发展新要求、新任务，持续强化教育信息化建设的顶层设计和统筹领导。例如，西城区成立了区教育网络安全和信息化工作领导小组，东城区也强调统筹推进全区信息化建设，海淀区成立了互联网研究院，这种统筹体现出教育信息化有谋、有序、有力发展的特征，上接城市和区域的总体信息化战略，下应基层发展中的实际问题与需求，注重加强各层级、部门之间的纵横联动，构建多主体参与、全面协同的发展体系。

2. 加速升级数字教育基础设施建设

打造适应教育高质量发展的数字教育基座是各区"十四五"时期的重要任务，主要聚焦加快学校基础网络、数字资源、信息系统的建设。各区都在推进学校网络带宽千兆入校、百兆入班、无线网络全覆盖，加强教育城域网、云计算中心等基础设施建设，从而增强教育网核心交换能力和承载力，形成更加集约化、规模化的发展模式。信息社会正在进入智能化时代，西城区、东城区、海淀区等一批发展基础较好的区域在"十四五"时期不约而同地着力搭建"智能+"数据教育基座，筹建本区域教育大数据中心，形成学校、师生数字档案和全息画像，推进教育数据的深度利用和互联互通，积极探索利用人工智能技术不断拓展大数据应用场景，为决策机构、师生、家长等提供科学统筹与决策、个性化支持和精准化服务。

3. 信息技术深度赋能育人能力提升

一是重视提升师生的信息素养。各区积极跟进市级部署，组织校长等参加信息化培训，全面提升学校管理者的数字教育领导力。按市级要求实施中小学教师信息技术应用能力提升工程2.0，将线上的市级课程与线下的校本研修相结合，基于课堂应用需求，提升教师信息化教学能力，要求教师不仅要掌握信息技术的基本常识，更要具备熟练利用信息技术学习、教学的能力，从而促进信息技术与教育教学融合创新发展。为了取得更好的培训效果，一些区将信息技术培训与相关课题研究、教研活动相结合，提高了教师的持续参与度和实践性；海淀区、东城区、西城区等区还尝试建立基于人工智能技术的教师研训系统。2022年3月，教育部发布了义务教育课程方案和信息技术等16个课程标准，将信息技术课程正式纳入了义务教育体系，信息技术正成为北京中小学生必修的科目之一。北京各区开设信息技术课程的小学也越来越多，有些区从小学三年级就设置了信息技术课程，与以往的计算机课程相比，新的信息技术课程将编程和人工智能等作为核心内容之一。除了开设信息技术课程外，不少区还在课后服务的兴趣班、社团活动中为学生提供提升信息技术能力的机会。

二是大力推进智慧校园建设与应用。"十四五"时期，北京提出要制定智慧校园建设评估标准，开展智慧校园达标评定，全市中小学智慧校园达标率达到85%，遴选100所新型智慧校园示范校。各区都开始建设中小学智慧校园，建设内容主要包含智能环境、应用融合创新、学校教育数据及应用、互联网服务及应用、数字素养与技能、保障及运行服务、数字资源、信息安全与可信环境、信息化特色发展等9个部分，重点突出共建共享和智慧应用。2023年10月，北京评定首批智慧校园示范校，其中包括36所中小学。这些示范校开发了一批具有北京特色、亮点突出的数字教育应用场景，探索利用新技术赋能新一代学习环境，有利于全面服务学生的高质量学习和成长，其中海淀区、东城区、西城区、朝阳区等中心城区的学校居多，大兴区、怀柔区、昌平区等远郊区也有学校入围。近年来，海淀区已完成近1万间智慧教室的升级改造，约占教室总量的90%，每间教室拥有互动触控一体机、"双师课堂"教学系统等，具备录音、扫描、互动、共享等功能，满足网络课堂及空中课堂的各种需求。海淀区、东城区等区还开展了"未来学校""互联网学校""人工智能教学联合实验室"等试点建设，探索人工智能时代数据驱动、自适感应、泛在互联的教学互动空间新形态，包括交互工具、数字学伴、教学助手等，开放课堂、贯通课程、突破边界，打造以支持学生个性化学习服务为中心的智能、开放、集成的虚实结合空间，未来将逐步探索构建基于人工智能的数字孪生新校园，试点5G网络、物联感知在重点活动场所的全覆盖。

三是加快推进信息技术与教育教学的深度融合。各区积极强化优质数字资源共享与供给能力，推进本区域教育公共资源平台建设，形成与国家、市教育资源平台的互联互通。区级教育资源平台既有以区级录播课为主的模式，也有搭建拓展性资源管理平台的探索。例如，海淀区中小学教育资源平台在成立之初即涵盖人文、科学、信息、学科、综合五大资源库，资源库下设86个拓展性、探索性资源子库，课程包括教师自行开发生成的课程、购买的社会机构优质课程、国家级教育资源平台或其他专业教育资源平台的课程。一些区域利用自身资源优势开展了"云帮扶"，为京内外受援地区提供优质教育资源远程服务。推动学校广泛应用信息技术开展教育教学，持续优化"空中课堂"，积极探索"融合课堂"，远郊区普遍推广"双师课堂"；将智能助教融入教学环境，支持教师备课、教学、作业批改等；利用信息技术推进教育评价改革，如海淀区、东城区、西城区等区尝试通过伴随式数据采集，对学生开展德智体美劳全要素综合评价。

4. 以信息技术促进教育管理与服务更加精准便捷

北京要求各区在"十四五"时期加快推进各级各类教育信息系统的深度整合，支撑教育管理流程优化与业务协同。为此，各区都在因地制宜地推

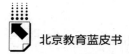

进教育管理流程向智能化转型，探索教育数据在校园安全预警、招生与学位管理、信息安全管控、校际协作、考试与评价等多方面的场景应用，推动教育服务事项"网上办、掌上办、指尖办"，提升"接诉即办"和政民互动信息化支撑能力，以数据辅助决策，提高管理效能。以东城区为例，该区搭建了具有开放、融合、共享特征的区教育大数据中心，成立区教育大数据治理工作推进小组，出台数据管理规范，建立"互联网+"数据汇聚机制，教育大数据实现有效互联互通。2022年，东城区继续推进人工智能与教育管理、教育公共服务的深度融合创新，打造教育智能治理体系；建立一个"汇管用评"大数据新平台，实现数据汇聚、管理、使用全闭环；打造智能服务新管理、统筹共治"双减"新机制、数据驱动新评价等一系列智能教育治理创新应用场景，推动数据赋能教育治理全环节[①]。海淀区也在构建大数据支撑下的"教育大脑"服务系统，该系统能够为全区教育资源公共服务体系、教育管理公共服务体系、智慧教育生态体系提供立体化、高速、安全、彼此联通的专用网络和强大灵活的云计算、云存储、云服务能力，有力推进了教育治理、政务服务、办学发展管理等各项业务的高质量发展。

参考文献

《北京市"十四五"时期教育改革和发展规划（2021—2025年）》，中国政府网，2021年1月6日，https://www.gov.cn/xinwen/2021-10/06/content_5641123.htm。

《科技赋能教育！〈北京教育信息化"十四五"规划〉要点来了》，"北京教育融媒体中心"百家号，2022年3月15日，https://baijiahao.baidu.com/s?id=1727369844701517029&wfr=spider&for=pc。

周林等：《人工智能助推教育数字化转型可持续生态建构实践——以北京市东城区为例》，《中国教育信息化》2023年第6期。

《与教育规律同向而行，海淀教育信息化之路未来可期》，《新京报》2022年10月

---

① 周林等：《人工智能助推教育数字化转型可持续生态建构实践——以北京市东城区为例》，《中国教育信息化》2023年第6期。

25 日。

《发布智慧校园建设规范 推进教育数字化转型 数字教育大会助推首都教育高质量发展》，《北京考试报》2023 年 5 月 10 日。

《北京集团化办学进程按下"加速键"海淀东部再添集团成员校》，"中国网"百家号，2023 年 5 月 17 日，https：//baijiahao. baidu. com/s？id = 1766071891069024889&wfr = spider&for = pc。

《开学在即！北京多区教育新看点来了》，"京城教育圈"微信公众号，2023 年 8 月 26 日，https：//mp. weixin. qq. com/s/xQIdFWGSiLFVWHLDobvZnQ。

B.12
北京市民办教育法规修订若干问题研究

刘　熙*

摘　要： 北京市民办教育法规修订需要遵循上位法，同时要参考国家相关政策文件精神。新修订的《中华人民共和国民办教育促进法》提出民办教育分类发展新格局，过去几年党中央和国务院出台了一系列涉及校外培训机构治理、民办幼儿园去资本化、义务教育阶段民办学校规范管理等的政策文件，提出教育强国战略，对民办教育发展提出了更高要求。北京市民办教育法规修订要突出地方特色、适应首都社会经济发展、符合首都城市功能战略定位，以促进首都民办教育高质量发展，增强修法的针对性和可操作性。本报告探讨了一些具体的制度建设问题，包括制度设计定位问题、校外培训机构治理问题、非营利性民办学校举办制度问题等。

关键词： 民办教育　地方法规　法规修订　北京市

　　《北京市实施〈中华人民共和国民办教育促进法〉办法》（以下简称《北京办法》）是根据 2002 年 12 月 28 日全国人大常委会通过的《中华人民共和国民办教育促进法》制定的，于 2006 年 11 月 3 日由北京市人大常委会通过。《北京办法》已实施十多年，已经不能适应新的民办教育发展形势以及"双减"政策对校外培训机构治理的需要。北京市人大常委会 2022 年和 2023 年工作计划均要求对北京市民办教育法规修订进行研究论证。

---

* 刘熙，北京教育科学研究院助理研究员、教育发展研究中心副主任，主要研究方向为民办教育政策法律。

一 政策法制背景

地方立法必须遵循法制统一原则，即本区域的法规制度不得与宪法、法律和行政法规相抵触。此次修法的主要动因是上位法的修订，因此，北京市民办教育法规的修订必须确保与上位法的一致性，必须体现上位法的核心精神和立法宗旨，同时要避免法律表达上的简单重复，应该充分利用上位法赋予的立法空间，将原则性的规定精细化和具体化，使之更具针对性和可操作性。另外，民办教育政策性很强，过去几年国家和北京市出台了一系列政策规范各级各类民办教育学校。修法需要处理好政策和法制之间的关系，具有规律性和长期性的民办教育政策可以纳入法规修订的范围，经过论证并经立法机关决议通过后成为法律制度。

（一）分类管理新格局

修订前的《中华人民共和国民办教育促进法》以举办者是否要求"合理回报"为标准区分民办学校类型，这种制度设计在实践中带来很大争议。经过反复研讨，2010 年，国家提出要从营利性与非营利性的角度探索民办学校分类管理①。2015 年 12 月全国人大常委会做出决定，删除《中华人民共和国教育法》第 25 条和《中华人民共和国高等教育法》第 24 条关于"不得以营利为目的"的内容。2016 年 11 月全国人大常委会做出决定，删除《中华人民共和国民办教育促进法》关于"合理回报"的内容，正式确立民办学校营利性和非营利性分类管理制度（新《中华人民共和国民办教育促进法》第 19 条）。2021 年 4 月国务院公布的《中华人民共和国民办教育促进法实施条例》（以下简称《实施条例》）进一步细化了两类民办学校在土地、财税、金融等方面的差别化扶持政策。

---

① 《国家中长期教育改革和发展规划纲要（2010—2020 年）》，中国政府网，2010 年 7 月 29 日，https：//www.gov.cn/jrzg/2010-07/29/content_1667143.htm。

按照分类管理精神，需要删除现行《北京办法》以举办者是否要求"合理回报"为标准对民办学校实施的优惠政策（第 35 条），明确只有非营利性民办学校在税收、用地上享受与公办校同等的待遇，鼓励和支持非营利性民办学校保障教师待遇。同时，鉴于现有民办学校（2016 年 11 月 7 日前设立的民办学校）是北京市民办教育发展的中坚力量，举办者选择将其登记为非营利性民办学校的，为鼓励举办者坚定信心，持续办好非营利性民办学校，有必要将《北京市民办学校分类登记办法》关于学校终止办学时出资人补偿或奖励的规定上升至地方法规层次①。

（二）综合治理举措

过去几年，党中央、国务院和教育部对各级各类民办学校进行了治理，出台了一系列政策和规范性文件。一是校外培训机构治理。2021 年 7 月，"两办"印发《关于进一步减轻义务教育阶段学生作业负担和校外培训负担的意见》（以下简称"双减"意见）。随后，国家就校外培训机构治理出台了一系列文件，建立了学科类与非学科类培训分类管理、线上培训由备案改为审批、对学生的预收费管理、培训材料和从业人员管理等制度。2023 年 8 月 23 日，教育部颁布《校外培训行政处罚暂行办法》，对擅自举办培训机构、擅自有偿开展学科类"隐形变异"培训、培训内容存在影响未成年人身心健康、从业人员不合格、培训机构拒不执行预收费有关规定、擅自组织"黑竞赛"等行为进行处罚，增强了"双减"意见及其配套文件的权威性。二是民办幼儿园去资本化政策。新修订的《中华人民共和国民办教育促进法》颁布后，民间力量可以举办营利性幼儿园，社会资本大规模收购民办

---

① 《北京市民办学校分类登记办法》第 21 条规定："给予出资者相应补偿或奖励遵循下列原则：补偿或奖励数额不应超过 2017 年 8 月 31 日时学校法人名下的净资产扣除国有资产、社会捐赠资产之后的数额的 30%，其中出资者已获得合理回报的，应再做相应扣除；2017 年 9 月 1 日以后出资者的投入和新增办学积累不再作为补偿或奖励的参考依据；确定补偿或奖励数额，应在学校终止时由学校决策机构作出决议，并经审批机关和登记管理机关同意，在学校资产依法清偿其他债务以及扣除国有资产和社会捐赠资产之后仍有剩余的前提下，向出资者一次性给付。"

幼儿园，在美国上市的某幼儿园虐童事件更是触动了社会敏感的神经①。2018 年 11 月发布的《中共中央、国务院关于学前教育深化改革规范发展的若干意见》明确规定了社会资本不得通过各种方式控制非营利性幼儿园以及国有资产或者集体资产举办的幼儿园，民办幼儿园资产不能上市，上市公司不能投资营利性幼儿园，也不能购买营利性幼儿园资产。三是义务教育阶段民办中小学实行"公民同招""摇号入学"政策②。这些规定一方面缩小了义务教育阶段民办学校的招生范围，另一方面对其招生方式等进行了重大调整，必然会对民办中小学的办学产生重大影响。民办中小学履行公共责任无可厚非，但应该有配套的资助扶持政策，否则有的民办学校将难以为继。

结合国家对民办教育的治理政策，地方政府在落实国家要求的过程中因地制宜地采取相应措施。比如，有的地方政府要求义务教育阶段民办学校"公民同招"，同时政府采取购买学位的形式给予学校扶持③。这样的政策组合较为合理，《北京办法》修订时可以参考借鉴。

（三）教育强国战略

党的十八大以来，加快教育现代化、建设教育强国是党中央做出的重大战略决策。高质量是各级各类学校发展的生命线，政府要构建高质量教育体系，加强拔尖创新人才自主培养④。《中华人民共和国民办教育促进法》第 3 条规定，民办教育事业属于公益性事业，是社会主义教育事业的组成部分。在新的历史背景下，民办教育应当紧跟国家战略，谋求高质量发展，为推动国家经济社会发展做出应有贡献。应当促进校外培训机构转型升级，开辟新

---

① 《北京红黄蓝幼儿园虐童案一审有果》，人民网，2018 年 12 月 29 日，http：//legal. people. com. cn/n1/2018/1229/c42510-30494802. html。

② 《中共中央　国务院关于深化教育教学改革全面提高义务教育质量的意见》，求是网，2019 年 7 月 8 日，http：//www. qstheory. cn/yaowen/2019-07/08/c_1124725794. htm。

③ 《广州市购买民办义务教育学校学位服务实施意见》，广州市教育局网站，2022 年 7 月 5 日，https：//www. gz. gov. cn/gfxwj/sbmgfxwj/gzsjyj/content/post_8392681. html。

④ 《习近平在中共中央政治局第五次集体学习时强调　加快建设教育强国　为中华民族伟大复兴提供有力支撑》，央广网，2023 年 5 月 29 日，http：//news. cnr. cn/native/gd/sz/20230529/t20230529_526268435. shtml。

优势、挖掘新赛道，优化校内教育与校外教育、线上教育与线下教育协调发展的教育生态。民办教育要发挥机制灵活、资源丰富、课程更新快的优势，加强科学教育和拔尖创新人才培养；要发展素质教育，着力提供差异化、多元化、特色化教育服务，让每个孩子出彩，促进北京教育优质公平发展。

二　地方特色体现

地方立法要突出地方特色，既要适应北京经济社会和教育发展要求，也要满足首都城市功能定位，同时要充分反映首都民办教育治理实践。

（一）适应经济社会发展需要，修法要推动民办教育高质量发展

地方立法要适应经济社会发展和全面深化改革要求，发挥立法的引领、推动、规范和保障作用。我国民办教育是伴随国家改革开放政策发展起来的，北京也不例外。随着1977年国家恢复高考和商品经济的发展，私人举办文化补习和职业培训机构蔚然成风。早在1981年，北京市就颁布了《北京市私人办学暂行管理办法》，对私人办学行为进行规范。20世纪80年代民办大学的出现促使无数青年追求大学梦，20世纪90年代民办中小学"百花齐放"，21世纪伊始民办幼儿园纷纷开办。信息化是教育现代化的基本特征之一，20世纪90年代互联网兴起后，"互联网+教育"受到社会资本关注，从教育类网站发展到在线教育"双师课堂"，在线教育呈现"爆发式"增长。新冠疫情发生后，在线教育成为疫情防控期间学生学习的首选方式，也为在线教育的发展提供了契机。"双减"意见出台以后，北京民办在线教育机构纷纷转型升级，结合最新的人工智能、元宇宙等技术，大力开发素质类课程，教育方式更加个性化和互动化，教育成本也越来越低廉。总之，北京市民办教育经过40余年的发展，已涵盖学历教育与非学历教育、学前教育到高等教育、线上教育与线下教育，已经成为首都教育事业的有机组成部分。截至2022年底，北京市民办幼儿园和学历教育学校数量为1217所，占全市同级同类学校总数的33.53%；在园幼儿和在校生达362790人，占全市

同级同类学校在校生总数的 9.00%。除此之外，北京市另有民办其他高等教育机构 64 所、民办职业技术培训机构 675 所①。截至 2022 年 6 月 30 日，北京市有学科类校外培训机构 319 家、学科类校外线上培训机构 10 家、非学科类线上线下培训机构若干家。民办教育在扩大教育资源总量，丰富教育资源类型，提高教育普及水平，为社会提供多样化、选择性教育服务及扩大就业等方面发挥了积极作用。

《北京市国民经济和社会发展第十四个五年规划和二〇三五年远景目标纲要》提出到 2035 年北京要率先基本实现社会主义现代化，《首都教育现代化2035》提出到 2035 年北京要实现教育高水平现代化。教育是社会主义现代化建设的重要支撑，北京对首都教育发展提出更高要求，民办教育也需要与时俱进。未来，首都教育现代化建设会面临各种挑战，人口波动就是其一。我国 2016 年1 月 1 日实施新的计划生育政策，全面放开"二胎"限制，6~7 年以后，当年的婴幼儿正是读小学的年龄。2023 年 9 月北京市入学新生达到 24 万人，比上年增加 6 万人，但同年北京市新生幼儿大幅减少，对未来首都教育资源布局提出了挑战。面对这些挑战，公办和民办教育要协同发展，既要发挥公办学校的中坚作用，也要利用民办学校机制灵活的优势，共同应对。北京市民办教育法规修订应当引领和推动民办学校高质量发展，保障民办学校办学自主权，规范民办学校办学行为，促进民办教育健康发展，助力首都教育现代化高水平发展。

（二）符合首都城市功能战略定位，增强修法的针对性

2017 年 9 月，北京市制定了新的城市规划，明确了首都"四个中心"城市战略定位②，促使民办教育发生结构性变化。在高等教育方面，民办高校需要适应首都城市功能战略定位，走内涵式发展道路。在规模扩张和

---

① 《2022—2023 学年度北京教育事业发展统计概况》，北京市教育委员会网站，2023 年 3 月 20日，http://jw.beijing.gov.cn/xxgk/shujufab/tongjigaikuang/202303/t20230317_2938666.html。
② 针对教育领域，《北京城市总体规划（2016 年—2035 年）》规定："疏解部分普通高等学校本科教育、中等职业教育、以面向全国招生为主的一般性培训机构和具备条件的文化团体。严禁高等学校扩大占地规模，严控新增建筑规模，严控办学规模。"

"以学养学"的发展模式难以为继的情况下，政府应该加强财政扶持，引导存量民办高校特色优质发展。例如，重庆已经建立民办高校财政生均经费补助制度，2021年政府向辖区内9所民办本科和独立学院、20所民办高职发放财政补贴资金4.2亿元[①]。北京要建设科技创新中心，可以拓宽民办高校投融资渠道，以政府资金撬动社会资本投资符合首都新发展格局的校企合作项目，支持紧缺专业人才培养。其他民办高等教育机构发展规模不可避免地要大幅萎缩，不少机构面临生存危机，政府需要建立健全退出机制，避免出现群体性事件。在基础教育方面，民办幼儿园数量较多，以非营利性和普惠性为主。随着北京幼儿人口波动，民办幼儿园面临市场竞争压力，要引导幼儿园调整发展策略，同时探索托幼一体化发展。民办义务教育学校要探索创新，在教育理念、学校文化、素质教育、拔尖创新人才早期培养等方面形成特色。国家鼓励举办多样化的高中[②]，北京应当积极响应政策号召，举办国际化特色高中、科技高中、艺术高中和综合高中，以满足人民群众多元化和个性化的教育需求。在非学历培训教育方面，学科类校外培训机构在"双减"意见背景下受到严格监管，职业资格、职业技能培训与素质类文化培训作为新型服务业将迎来更大的发展机遇。北京具有教育高地和科技中心的优势，北京在线教育机构数量多、体量大，在全国具有较大影响力。这些机构既符合北京全球数字经济标杆城市建设定位，也符合智慧教育发展的趋势，可以在总结实践的基础上探索如何引导这些机构更好发展。

事实上，现行《北京办法》对本市民办教育也进行了定位，即要坚持"适应需求、适度规模、优化结构、提高质量"的原则（第4条）。北京市政府2018年出台的《关于鼓励社会力量兴办教育促进民办教育健康发展的实施意见》对北京市民办教育发展思路进行了微调，提出"服务北京、优

---

① 《重庆市财政局　重庆市教育委员会关于下达2021年民办高校财政生均经费补助资金预算的通知》，重庆市教委网站，2021年7月15日，http：//czj. cq. gov. cn/zwgk_268/zfxxgkm l/zcwj/qtwj/202107/t20210715_9478454. html。

② 《教育部　国家发展改革委　财政部关于实施新时代基础教育扩优提质行动计划的意见》，教育部网站，2023年8月16日，http：//www. moe. gov. cn/srcsite/A06/s3321/202308/t20230830_1076888. html。

化结构、提高质量、规范发展"的工作思路①，以便更加符合首都城市功能战略定位。此次修法可以依据北京市政府文件对现行《北京办法》相关条款进行调整。

（三）反映首都民办教育治理实践，增强修法的可操作性

现行《北京办法》对北京市民办教育发展进行了全面规范，全文共 42 条，规定了 5 方面的内容。一是明确了首都民办教育发展定位，既要保障和促进民办教育健康发展，也要对民办学校加强管理和规范，逐步形成公办教育与民办教育共同发展的格局；二是完善政府鼓励和支持政策，如给予符合条件的民办学校资助或者其他政策支持，设立民办教育发展专项资金，建立对民办学校的奖励制度，政府协议委托并拨付相应经费，政府在税收、土地、水电气供应等方面对民办学校与公办学校一视同仁；三是落实公办、民办教育平等待遇，在教师培训、职称评定、教职工与学校争议解决等方面进行具体规定；四是规范民办学校办学行为，涉及教学地点、内部决策与行政管理、教育教学管理、学籍与学生档案、校园安全管理等方面；五是加强政府监管，规定了教育督导、质量评估和信息公开等制度。《北京办法》为首都民办教育高质量发展奠定了基础，规定了民办教育高质量发展举措。

在《北京办法》的指引下，北京市民办教育取得了长足发展，也积累了丰富的管理和办学实践经验。政府建立民办教育促进政策（如政府购买服务、民办高校引导性资金、闲置国有资产租赁、小区配套幼儿园减免租金、税费减免、表彰奖励等措施），完善民办教育监管制度（如民办学校办学水平评估、年检、民办高校督导员等制度）。北京市民办学校在学校管理和教育教学方面创新发展，在办学理念、校园文化、课程建设、学校法人治理探索等方面取得了一定成效。但同时，北京市民办教育存在一些突出问题和矛盾，如首都城市功能战略定位与民办学校总体办学水平不高之间的矛盾、差别化扶

---

① 《北京市人民政府关于鼓励社会力量兴办教育促进民办教育健康发展的实施意见》，北京市人民政府网站，2018 年 11 月 29 日，https：//www.beijing.gov.cn/zhengce/zfwj/zfwj2016/szfwj/201905/t20190522_61648.html。

持政策不完善与优惠政策落实不到位问题、现代学校制度建设要求与民办学校法人治理机制不完善之间的矛盾、民办学校可持续发展与资产财务制度不完备之间的矛盾、民办学校质量提升与教师队伍不稳定之间的矛盾、民办学校办学行为不规范与学生权益保障问题。另外，北京市在校外培训机构治理方面积累了丰富的实践经验，建立"双减"工作联席会议机制，加强办学许可证管理，明确校外培训的规范标准，出台广告治理、资金监管、风险防范、"营转非"、"备改审"等配套方案，以政策突破解决治理难题，形成了相对完整的政策体系。修订《北京办法》，在已有政策实践中有针对性地完善北京市民办教育法律制度，是推动北京市民办教育可持续发展的重要保障。

三　制度建设问题

民办教育地方修法要遵循上位法，符合经济社会趋势，体现地方特色，这些修法原则都需要通过具体制度建设体现。

（一）制度设计定位问题

制度颗粒度是指制度设计的疏密程度，制度颗粒度稀疏表明制度设计宏观、抽象，制度颗粒度细密表明制度设计微观、具体。民办教育法规修订的制度颗粒度疏密程度与民办教育发展历史和现实情况紧密相关。我国是发展中国家，民办教育也处在初级发展阶段，正由规模扩张向内涵式发展过渡。新修订的《中华人民共和国民办教育促进法》共 67 条，涉及立法目的，民办教育性质、定位，民办教育管理职责划分，民办学校设立，民办组织与活动，民办学校资产与财务管理，民办学校变更与终止，教师与受教育者权益，民办学校监管和扶持，奖励及法律责任等内容。与日本《私立学校法》、中国台湾《私立学校法》、新加坡《私立教育法 2009》、中国香港《教育条例》相比，《中华人民共和国民办教育促进法》内容全面，但制度颗粒度较为稀疏，具有过渡性质。

以民办学校决策制度为例，《中华人民共和国民办教育促进法》仅 3 个条款与民办学校决策制度有关，涉及决策机构的设立（第 20 条）、人员组成

（第 21 条）、职权（第 22 条），《实施条例》补充规定了决策机构负责人任职资格（第 25 条）；决策机构临时会议、重大事项议事规则（第 26 条）；决策机构组成人员法律责任（第 62 条）等内容。《中华人民共和国民办教育促进法》及《实施条例》仅就民办学校决策活动制定了基本规范，而对如何处理实践中决策机构运行过程出现的各种问题，如民办学校董事会成员出现矛盾纠纷、董事会无法运作甚至严重影响学校运行却没有涉及，政府主管部门因为没有明确的法律条款授权而难下定论。我国台湾地区 2004 年修订的《私立学校法》对学校法人决策制度的规定较为详细。在学校法人设立阶段，捐助章程应规定董事、董事长、董事会运作事项（第 10 条）；依捐助章程所定董事报法人主管机关核定后 30 日内，由创办人聘任，召开董事会成立会议，并推选董事长（第 12 条）。在法人登记阶段，学校法人在第一届董事长产生后 30 日内由董事长在当地法院登记为财团法人（第 13 条），创办人应当在规定期限将筹设学校法人之一切事项移交第一届董事（第 14 条）。学校法人正式成立后，《私立学校法》第 15~33 条规定了学校法人董事会董事总额与董事长设置、董事回避、创办人董事及其董事资格丧失、不得充任董事的 4 种情形，还涉及董事换届与临时董事选任程序、董事长与董事解任情形、董事会及其董事长和董事违法解任与临时董事选任、董事长和董事出缺与补选、董事会无法召开时临时董事选任、董事长和董事不得兼任校长、董事出席费与交通费支付、董事会决议规则、董事会决议无效及其撤销等内容。《私立学校法》第 77 条、80 条还规定了董事长、董事因不当行为受处罚的情形。《私立学校法》不仅规定了董事会的基本规则，也对董事会运作中可能出现的异常情形进行了规定，对学校创办人、董事长和董事以及政府主管机关具有较强的指引和规范作用。

《北京市制定地方性法规条例》第 9 条规定："地方性法规设定法律规范，应当明确、具体；对法律、行政法规或者本市其他地方性法规已经作出明确规定的内容，一般不作重复性规定。"此次北京市民办教育法规修订的颗粒度问题需要着重考虑，在对照上位法进行一致性修订时，也要重点针对北京市民办教育发展过程中的突出问题进行规范，将办学和管理实践中比较成熟的经验转化为法律制度，使制度颗粒度更加细密，增强制度的可操作性；有的问题尽管比较突出，但还没有成熟的政策规范，法律制度设计可以稀疏一点，待今后政策实践案例较为丰富时再进一步细化。就目前情况而言，北京市民办教育发展定位、现有民办学校登记为非营利性民办学校终止时财产处置、民办学校收费、校外培训机构治理、民办高校年检评估等内容可以规定得更详细一些。针对北京比较突出的问题，可以借鉴国内外比较成熟的制度，如民办高校决策机构运行制度、民办学校学费保护制度、民办学校教师退休养老制度、民办学校资助扶持制度、区域民办教育基金会制度等，由政府相关部门制定实施细则。

（二）校外培训机构治理制度设计

在"双减"意见背景下，校外培训机构治理的重要性凸显。2018 年 8 月 10 日司法部发布的《中华人民共和国民办教育促进法实施条例（修订草案）（送审稿）》将《中华人民共和国民办教育促进法》第 12 条规定的"其他文化教育的民办学校"界定为"培训教育机构"，试图增加培训教育机构市场准入、行业自律、在线培训等内容。由于相关内容政策不明朗、争议较大，正式修订的《实施条例》删除了相关条款。"双减"意见明确了校外学科类培训机构和非学科类培训机构的分类管理，其中学科类培训机构登记为非营利性法人，由教育行政部门审批监管。目前争议比较大的是非学科类校外培训机构由谁审批、如何监管①。各地实践操作也有差异。例如，上海、重庆、甘肃、河北等地的非学科类校外培训机构由教育行政部门审批；安徽、广西、四川、青海等地由各行业主管部门审批；广东、湖南等地由行业部门与教育部门联合审批，山东、江苏等地则由行政审批局负责审批。

有人认为，科技、体育、艺术等非学科类校外培训机构属于《中华人民共和国民办教育促进法》第 12 条规定的"其他文化教育的民办学校"，

---

① 《关于进一步减轻义务教育阶段学生作业负担和校外培训负担的意见》第 13 条规定，对非学科类培训机构，各地要区分体育、文化艺术、科技等类别，明确相应主管部门，分类制定标准、严格审批。

理应由教育部门审批。既然上位法已经规定了行政许可，地方法规只能设定具体的行政许可程序。为了充分利用现有行政机关资源，提高行政效率，根据《中华人民共和国行政许可法》第 24 条规定，教育行政部门可以将行政许可委托非学科类培训机构业务主管部门实施，但是受委托的行政机关要以委托机关的名义实施行政许可，教育行政部门要监督受托行政机关的行政许可行为，并对该行为的后果承担法律责任。就北京实际而言，非学科类培训机构可以实行教育部门和行业主管部门联合审批、行业主管部门监管的机制。原因有以下三方面。一是北京非学科类培训机构数量庞大，据不完全统计有 7000~8000 家，而且种类繁多，仅由教育部门单独审批、监管难度较大；二是有些培训项目如编程培训难以明确区分是科学类还是夹杂学科类培训，联合审批有利于辨析培训类别，明确监管部门和监管责任；三是非学科类培训机构往往登记为营利性培训机构，这些机构按照市场机制运作，在监管模式上与教育部门审批、监管的学科类培训有所不同，作为法人登记机关的市场监管部门可以发挥更大的作用，与行业主管部门共同规范培训秩序。

（三）非营利性民办学校举办制度探讨

我国民办学校法人制度是随着《中华人民共和国民法总则》和《中华人民共和国民法典》的研制和颁布而定型的，非营利性民办学校法人的内涵和外延也得以明确。根据《中华人民共和国民办教育促进法》的规定，非营利性民办学校取得办学许可证后，还要在登记机关进行法人登记。实践中，非营利性学校一般登记为民办非企业单位法人，个别学校登记为事业单位。民办非企业单位法人属于《中华人民共和国民法典》第 87 条规定的非营利性法人。捐助法人设立有两个必要条件，即公益目的和捐助财产，法人剩余财产不得分配[1]。《中华人民共和国民办教育促进法》关于非营利性民

---

① 《中华人民共和国民法典》第 95 条规定："为公益目的成立的非营利法人终止时，不得向出资人、设立人或者会员分配剩余财产。剩余财产应当按照法人章程的规定或者权力机构的决议用于公益目的；无法按照法人章程的规定或者权力机构的决议处理的，由主管机关主持转给宗旨相同或者相近的法人，并向社会公告。"

办学校的规定与《中华人民共和国民法典》完全一致。根据《中华人民共和国民办教育促进法》的规定，非营利性民办学校和营利性的区别不在于民办学校是否有办学结余，而是学校的办学收益是否可以向举办者分配。非营利性民办学校举办者不得收取办学收益，学校的办学节余属于学校财产，由学校支配使用。对于非营利性民办学校终止时的剩余财产处置，《中华人民共和国民办教育促进法》要求将其移转到其他非营利性学校，继续用于办学。非营利性民办学校的制度设计是为了保障学校权益的完整性，便于吸引社会捐助资金和政府扶持鼓励，学校举办者和办学者致力于提高教育教学质量，培养高质量人才，从而提高国民整体教育素质。

我国非营利性民办学校可以由个人或者社会组织直接举办，社会组织需要具有法人资格，既可以是营利性法人，也可以是非营利性法人。由于举办动机各异，民办学校虽然定位为非营利性法人，但举办者可以通过关联交易等途径获得收益；另外，社会资金想对民办学校进行公益性捐赠，也难以获得税收抵扣优惠政策，影响社会捐赠的积极性。为了根除这种弊病，可以借鉴日本的经验。根据日本《私立学校法》的规定，日本私立学校由学校法人设立，学校法人必须拥有其设立的私立学校所需的设施和设备或者采购这些设施和设备所需的资金，以及其设立的私立学校经营所需的财产。从法律性质上讲，学校法人属于公益财团法人，是财产的集合，享受税收优惠政策，这种法律人格可以使学校法人更好地管理学校，专注为学生提供优质的教育资源和教学环境。作为地方立法，在制度设计上可以鼓励具有公益属性的基金会举办民办学校。个人和社会组织先将资产投入基金会，成为捐助法人。基金会由专业人士运营，并举办非营利性民办学校。西湖大学的设立就采用了这种模式，产生了良好的社会效益。根据《西湖大学章程》，西湖大学由杭州市西湖教育基金会举办。该基金会于2015年成立，为非公募基金会，主要功能是筹集社会捐赠资金，用于承担西湖大学的日常运行费用，涉及师资建设、学生发展、学科发展以及校园建设等方面。这种举办模式有利于学校筹集资金，保障非营利性民办学校的公益属性。

教育数字化的国际趋势
及对北京教育的启示

周红霞[*]

摘　要： 人类社会正从工业时代进入数字时代，数字技术正在迅速改变知识的创造、获取、传播、验证和使用，工业时代教育形态已无法适应社会发展需要。为何学习、如何学习、学习什么、在何时何地学习，需要重新构想。当前，世界各国都在积极部署教育数字化战略，国际组织也纷纷就教育数字化进行理念引领和政策引导，教育数字化转型成为教育发展变革的国际趋势。本报告通过分析各国的教育数字化战略和国际组织相关倡议，梳理了教育数字化顶层规划与系统设计的国际共同取向，总结了国际教育数字化政策与实践的关注重点，为以教育数字化推动首都教育深刻变革创新提供参考。

关键词： 教育数字化　国际趋势　北京

人类社会正在从工业时代进入数字时代。社会数字化转型是技术进步和生产力发展的必然趋势，也是新生产关系和人类命运共同体构建的基础。社会发展中教育的基础性、先导性、全局性作用，更加赋予教育数字化转型战略意义[①]。

---

[*] 周红霞，北京教育科学研究院教育发展研究中心副研究员，主要研究方向为比较教育与教育政策。

[①] 经济合作与发展组织编《教育数字化转型：人工智能、区块链和机器人技术如何赋能》，李永智主译，上海教育出版社，2023。

进入数字时代，工业时代教育形态已无法适应社会发展需要。为何学习、如何学习、学习什么、在何时何地学习，需要重新构想。联合国教育、科学及文化组织（以下简称"联合国教科文组织"）发布的《共同重新构想我们的未来：为教育打造新的社会契约》报告指出，教育在人类社会变革中发挥着根本性的作用。教育将人与世界、人与人之间紧密连接，为我们带来新的可能性，并增强我们开展对话和行动的能力。但要塑造和平、公正和可持续的未来，教育本身必须变革。

当前，世界各国都在积极部署教育数字化战略，国际组织也纷纷就教育数字化进行理念引领和政策引导，教育数字化转型成为教育发展变革的国际趋势。教育数字化转型，不是对传统教育细枝末节的改善，也不是局部技术应用的迭代升级，而是围绕理念更新和模式变革对教育进行整体性变革，因此需要做好顶层规划与系统设计，推动教育深刻创新。

一　教育数字化是全球教育变革新路径

放眼全球，联合国和世界很多国家、国际组织都在积极行动，普遍把教育数字化作为应对危机挑战、开启光明未来的重要战略，出台教育数字化发展规划，以数字技术赋能教育。教育数字化成为全球教育变革的共同选择。

2017 年 10 月，欧洲理事会呼吁培训和教育系统"适应数字时代"，同年 11 月的哥德堡峰会宣布实施一项专门的"数字教育行动计划"。迄今为止，欧盟已出台两份行动计划，分别为《数字教育行动计划（2018—2020）》和《数字教育行动计划（2021—2027）》。该计划提出了欧洲高质量、包容性和无障碍数字教育的共同愿景，旨在支持欧盟成员国的教育和培训系统适应数字时代。

2020 年 9 月，经济合作与发展组织（以下简称"经合组织"）提出了关于未来教育的 4 种图景，即学校教育扩展、教育外包、学校作为学习中心、泛在学习，并指出数字技术是这些图景实现的关键驱动因素，还发布了《经合组织成员国的教育数字化战略：探索关于数字技术的教育政策》报告，分析了各国教育数字化战略的优先事项和政策关注重点。

2022 年 9 月 16~19 日，联合国召开了"教育变革峰会"。新冠疫情引发了全球有史以来最严重的教育危机，阻碍了教育在公平与包容、质量方面取得的进展，此次峰会的召开就是为了应对全球教育危机。该峰会提出了五大行动领域，其中之一为"数字学习和转型"。联合国教科文组织、联合国儿童基金会及国际电联共同主办了"数字学习和转型"专题会议。专题会议的目的是：提供富有前景的创新解决方案、政策和举措；会员国和执行伙伴之间相互分享为推进数字学习而正在履行的承诺；呼吁其他会员国、执行伙伴、民间社会及私营部门进一步采取行动，确保数字学习成为公共产品。该专题会议指出，各国应当加强投资和行动，抓住数字革命的有利契机，充分利用数字技术的优势，转变教育和终身学习理念，使其更具包容性、公平性、有效性、相关性和可持续性。

2022 年 9 月 28 日，美国联邦教育部主办全国数字公平峰会，发布了《促进全民数字公平》指南，以指导制定有效的数字公平计划，弥合数字鸿沟，实现技术赋能学习。该指南指出，为了确保所有学习者公平地使用可靠、高速的宽带和技术工具进行学习，要充分考虑可访问性、可负担性和实效性这三大要素。该指南分析了实现数字公平的现有障碍，提出了克服障碍的相关策略并确定了关键行动步骤。

2023 年 1 月 27 日，法国发布的《2023—2027 年教育数字化战略》指出，数字化正在改变社会每个领域，数字技术在人们的工作和生活中发挥着越来越重要的作用，国家需要越来越多的数字专业人员，这是事关经济增长、创新乃至国家发展战略的关键问题。未来大多数学生将从事数字化职业，因此学校必须培养学生的相关素养和技能。该战略提出了一系列提升学生数字技能的举措，鼓励通过数字技术促进学生成功。

二 教育数字化需做好顶层规划与系统设计

联合国数字合作高级别小组在其《数字相互依存的时代》报告中就国

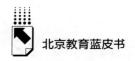

际社会如何共同努力优化数字技术的使用并降低风险提出了 5 方面的建议：建立一个包容的数字经济和社会；提高人力和机构能力；保护人权和人类自主性；促进数字信任、安全和稳定；促进全球数字合作。这些建议对于在教育领域应用数字技术具有重要的指导意义。

从各国的教育数字化战略和国际组织的相关倡议中可以梳理出进行教育数字化顶层规划与系统设计时的国际共同取向。

（一）惠及所有群体，确保数字学习机会公平

联合国的《我们的共同议程》《数字合作路线图》和联合国教科文组织的《重塑全球教育互联互通宣言》《共同重新构想我们的未来：为教育打造新的社会契约》等重要报告均明确，各国应充分利用数字技术，确保将教育作为一项基本人权和一项公共产品来提供，以回应国家和国际社会对优质教育和终身学习的诉求。推动教育数字化进程，应确保数字技术成为均衡器，充分利用数字技术为教育赋能，彰显教育作为全球公共利益的属性。数字学习倡议和实施策略从提出和设计开始就需面向最边缘的群体，让普遍可用的公共数字学习平台（包括网站、工具和应用程序等）提供丰富而有吸引力的内容，面向所有学习者、教师和其他教育利益相关者，特别要为因残疾、地理、冲突、贫困、种族或其他因素而处于不利境地的学习者扩大教育选择。

（二）基础设施建设与优质学习内容充分结合

加强基础设施建设并增强数字工具的连通性是为学习者在数字时代的生活和工作做好准备的关键步骤，因此要避免电力、设备和连通性不足，确保所有学校和个人都受益于优质互联网连接带来的教育优势。理想状态下，包括学校、家庭在内的广泛空间都应具备便捷高速的互联网连接。由移动网络和数字设备提供支持的学习方式为教育提供了更多可能性，不仅能为正式学习带来转变，也能促进非正式学习，帮助社会青年找到重返正规教育或增强职业能力的途径。在重视基础设施建设的同时，要特别加强软件即数字学习

内容的建设，当前许多国家仍然没有公开批准的公共数字学习平台，联合国教科文组织发布的《关于开放式教育资源的建议书》呼吁各国尽快建立与课程相一致的高质量教育资源公共数字学习平台，确保这些平台免费开放并满足语言和学习方法的多样化需求，积极为教师、学生及其家庭赋能。

（三）全面提升教师数字素养以及相关知识能力

教师的数字素养和技能是实现教育数字化转型的重要条件，也是影响教育数字化进程的关键方面，应当及时培养教师成为具备良好数字素养和相关知识技能的新型教师。经合组织 2021 年发布的《数字教育展望》报告强调，教师的数字技能不仅是掌握技术的能力，而且包括将数字技术、数字工具和数字资源融入教学法的能力。因此，要确保教师获得充分的培训和支持，提升教师在不同教学场景中合理使用数字技术、优化课堂教学的能力，并帮助学生掌握较高的数字技能。此外，学校领导者、教育官员和其他教育相关人员的数字能力建设也是数字教育的重要部分，要确保其拥有利用数字工具完善教学和提升教育管理水平的能力。

（四）充分建立风险防范机制，保障数据应用安全

《共同重新构想我们的未来：为教育打造新的社会契约》报告指出，数字化转型为教育开辟了新的富有希望的途径，但随之而来的风险也是多方面的：在数字空间里，学习的范围既能扩大，也能缩小；技术提供了新的权力和控制杠杆，既可以抑制，也可以解放；有了面部识别和人工智能，人们的隐私权边界将逐渐收缩。保护数据安全，避免隐私泄露的风险，是对学习者和教育者的数字福利、安全和权利的承诺。这需要建立强有力的隐私保障机制，强化数字伦理的责任担当，制定和执行完备的法规以确保数字空间的秩序，同时培训教师、学习者及其家庭安全、负责地使用数字平台和在线空间。

（五）积极协调和加强公私合作与国际合作

一方面，加强公私合作。教育数字化需要利益相关方的共同努力，虽

然各国政府处于核心地位，但私营部门以及民间社会等相关者的参与至关重要，因此要制定有效的政策，从一开始就应注重与私营部门、技术公司和民间社会的互动协作。另一方面，加强国际合作。数字平台和高质量学习内容的创建和管理为跨国合作提供了机会。虽然每个国家和国家内的区域都有独特需求，但通过共享和协调可以大幅节约成本。联合国教科文组织和儿童基金会发起了公共数字学习平台全球倡议，以描述和分析现有的公共平台和内容，帮助各国建立和完善公共数字学习平台，分享最佳实践并建立国际规范和标准以指导平台开发，从而推进国家和国际教育目标的实现。

三　教育数字化政策与实践的关注重点

（一）确保数字学习是一项公共产品

数字公共产品对于释放数字技术和数据的全部潜力以实现可持续发展目标至关重要，各国普遍遵循充分利用数字技术，确保将教育作为一项基本人权和一项公共产品来提供的原则，回应人们对优质教育和终身学习的诉求。

通常情况下，互联网连接和技术会优先保障部分学习者和教育工作者，并未实现所有人公平受益，这反映了教育不平等问题。各国需要重新调整政策、加强行动与投资，特别要关注那些最需要数字机会的群体，促进教育各方面的有益变革。各利益相关方应在数字技术和教育领域开展深入合作，努力推动互联网连接，确保高效、安全且可负担的数字学习体验，共同确保所有学习者，无论是儿童、青年还是成人，都能有效获得与其生活相关的知识和能力，提升学习成效，为实现更可持续的未来做出贡献。因此，要确保数字学习是一项公共产品，保障所有人平等享有数字学习机会。

（二）明确应用数字技术面临的机遇和挑战

技术可以帮助实现基于社会和经济公平、公正和尊重人权原则的包容性教育的愿望。加强数字学习，推动教育转型，首先要明确数字技术面临的机遇和挑战。

一方面，数字技术为教育变革带来了机遇，教育领域中的数字技术和资源可以通过以下方式改善全民学习：增加所有学习者包括那些通常处于边缘地位的学习者获取高质量、与环境相关、与课程一致的学习内容的机会；通过提供高质量的专业发展机会及支持与学生合作的工具和资源，增强教师的能力；促进基于实证的教学方法和评价方式，如项目式学习和形成性评估；帮助学习者在正规、非正规和非正式环境下根据自己的兴趣自主获取所需要的丰富信息和知识；帮助学习者为有效将技术用于教育、终身学习和实现增强其他能力的目标做好准备；使教育和终身学习系统有更多选择以确保高质量的教育，包括在面授教学中断和紧急的情况下。

另一方面，虽然数字技术在推动教育变革方面有着巨大前景，但其潜能也受到一些相互关联的挑战：过分注重硬件而非提供高质量教学内容、良好的教学实践、数字能力培养和实施支持，限制了数字学习的有效性；许多课程的设计并不能使最边缘的学习者受益，这种疏忽意味着技术往往会扩大现有的教育差距；电力、设备和连通性不足意味着数字学习计划将处境优势学生和弱势学生之间的学习机会割裂，而不是架起他们之间的桥梁；教师和教育领导者必须接受充分的培训和支持，以确保他们能够将技术融入实践；一些私营部门虽然积极促进和传播重要的数字创新，但对公平关注不足；要尊重数字学习者的自主选择、知情同意等基本权益，在努力发挥其数字身份的效用和潜力时，必须具有充分的保障措施。

（三）开发数字教学和学习潜能

1. 确保普遍的互联网连接和技术部署

数字化连通有助于确保所有学校和个人都能受益于优质互联网连接带来的教育优势，互联网连接为数字学习提供了重要途径。然而，目前全球范围内仍有 29 亿人无法上网，其中 96% 生活在中低收入经济体，约 3.69 亿名年轻人无法触及互联网带来的信息、机会和选择。此外，世界各地的互联网可负担性存在显著差异，最贫穷的群体往往要负担最昂贵的移动数据费用。由于访问和成本差异，富裕国家的人们使用的数字数据比贫穷国家的人们平均多35倍。这种互联网连接机会的不平等减少了太多年轻人和成年人学习和发挥潜力的机会。因此，数字学习倡议和实施战略从提出和设计开始就应面向最边缘的群体。

连通性和技术的部署，必须能够帮助缩小日益扩大的教育鸿沟，加快实现可持续发展目标。各国政府应当以最需要数字学习机会保障的学习者为中心，落实必要的政策、法规、技术及资金，确保学校互联网连接安全、公平、可持续，并促进互联网服务扩展到家庭和个人，以便为教育和终身学习提供更多途径。迈向2030年，各国需要采取更有力的举措，使数字技术成为一种均衡器，而不是加剧不平等的工具。

2. 提供优质的数字化学习内容

数字技术支持教育变革的方法之一是扩大学生、教师和整个社区获得高质量教育资源的机会。为了大规模提高学习成果，应通过公共数字学习平台向所有学习者、教师及其他有需要者提供适合其年龄特点和兴趣需求的高质量数字学习课程。学习内容必须免费、易于获取和使用，并尽可能与正式课程保持一致。学习内容还应该有多种语言版本，具有较强的适应性并且与环境背景相关联。

提供具有优质内容的公共数字学习平台可以改变儿童、青年和成人的学习方式。新冠疫情导致的教育中断表明，大量学习者无法获取数字教育资源以继续学业以及满足学习需求和学习兴趣。在许多情况下，学习内容虽然存在但没有质量保证，且存在无法通过手机访问、组织不善、需要付费、不恰当地收集和贩卖学生数据以及向学习者推送广告等种种问题。许多国家仍然没有公开许可的公共数字学习平台和内容。联合国教科文组织《关于开放式教育资源的建议书》指出，亟须建立健全具有高质量、与课程相一致的教育资源的公共数字学习平台，确保这些平台免费、开放、人人可使用，积极为教师、学习者及家庭赋能并满足使用者的多样化需求，同时保护使用者的隐私和数据安全。

3. 提升教育利益相关者的数字技能

培养应用数字技术改进学习的能力，以确保教师、学习者和其他教育利益相关者拥有利用数字工具进行循证学习所需的知识和技能。提升能力，以实现有效的基于证据的数字学习方式，这将带来远远超过学业成果的收益。在全世界范围内，缺乏数字技能是使用互联网进行教育和实现其他目标的最常见障碍之一，1/3 的人甚至缺乏最基本的数字技能，并且数字技能方面的性别差距很高，与男性相比，女性知道如何利用数字技术实现基本目标的可能性要低 25%。因此，要致力于为教育和其他领域赋能的目的实现数字素养普及，特别关注女童和成年女性，以消除长期存在的数字技能性别差距；要致力于培养所有教师和相关人员的能力，使他们能够通过现有工具和联盟，如联合国教科文组织教师信息与通信技术能力框架和全球教育联盟，利用数字技术的力量支持学生更有效地学习。

4. 促进教学创新和变革

理想情况下，数字空间可以培养新的有效的教学方法，提高教育公平性、扩展知识和技能、培养创造力，从而培养出负责任的数字公民。各方应努力确保教育数字化转型实现这些目标。数字学习应当有助于开放而不是封闭学习，帮助学生了解如何以富有成效和健康的方式使用互联技术。应注意避免过度审查和监控导致技术限制信息和知识自由。在线和虚拟空间需要新的学习内容和教学方法，需要创新开发和测试新的数字和混合教学法，并打破私营数字供应商的技术垄断。支持教师提升教学技能对于建立完善的教育体系至关重要，要设计用于支持而不是取代教师的平台和工具，以及在教师职前和在职培训中整合技术和技术驱动的教学法。

四　教育数字化将推动北京教育深刻变革创新

（一）智慧教育是我国教育数字化转型的重要目标

教育数字化战略是数字中国战略的重要组成部分，教育数字化转型是新时代教育强国战略的要求，也是促进教育现代化、实现教育强国、建设学习型社会的重要举措。党的二十大报告首次将"推进教育数字化"写入"办好人民满意的教育"部分，提出"推进教育数字化，建设全民终身学习的学习型社会、学习型大国"。习近平总书记强调，从教育大国到教育强国是一个系统性跃升和质变，必须以改革创新为动力①。要进一步推进数字教育，为个性化学习、终身学习、扩大优质教育资源覆盖面和教育现代化提供有效支撑。

教育数字化转型以数据要素为基础，统筹物理空间和数字空间教育教学元素，实现育人全过程的深度优化融合，基于数字空间更新教育理念，建构教育教学新范式，建立教育新体系②。智慧教育是我国教育数字化转型的重要目标，是未来的教育发展方向。在遵循教育规律和人才成长规律的基础上，智慧教育通过现代科技全面赋能、驱动引领，推动实现个人发展和社会发展的全面高度统一，为每个学习者提供适合的教育，为社会发展提供系统性人才支撑③。

2022年3月28日，国家智慧教育公共服务平台建成上线，平台总浏览量已超过67亿次，现已成为世界最大的教育资源库。2022年11月30日，教育部发布了《教师数字素养》教育行业标准，以提升教师利用数字技术优化、创新和变革教育教学活动的能力。2023年2月13~14日，世界数字教育大会在北京召开，130多个国家和地区的专家与学者以线上线下融合方式热烈研讨"数字变革与教育未来"。教育数字化是我国开辟教育发展新赛道和塑造教育发展新优势的重要突破口，我们正在此进程中大步前行。

（二）教育数字化支撑引领北京高质量教育体系建设

北京市以习近平新时代中国特色社会主义思想和党的二十大精神为指

---

① 《〈求是〉杂志发表习近平总书记重要文章〈扎实推动教育强国建设〉》，中国政府网，2023年9月15日，https://www.gov.cn/yaowen/liebiao/202309/content_6904151.htm。
② 经济合作与发展组织编《教育数字化转型：人工智能、区块链和机器人技术如何赋能》，李永智主译，上海教育出版社，2023。
③ 中国教育科学研究院：《中国智慧教育发展报告（2022）》，教育科学出版社，2022。

导，深入贯彻习近平总书记关于教育的重要论述和对北京重要讲话精神，落实立德树人根本任务，深入实施国家教育数字化战略行动和《北京市"十四五"时期智慧城市发展行动纲要》，推动首都教育数字化转型与模式变革，以教育数字化支撑引领首都高质量教育体系建设，为办好人民满意的教育提供有力保障。

"十四五"时期，北京全力打造数字经济国际标杆城市，北京教育全面开启建设高质量教育体系和推进高水平教育现代化的新阶段。教育数字化作为教育现代化的基本内涵和显著特征，肩负着支撑和引领教育现代化的历史使命，对推动教育公平和教育质量提升具有重要意义。北京教育数字化将在支撑高质量教育体系建设、促进教育公平、助力减负增效、提升教育质量、增强教育创新能力等方面发挥更大作用。

（三）优质教育资源互联互通，破除传统教育要素制约

传统教育一直受到空间、时间、教材和师资等多种要素制约，学校教育的弹性、韧性、灵活性和适应性不足，且由于教育资源不均衡，学校之间、地区之间发展不平衡。教育数字化转型为破解这些制约带来了重要契机，北京市不断增加公共教育产品和服务供给，推动优质教育资源汇聚共享，逐渐缩小区域、城乡和校际差距。未来，数字技术将使教育内容更丰富、教育形式更多样、教育方式更灵活，将更加充分彰显北京教育的公平和优质。

（四）各级各类教育纵横贯通，构建个性化终身学习体系

从纵向上看，当前教育主要划分为学前教育、初等教育、中等教育、高等教育等各级教育。从横向上看，教育存在多种类别，根据形式分为正规教育、非正规教育和非正式教育；根据实施主体分为学校教育、家庭教育、社会教育等。教育数字化的深入实施将推进北京各级各类教育纵横贯通，各种教育类型、资源、要素等多元结合，学校、家庭、社会协同育人，构建人人皆学、处处能学、时时可学的高质量个性化终身学习体系。

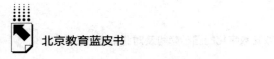

（五）全面深化教育变革创新，呈现智慧教育崭新生态

教育数字化是教育信息化发展的新阶段，以 5G、大数据、云计算、人工智能等为代表的新一代信息技术，将融合物理空间、社会空间和数字空间，创新教育教学场景，促进人技融合，推动教育理念、教育体系、教学范式、教育内容和教育治理等方面的深度变革创新，促进教育全要素、全业务、全领域和全流程的数字化转型，使教育更加开放、共享、交互、协作、泛在，推动北京智慧教育新生态的形成和发展。

B.14
北京青少年科技创新实践
能力培养模式探索

——基于国际比较视角

曲垠姣*

摘　要： 科技创新引领社会经济发展，人才是科技创新实践的根基，发现、选拔和培养是实现科技创新人才优质发展的必要前提。科技创新实践能力的获得是渐进过程，需要经历"科技素养理念培育—科技创新兴趣滋养—科技创新实践能力塑造" 3 个阶段，并且在培养过程中关注模式上的灵活性和多元性。传统教育价值下的培养模式相对单一，在兴趣培养、能力实践、激发创新力等方面相对薄弱。北京作为首善之都，一直力求提升人才的科技创新素养和实践能力。探索适合北京现阶段发展实际的青少年科技创新实践能力培养模式具有现实价值。

关键词： 科技创新　实践能力培养　北京

作为"活资本"，人力资本具有创新性、灵活性、创造性，具备有效配置资源、调整社会经济与文化发展水平的价值。对高质量的人力资本进行投资，会积极推动 GDP 增长，带来更高的社会回报率。人力资本的价值提升离不开人才培养。当前全球科技发展处于相对停滞的瓶颈阶段，突破科技创

* 曲垠姣，博士，北京教育科学研究院助理研究员，主要研究方向为教育经济、国际比较教育、青年就业。

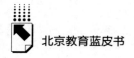

新难关成为国家间的竞争点，也是对现有优势国家的权威挑战。对提升科技创新实践能力的探索和研究，特别是如何有效地将普遍的科技人才资源激活为高质量的科技创新人力资本，是实现"教育—科技—人才"互动互联、融合发展的关键。

习近平总书记指出："科技创新、科学普及是实现创新发展的两翼，要把科学普及放在与科技创新同等重要的位置。没有全民科学素质普遍提高，就难以建立起宏大的高素质创新大军，难以实现科技成果快速转化。"[①] 这体现了两个重要信息：第一，科学普及和科技创新具有同等重要的地位；第二，科学素质提升应该是全民行动，这是实现科技成果快速转化的重要因素。因此，作为未来科技创新实践人才的储备，具有科技创新实践能力的青少年是科技教育工作的重要对象，关注青少年的科学素养和科技创新实践能力培养，对于贯彻指示精神、提升科技创新发展水平有重要意义。同时，青少年时期是人生中最具有敏锐性和探索欲的时期，因此要遵循这一时期内科技创新人才的人格特质、心理变化，合理设置宏观的整体培养模式和微观的个人发展路径。"人才培养模式"是在一定的现代教育理论、教育思想指导下，按照特定的培养目标和人才规格，以相对稳定的教学内容和课程体系、管理制度和评估方式实施人才教育的过程。本报告主要通过国际比较视角，对发达国家、发展中国家、国际大都市的相关经验和特点进行分析和总结，基于北京的实际情况对当前青少年科技创新实践能力培养可能会遇到的障碍进行分析，尝试提出可行的未来发展路径和多元培养模式。

一 英美青少年科技创新实践能力培养模式的探索

近几十年关于学习效果的研究普遍认为，真正的知识学习需要学习者积极参与知识运用的过程，而不是依靠死记硬背或者反复记诵文本内容，学习

---

① 《中国科协关于印发〈中国科协科普发展规划（2021—2025 年）〉的通知》，中国科学技术协会网站，2021 年 11 月 19 日，https：//www.cast.org.cn/xw/KXXTSHGG/syfzgh/art/2023/art_8410e629fbb44c0f9e6409c36a3837ca.html。

者与知识的链接是必要的①。因此，欧美国家始终关注对科学素养与实践能力的双重培养。

（一）顺应经济社会与国家阶段型发展需求的科技创新实践能力培养

1. 科技创新教育理念基本宗旨的起源与发展

美国是当今全球科技强国之一，掌控着多项科技创新成果与应用。美国学者哈特指出："美国经济和科技实力首屈一指……学者应该首先理解美国的创新经历才能更好地理解全球近现代创新过程如何开展。"② 简要了解美国的科技发展历程和主要思想，有助于理解其现行的青少年科技创新实践能力培养模式。美国主要以应用技术为创新发展起点，以国土资源勘探技术、机械与农业器械改进技术为重点研究对象；随着研究性大学的兴起，到了19世纪中期，科学研究结合教育推动了新一轮的技术进步，大大促进了美国的经济社会发展。美国更加注重社会发展和科技进步的相辅相成关系，并且充分给予科学研究和技术探索以自由，美国各州的教育权限有着高度分立化的关系，联邦政府不能干涉具体政策的统一管理与实施。各州在科技教育方面存在竞争，各个学校也有自己的特征和优势。美国的技术发展非常得益于工业研究实验室。工业研究实验室是企业内部发展形成的部门，根据企业的经营战略和需求进行实验研究，更加贴合企业的经济利益和社会发展需要，并不依托独立的个人科学家或者科研组织。到20世纪中期，这些实验室逐步成为美国的科技创新主力，和当地的大学科研项目、研究所等建立了平等互通的合作机制与关系，而不是像英国——后者制造业没落的重要原因之一是没有建立起有效开发科研商业潜力的组织架构与紧密联系，国家的其

---

① Mackenzie, A. M., "Examination Preparation, Anxiety and Examination Performance in a Group of Adult Students," *International Journal of Lifelong Education* (1994); Davis, S. G., Gray, E. S., "Going Beyond Test-Taking Strategies: Building Self-regulated Students and Teachers," *Journal of Curriculum and Instruction* (2007).

② 《美国的科技创新体制值得我国借鉴》，"热点我见"百家号，2020年10月30日，https://baijiahao.baidu.com/s? id=1681848283231180078&wfr=spider&for=pc。

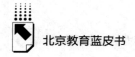

他科研资源不能得到有效利用①。

在随后半个多世纪里，美国始终遵循实践需求导向的科技发展逻辑，寻求技术创新和科学进步对现有社会经济、国防的助推。1993年，克林顿总统发表了题为《为促进美国经济增长发展技术——建设经济实力的新方向》的报告，指出美国的科技必须朝增强经济实力和刺激经济增长的新方向前进，政府要在帮助私人企业发展和从创新中获益方面起到关键作用。2007年美国通过《美国竞争力法案》，提出建立"技术创新计划"（TIP），该计划旨在扶持企业、大学、其他科研组织或机构在国家"急切需要突破的领域"展开"高风险—高回报"研究，支持、促进、加速美国科技创新——这些创新具有满足国家重点需求的巨大潜力价值，可以解决美国难以应对的重大社会挑战。该计划再次强化了阶段型需求导向的科技发展逻辑②。

2. 关注年轻人科技创新能力发展，重视 STEM③ 教育

美国科学研究与发展局（OSRD）是一个政府与企业之间的独立科学研究管理机构，其的成立归功于美国《科学：无尽的前沿》报告。该报告重点强调了基础研究的重要性，并提出为了免受政治和其他利益集团的压力，科学共同体需要保持相对的自主性和探索的自由，保证基础科学研究不受外界干扰，联邦政府则必须"承担推进科学知识进步和培养青年科学人才的职责"，因为"科学将会让美国的统治突破物理边疆"④。美国后续的一切科学政策活动都以此进行开展。该报告"科学人才的革新"篇章提及了如何精心挑选和吸引具有科学才华的年轻人，认为"一个人是否会成为顶级研究者，会受到很多无法衡量的未知因素影响，包括智力、性格、经历、健

---

① Chandler, Alfred Dupont., "From Industrial Laboratories to Departments of Research and Development: Commentary," *The Uneasy Alliance: Managing the Productivity-technology Dilemma* (1985).

② 丁笑炳、张民选：《协力发展科教　确保创新领先——2007年〈美国竞争法〉述评》，《教育发展研究》2008年第3期。

③ STEM 为 Science(科学)、Technology(技术)、Engineering(工程)和 Mathematics(数学)的缩写。

④ Bush, V., *Science, The Endless Frontier: A Report to the President on a Program for Postwar Scientific Research*, July 1945, https://www.nsf.gov/about/history/nsf50/science_policy.jsp.

康、幸福感、精神活力、兴趣、动力等"，因此"要为各种各样的人和拥有各种条件的人提供机会，促使他们能够自我提升……保证每个财富阶层的年轻人都可以在科学活动的质量上获得公平改进的机会"①。综上所述，经济社会发展的需求导向、灵活独立的科技创新研发机制、为年轻人打造因材施教和质量公平的科技活动是美国科技创新实践发展的三大主要特征，分别聚焦实践目的（动机）、运行保障以及人才储备 3 个方面。基于《科学：无尽的前沿》报告的科技发展思想、国际局势重大变化以及美国社会现实，从 20 世纪 80 年代开始，"竞争力"成为美国经济政策和科技政策的关键词，美国国家科学委员会也在这个阶段提出了 STEM 教育概念。STEM 教育贯穿全阶段教育，特别关注青少年在科学、技术、工程和数学 4 个学科上的科学素养以及对科技创新实践能力的系统型复合式培养，这 4 门学科分别对应科学素养、技术能力、工程理解、数学表达。近年来，美国奥巴马政府、特朗普政府、拜登政府都持续从政策鼓励、资金支持以及措施创新上推进 STEM 教育的发展。2022 年底，美国首都华盛顿举办"你属于 STEM"（You Belong to STEM）会议，发布《提高标准，面向所有学生的 STEM 卓越计划》（*Raise the Bar：STEM Excellence for All Student*），旨在提升美国从学前教育到高等教育阶段的全体学生的 STEM 教育质量，并致力于推动 STEM 教育公平，提升科技全球竞争力。

3. 建立多方联合的 STEM 教育合作模式

首先，单一环境会产生思维模式的僵化，不利于创新和多场景适应性实践。美国积极调动多方力量支持 STEM 教育的全面发展。通过社会公益、行政任务、三方资助等形式，推动政府、非营利组织、专业组织、行业、慈善机构以及社群利益相关者进行合作，使 STEM 教育从学校这一单一体系融入更大的社会协同场域，促进 STEM 教育实践的多领域协助，避免单一维度的视角。其次，多方合作模式有助于缓解地方财政压力并解决部分教学资源紧

---

① 〔美〕范内瓦·布什、拉什·D. 霍尔特：《科学：无尽的前沿》，崔传刚译，中信出版社，2021。

张的问题。根据近年来的多份美国科学与工程指标报告，美国各州都存在 STEM 教育质量差异的情况，虽然基本上所有初中和高中的科学、数学教师都有学士学位或者定期更新的高级教学培训证书，但是获得高素质教师（即有着三年或以上教学经验并拥有 STEM 学科教学学位的教师）的机会因学校人群结构的不同而不同。家庭社会经济地位较低的学生以及少数族裔学生集中度较高的学校拥有相对较少的高素质教师。美国纾困计划（The American Rescue Plan）资金与地方资金联合起来，战略性投入 STEM 教育体系，美国教育部也向各州发送了联邦教育资金使用指南，旨在帮助各州提高 STEM 教学和学习质量，并继续了解和预测地方各教育阶段 STEM 教师的供需状况。美国培养和支持更多 STEM 教育工作者进入 STEM 领域，并在此领域中长期留任。联邦政府以及各州政策制定者、立法者和教育工作者努力完善 K-12 水平的 STEM 教育，措施包括提高学生的 STEM 整体成绩、增加更多 STEM 高阶课程、降低群体间的 STEM 学业表现差距、提高数学和科学两个学科的大学知识预备和职业准备质量[1]。

4. 项目式实践模拟的学习模式与系统性、层级化的课程结构

美国国家科学委员会的 2030 年愿景报告指出，中小学的 STEM 教育及其高质量教学成果对于确保美国满足现代劳动力的需求、保持领先的国际地位有重要作用。鉴于此，美国政府希望更多的学生擅长 STEM 科目，增加喜欢 STEM 课程的学生数量，确保 STEM 教育成果的高质量连续输出。美国的 STEM 教育坚持以学生为主导，教师以及其他教育教学工作人员作为协助者。强调系统型逻辑思维，鼓励学生在团队协作中完成学习任务，充分发挥想象与创新能力，教师及其他教育教学工作人员指导学生完成对成品的测试和改进，并且通过跨学科学习、运用多角度思考，提升学生多维探究及多元解决问题的能力，培养学生的科学、技术、工程、数学实践能力，更加注重科学探究、科学实验与项目实践，并强调现代信息技术在教学过程中的应

① U. S. Department of Education, *Launches New Initiative to Enhance STEM Education for All Students*, https://www.ed.gov/news/press-releases/us-department-education-launches-new-initiative-enhance-stem-education-all-students.

用。本报告收集了《美国新闻》发布的 2023～2024 年度最佳 STEM 公立高中排名，并对部分学校进行了学习模式和课程结构的特征总结，发现如下。

第一，美国各州各校可以自主安排课程结构和课程内容。各校可在州的基本规定之外进行课程调整。这就允许学校根据自身外部环境情况以及学生发展情况进行适当的课程选择与教学内容设定。STEM 学校通常比传统学校提供更多的大学预修课程和双修注册课程。这些课程的得分可以算作大学学分，学生有机会参加大学入门课程或先决性课程考试，并有可能节省部分大学学费。

第二，项目式实践学习模式是 STEM 高中重要的核心学习模式。STEM 学校的目标是通过提供比大多数传统学校更严格的课程选择来推进 STEM 教育，通常会有基于项目和实践学习的机会，如参与机器人技术或科学研究实验室。以格威内特数学科学技术学校为例，在高一的物理与工程课程上，教师带领学生基于项目学习环境，将物理和工程概念集成到项目里，学生通过收集和分析数据来创建、设计和构建模型，与团队协作一起衡量结果、预测结果和确认结果，未来 3 年的课程都会基于这种模式去学习知识内容。布鲁克林技术高中的工程课程中，教师带领学生通过建筑设计项目来理解工程学的基本构思方式与解决方法，学生绘制建筑设计图并制作模型，规划、调控项目的进程并编制项目报告。项目式实践学习模式有助于培养学生的合作能力、沟通能力以及动手实践能力。为了增强学生的实践能力，公立 STEM 高中一般会设置更多的实验室设备、引进先进信息技术以及举行科创实践比赛，物理、工程、科学课程经常通过实验来完成教学。例如，布朗克斯科学高中的基础物理课程上，一个学期有多达 17 项物理实验[①]。这也加大了学费与财政及其他资金的援助力度。除了在学校内部实验室进行之外，STEM 高中还通过与周边大学、职业学院、社区学院等的合作开展实践，共享教学资源。

---

① 郑太年：《科技创新人才培养的新路径：美国科技高中的探索与启示》，《教育发展研究》2019 年第 Z2 期。

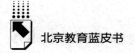

第三，广泛采用系统性、层级化的课程结构，注重实践学习效果。如上文所述，美国学校注重需求导向。STEM 学校的学生在进行项目式学习实践的同时，非常注重自主设计产品的普适性，在学习过程中关注实践与现实应用以及是否能够解决真实性问题等。教师评价学业成绩时除了关注完成度，还关注设计成果的现实应用价值与意义。这种评价取向有助于学生重视科技创新成果的应用价值与科创实践能力的提升。STEM 学校普遍的课程结构是"基础课程—进阶课程（选修或者必修核心课程）—扩展精细化课程"，即在基本课程的基础上，随着年级的升高增加某一科目更深内容的课程，如在数学里增加一些大学初级知识（如微积分或者简单的高数知识等），或者在生物课里增加精细化实验课程（如分子生物学、动物行为学等）。以 2023 年排名第一的公立高中北卡罗来纳州科学与数学学院为例，其核心目标是培养学生探索世界的能力与科学创新能力，课程设置较为丰富，以工程课程为例，包括建筑工程、生物医学工程、生物医学仪器、土木与环境工程、电子电器工程、工程制图、工程基本原理、工程和技术史、机器与机械工程等。这种有层次的课程结构有助于帮助学生在建立对学科普遍认知的基础上，根据自己的兴趣来选择要进一步学习的课程，在固定学科、特定主题里选择能够链接大学的初级专业课程，有助于大学之后的课程衔接，更有助于对应学生的个体兴趣差异来因材施教。学生在选课时可以选择先上基础课程，到了高年级再选择进阶课程和扩展精细化课程；也可以以一组课程为单位，按照年级课程内容先按顺序学完必修课程，再选择喜欢的选修课程。

第四，加强与社会资源的联系与合作。在特斯拉 STEM 高中，学校会专门张贴一些社会组织或者机构的学习类讲座或者实践项目邀请信息供学生们选择参与，这些讲座与实践项目是为青少年量身定制的，也是学校与专门的社会组织或机构达成的合作。除了博物馆、天文馆这种公共资源之外，还有专注青少年科学素养发展的杂志与网络媒体。在提升学生学习兴趣方面，美国的一些学校会与各类型游戏或者模型玩具公司合作，选择或量身定制一些有意思的科学电子游戏或模型玩具等，通过视觉游戏、手工制作加深学生对知识的理解，提高他们的动手能力。

（二）英国——迎接人工智能与信息素养发展的时代潮流

1. 英国的科技创新发展历程与特点

同样是关注科学素养与创新实践能力，美国更加关注工程建设、技术制造、社会经济生产发展需求，英国则更加关注科学理论、人工智能、信息素养。要了解英国对青少年科技创新实践能力的培养，首先要了解英国的科技政策。相比美国，英国作为欧洲的科技强国，关注点主要是基础科学。英国于 17 世纪率先建立了全球第一个现代科学体制，为之后几百年的科学发展提供了追求卓越的良好科学根基。海外贸易催生了航海技术的发展，与航海相关的天文与地球物理等基础科学成为英国最受重视的科研领域。英国皇室提供了大量的资金给科研机构、协会和个人，并坚持保护专利制度。20 世纪中期，因受战争影响，加上长期以来英国重科学、轻应用、科技与社会经济发展联系不紧密，英国的科技实力逐渐被美国赶超，但是前期的基础科学发现与创新依然强力推动了英国的产业技术与信息技术改革，提升人类交流效率的互联网正是在基础科学上诞生的重大成果。20 世纪 80 年代，受经济萧条影响，撒切尔政府为振兴国家经济、增强国家科技实力，进行了一系列改革来促进科技快速转化为生产力，形成了以市场需求为导向的科技政策。科技融入社会大生产，企业开始积极参与，大学与企业加强了产学研之间的联系。1993 年，英国发布了首个国家科技发展战略——《实现我们的潜力：科学、工程和技术战略》，明确提出国家竞争力提升、社会财富增加和生活质量提高是科技发展的战略目标，强调科技发展是经济振兴的关键，要加强科学、工程与产业之间的联系，发掘科技潜力，服务经济增长。随后的 40 年里，英国关于科技创新的重大白皮书与战略报告层出不穷，最具代表性的包括《我们竞争的未来：建造知识驱动的经济》《卓越与机遇——面向 21 世纪的科学与创新》《变革世界中的机遇——创业、技能和创新》《为创新投资——科学、工程和技术的发展战略》《我们的增长计划：科学与创新》《面向增长的创新与研究战略》《新兴技术与产业战略》《产业战略：建设适应未来的英国》《英国研究与发展路线图》《2022—2027 年战略：共同改变

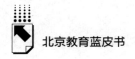

未来》《英国科学与技术框架》等。受制度和"脱欧"等政治经济局面变化的影响，英国的科学教育政策时常出现不能长期固定按照一个思路往下发展的困境。但是从这些白皮书和战略报告中不难看出，英国在保持对基础科学研究积极性的同时，越来越重视信息领域和人工智能这两大新兴领域的科技创新与应用发展。这也为培养青少年科技创新实践能力打下了基础。

2. 培养天才与科技英才，加强财政投入，积极探索多元协作

英国在培养青少年科技创新实践能力时十分注重多方以及多种培养模式，并打通各学科和各学段，包括大学与中学。牛津大学、剑桥大学、帝国理工大学等知名高等院校与中学合作，在普及科学知识的同时，建立超常少年儿童研究中心，挑选在科技方面有巨大发展潜质的学生进行有针对性的教学培养。英国还将大学的培养模式引入青少年教育体系，通过适当的政府牵线、财政和优惠政策，鼓励学校与企业合作，企业提供给学校对应的科技或者产品创新课程以及活动，搭建实践活动平台。英国很多信托基金会也会资助地方的科学中心或者博物馆开展科学实践活动与科普讲座，并资助博物馆和展览馆的修建，如维康信托基金会已经帮助伦敦、曼彻斯特、邓迪、布里斯托、格拉斯哥、伯明翰、纽卡斯尔等大都市开展科学活动并进行博物馆、科学促进会的场所修缮。

3. 丰富多元的校外青少年科技创新实践能力培养活动

英国在推动科技发展过程中非常注重青少年科普，官方组织的科普活动以及作品往往在风格上贴近青少年心理，更加容易被青少年接纳和喜爱。

一是媒体节目。作为英国影响力最广泛的官方电视台，BBC 积极策划适合青少年观看的科普电视以及网络节目，比较著名的包括实景生物科普节目《安迪的冒险》（*Andy's Adventure*）、英国皇家学院推出的化学科学讲座节目《现代炼金术师》（*The Modern Chemist*）、欧洲共同体基金联盟数学中心与 BBC 共同出品的《数学的故事》（*The Story of Maths*）等。这些节目有的采用生动有趣的讲述方式加深观众的沉浸感，有的运用视觉技术来构建虚拟的恐龙或水下世界来增强趣味性，非说教式的轻松氛围是这些作品的特

征，内容既贴近生活又富有科幻色彩，科学知识与技能在现实与幻想中呈现，满足科学的适用性和青少年的好奇心。

二是科普读物。英国皇家学会科学图书奖是 1988 年设立的鼓励为 8~15 岁儿童和青少年编著科学书籍的作者的奖项，获奖书籍将入选英国学校推广的最佳科学书籍名单。书籍评审团对全世界的科学书籍进行初步评选，再由 10000 多名儿童和青少年选出最终获奖书籍。评审团主席和专家主要是牛津大学、剑桥大学等高等学府的知名科学家以及著名作家、记者等。该奖支持过斯蒂芬·霍金、贾里德·戴蒙德、斯蒂芬·杰伊·古尔德、比尔·布莱森等著名科学家。此外，优秀的科学家科普著作会形成两种版本，一种是成年版，另一种是少年版，如斯蒂芬·霍金的《时间简史》《果壳中的宇宙》有少年版。荣获科普界"诺贝尔奖"安万特科学图书奖的《可怕的科学》系列科普丛书，是在权威科学机构以及诸多高等学府科学实验室的协助下完成的，包括科学、数学、地理、自然等领域，一共 72 册。各类学校会集体购买或者推荐这些书籍和读物给家长和学生，增强学生阅读能力并激发他们对科技的兴趣。

三是科学俱乐部与科学家讲座。青少年科学俱乐部可以由不同类型的机构作为发起者，但以科技团体居多，英国科学促进会的青少年科学俱乐部最为悠久和知名。英国科学促进会设立青少年部，并在英国各地的学校、博物馆中大量组建青少年科学俱乐部，这些俱乐部共有 1000 多个。英国科学促进会青少年部向青少年科学俱乐部提供科学活动的材料、资金等，鼓励青少年科学俱乐部参加"少年探索者活动""工程、科学、技术创新比赛""青少年部科学节"等面向青少年的科技活动。另一个知名的俱乐部是由英国学校技术常务会议建立的青少年工程师俱乐部，该俱乐部曾与中国青少年一起参与未来工程师比赛。虽然俱乐部的组织者不同，但是组织形式与活动内容大致相同，一般由中学在职教师、科学组织或者机构的科技人员担任领队或者导员，组织俱乐部参加多种科学实验、比赛、辩论、田野调查等活动，充分促进青少年对科学知识的多点接触和多元理解，在多种场景中实现实践互动。英国皇家科学研究所的圣诞科学讲座是英国著名的物理学家、化学家法拉第于 1826 年创办的，该讲座以风趣幽默和富有趣味性为特色，在圣诞节期间安排一两名著名科学家围绕某一科学领域为青少年和儿童进行为期 5 天的系列讲座。除此之外，应英国科学研究委员会的倡议，英国各地根据自己的实际情况安排大学的科研人员或者知名科学家（包括诺贝尔奖获得者）莅临中学开展科学讲座或者访谈活动。学校还会开展科研工作者驻校计划，邀请硕士、博士研究生到校，与学生共同开展科技创新实践活动。

四是其他多元形式的科技创新实践活动。除了科学俱乐部之外，英国还有城市科技竞赛、城市科技节、科普场馆活动。例如，创建于 1959 年、延续至今的伦敦国际青年科学论坛（London International Youth Science Forum，LIYSF），是欧洲范围内规模最大的青少年科技交流活动之一，每年都会邀请世界各国及地区的 16~21 岁的青少年与青年参加。有 20 多年历史的英国爱丁堡国际科技节于每年 4 月举办，旨在通过各种有趣的科技活动吸引和鼓励青少年积极参与科学实践活动与创新思维开发活动。

二　印度：集中培养新兴技术领域
具有科技创新实践能力的青少年

印度是新兴技术领域中最具有竞争力的发展中国家之一。1958 年的"科学政策决议"为印度的科技发展奠定了基本原则和发展方向；2003 年的"科学技术政策"明确了印度科技政策目标并制定了科技战略行动计划；2015 年印度政府提出"数字印度"计划，旨在用数字化技术赋能人才，将印度转变为知识经济社会。印度在太空航天、人工智能与信息技术等方面都有举世瞩目的成就。尤其是近年来，印度在登月卫星、火星探测、氢燃料电池汽车等方面持续取得卓越成绩，印度的科技发展离不开不断完善的科技体制、日益丰厚的科研经费、持续不断的科技人才投入。印度在国际上的国家创新能力评价很高，所以有这样的评价和特性，与这个国家在新兴技术领域积极投身教育和让年轻人普遍参与有关。

（一）建立印度首所人工智能学校

印度首所人工学校建于 2022 年 8 月 22 日，由前印度总统拉姆·纳特·科温德主持修建。该学校旨在通过科技创新驱动的教学方法，彻底改变印度的教育模式。学校的设计和框架都经过官方组织严格且精心的规划，试图通过使用人工智能等其他前沿技术，让学生拥有沉浸式的学习体验，在虚拟现实中探索科学知识并提升实践能力，激发学生的学习兴趣，解决现实物理空间的局限问题，培养学生的想象力与创新力。学校设立的在线学习平台可以实现在线讨论和实践合作。学校通过个性化学习系统，为学生量身定制学习规划，达到因材施教的效果。

（二）举办全国青少年科学大会，增强科学竞争意识

印度的"全国青少年科学大会"始于 1993 年，于每年 12 月 27～31 日举办。参加大会的孩子大多为 10～17 岁，大会上所创造的科研成果可以较快实现转化，并有机会被印度上层部门采纳且投入使用。地方青少年科学大会在每年 10 月中旬举办，取得优异科研成果的选手可以代表所属地区参加 11 月中旬的"邦少年科学大会"。同样地，在"邦少年科学大会"取得优秀成绩的选手可以参加"全国青少年科学大会"。印度每年直接参与科学大会的青少年有 10 万人之多。

（三）加快"数字印度"建设，加速青少年数字教育化，培养青少年使用数字技术的习惯

受地理和经济原因影响，印度交通并不十分便利，这使得学校资源均衡共享更为艰难，科学实践资源也难以公平分配。印度 IT 产业部与印度教育部一起研制了印度中小学开展信息学教育教学大纲，对中小学有严格且清晰的教学目标设定，如高中需要掌握判断计算机病毒引发的问题以及使用病毒程序的能力，并能够使用工具分析模型进行仿真模拟、网站制作及用数字化方法对数据进行采集与分析等。印度政府鼓励民间和外资办学，协助培养信

息技术专职教师①。"数字印度"计划是一项旨在推动印度数字化转型的计划。该计划希望普及互联网基础设施，提高网络带宽速率，改善网络连接质量，为印度的科技创新提供有力支撑。印度政府智库 NITI Aayog 提出，为促进学生创新，NITI Aayog 在学校内部和地方上设立实验室（ATL），覆盖印度各地。NITI Aayog 的目标是将 ATL 数量增加到 3 万个。该智库创办了每年为期 6 个月的 ATL 比赛，该比赛面向 8~12 年级的学生，旨在选出最佳学生科技创新成果，带动印度形成"创新型社会而非模仿型社会"。这项比赛是政府与行业和创业孵化器合作举办的，旨在激励学生在科技领域的创新，提升学校以及相关行业的创新能力。获奖学生可以获得商业和创业技能方面（包括知识产权、有效沟通、推介等）的培训，并有机会参加国际奥林匹克机器人大赛（World Robotics Olympiad）。印度有各类科学俱乐部，有些俱乐部是在政府支持下建立的，如印度的"少年科学院"，学生可以选择自己想要参与的科学营地、科研实验室等实践活动，或者听取科学讲座。印度数字化教学解决方案供应商 LEAD 在印度乡村开办中学，后逐渐在大城市开展 K-12 学校合作，协助教师设计课程，提供数字课堂资源、电子书籍、各类电子工具包等，并提供数字化课堂培训，向学生普及智能学习概念以及学习方式，将教育数字化应用到教学、学习和评价的每个环节，促使在数字环境里的学生更好地掌握数字技术，锻炼数字适应力和实践力。

三　北京青少年科技创新实践能力培养模式探索建议

基于以上对于英美两国以及印度的科技发展历程与青少年科技创新实践发展特征的简要梳理，可以得出以下两个结论：第一，联合培养模式是普遍采取的有效做法；第二，寓教于乐与勤操实践是课程设计、课堂教学、校外培养非常重要的特性。

---

① 《感受人才市场：印度信息技术专才受青睐》，搜狐网，2002 年 3 月 21 日，http://new
s. sohu. com/02/02/news148220202. shtml。

北京汇集了优质教育资源，不论是学校还是校外，都有丰富的科技创新实践环境。在全国和北京举办的中学生科技创新各类比赛中，北京青少年的科技创新实践能力得到很高的评价，这与北京持续不断追求智慧教育、数字教育并提高青少年科技创新实践能力紧密相关。但是依然存在一些问题。例如，各区各校培养模式单一且相互模仿；具有较高科技创新实践能力的学生集中在几个拔尖学校；广大的公共教育资源没有得到充分利用；各区可利用的公共教育资源不均衡；等等。国际经验不一定具有普适性，但是具有一定的借鉴价值。本报告根据上文中的一些国际经验，对北京青少年科技创新实践能力培养提出以下建议。

第一，改变传统教育教学方法，多资源、多渠道打造校内外科技创新实践场域，提高学生在不同学科以及跨学科领域的探索能力、实践能力、创新能力。上文介绍的美国科技高中普遍采用多类型、多层级、相互关联的STEM课程体系，不同年级采用的课程内容结构和选课标准在北京的教育改革中有所体现，但是系统性、层级化的课程结构体系依然处在探索阶段，并没有得到普及，这也与整个教育教学考察、学生成绩评价、升学能力评价等有关，虽然有选修课程，但是教师、学生和家长的精力依然放在统一课程标准和考试大纲规定的学习内容上，在培养科技创新兴趣以及特长方面并没有很好地发挥出应有的效果。创新人才的培养有循序渐进的特点，系统性地顺应创新需求、改善校内课程结构与评价标准有助于培养创新与实践能力，应坚持以学生为思考主体，运用团队协作和教师指点完成项目式学习，避免短期揠苗助长式、"填鸭式"的教学。培养学生独立思考、引导学生运用多学科从多角度解决问题，有助于提升学生的表达能力。教师不仅需要关注科技类创新项目的研究方法，还要处理好项目式学习过程的节奏，关注学生在项目实践中对于多种科目知识的理解与运用。这对教师教学能力与个人引导能力提出了较高要求，也意味着学校需要做好相应的教师能力培训。不同学校应根据实际情况尝试构建一个或多个具有层级化特征的课程，供有不同学习能力与兴趣的学生进行选择，打破传统的课程体系，让学生没有年级限制，这样做既有利于满足学生个性化学习需求，也有利于学校开发优势特色课

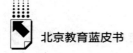

程，让每个学校形成自己的科技创新实践能力培养重点。

第二，充分发挥北京公共教育资源优势，在校外构建良好合作氛围与机制。北京有大量的博物馆、展览馆，它们的分布较广，造成学校合作需要面对空间位置的障碍。可以尝试运用数字博物馆、数字展览馆、馆内人员到学校开办科普知识讲座、校车资助、电影院观看等方式来消除障碍。有能力的学校可以搭建巨幕、虚拟现实使用场景来激发学生对于科技应用的兴趣。在公共教育资源的运用中，可以促进多方共同参与，积极推动官方媒体、高等院校、企业、社区、民间组织与学校的合作。例如，媒体可以推广科普节目并与学生互动，高等院校可以提供走访实验室的机会，科技企业可以提供工厂参观或搭建多样化的科技创新实践场所等。鼓励科学家、科研工作者参与学校的人才培养，对具有科技天赋的学生有针对性地建立"校外导师+校内导师"的"双师"指导方式，利用"中学科学教师+校外科技辅导员"的方式补充学校的科技创新实践师资力量，加强专业师资队伍建设。创新青少年人才培养有效途径。北京多次举办科技节、科技竞赛，在这个基础上可以尝试在吸引学生自愿参与科学探究活动方面进行进一步的探索，如支持学生之间的课外业余科技活动、表彰日常使用创造性思维解决生活问题的青少年等。多方协作也有助于构建系统化的科技英才教师的选拔和培训机制。这对于青少年科技创新实践能力的培养也是必不可少的。重视对教师的科技创新能力以及综合素质的考察，心理素质与科学素养是关键。要充分理解青少年的心理变化特征与心理发展需求，可以通过科技俱乐部、科技营地等形式，以游戏化方式让学生在课外切实领会科技创新实践对于现实生活的积极影响。

第三，搭建系统、全面、长期动态追踪的科技创新实践平台，不仅有利于监督和管理教学，也有利于及时发现问题并进行动态调整。构建科技创新数据大平台，有助于北京推广大数据时代的教育教学方式，强化科学教育技术支撑。印度人工智能学校以及数字化学习平台大大促进了学校对于学生的个人发展水平与能力的研判，有助于提高学生对电子化、智能化教学的适应力。北京应借鉴这种做法，设立北京科技创新实践数据平台，这将对北京青少年科技素养的提升以及北京及时了解各区各校人才发展情况有较好的辅助作用。

参考文献

《中共中央办公厅　国务院办公厅印发关于新时代进一步加强科学技术普及工作的意见》，中华人民共和国中央人民政府网，2022 年 9 月 4 日，https：//www.gov.cn/zhengce/202212/content_ 6688392. htm。

Mackenzie，A. M.，"Examination preparation，anxiety and examination performance in a group of adult students"，*International Journal of Lifelong Education* 1994：13（5），373–388.

Davis，S. G.，& Gray，E. S.，"Going beyond test-taking strategies：Building self-regulated students and teachers"，*Journal of Curriculum and Instruction* 2007：1（1），31–47.

《美国的科技创新体制值得我国借鉴》，热点我见，2020 年 10 月 30 日，https：//baijiahao. baidu. com/s？id＝1681848283231180078&wfr＝spider&for＝pc。

Chandler，Alfred Dupont.，"From Industrial Laboratories to Departments of Research and Development：Commentary"，*The Uneasy Alliance：Managing the Productivity-technology Dilemma*，1985.

丁笑炯、张民选：《协力发展科教　确保创新领先——2007 年〈美国竞争法〉述评》，《教育发展研究》2008 年第 3 期。

Bush，V.，Science，The Endless Frontier：A Report to the President on a Program for Postwar Scientific Research，July 1945. Reprinted by NSF，Washington，DC，1990. https：//www. nsf. gov/about/history/nsf50/science_ policy. jsp.

〔美〕范内瓦·布什：《科学：无尽的前沿》，崔传刚译，中信出版社，2021。

U. S. Department of Education，Launches New Initiation to Enhance STEM Education for All Students，https：//www. ed. gov/news/press－reLeases/us－department－education－Launches－new－initiative－enhance－stem－education－aLL－students.

郑太年：《科技创新人才培养的新路径：美国科技高中的探索与启示》，《教育发展研究》2019 年第 15 期。

《感受人才市场：印度信息技术专才受青睐》，搜狐网，2002 年 3 月 21 日，http：//news. sohu. com/02/02/news148220202. shtmL。

后 记

自 2000 年起，北京教育科学研究院就策划出版《北京教育发展研究报告》，记录北京教育的发展轨迹和政策变迁。24 年来，《北京教育发展研究报告》围绕北京教育前沿趋势，北京各级各类教育改革与发展重点难点热点问题研究，用事实和数据说话，努力发挥"存史、资政、宣传、育人"的作用。

2023 年全国教育工作会议强调，要以习近平新时代中国特色社会主义思想为指导，紧紧围绕深入学习贯彻党的二十大精神这条主线，认真贯彻落实习近平总书记关于教育的重要论述，全面贯彻党的教育方针，落实立德树人根本任务，以教育强国建设为目标，以全面提高人才自主培养质量为重点，加快建设高质量教育体系，办好人民满意的教育，开辟发展新领域新赛道，不断塑造发展新动能新优势，为实施科教兴国战略、强化现代化建设人才支撑奠定坚实基础，为全面建设社会主义现代化国家、全面推进中华民族伟大复兴做出新贡献。

《北京教育发展研究报告（2023）》通过调研数据和实证研究，全面呈现北京教育整体情况和各级各类教育情况，对区域教育均衡、教育现代化、教育数字化、加强科学教育等重点热点问题进行了专题研究，力求为推动北京教育高质量发展提供扎实的科研支持。

本研究报告研创团队以北京教育科学研究院科研人员为主体。在研创过程中，北京市委教育工委、市教委、北京教育科学研究院的有关领导和部门给予了重要指导和大力支持。在此，我们对所有积极参与和支持本研究报告撰写的领导、研究人员表示衷心的感谢！

作为一项集体研究成果，本研究报告阐发的观点和资料的可靠性由相关研究人员负责。同时需要说明的是，虽然本研究报告的研究人员努力工作，希望为关心北京教育改革与发展的机构和人士提供有益参考，但囿于时间和能力，本研究报告的观点未必完全准确，敬请相关专家和广大读者批评指正。

编　者
2023 年 9 月

联系地址：北京市海淀区翠微路 4 号院北京教育科学研究院教育发展研究中心

邮　　编：100036

电　　话：010-88171909

传　　真：010-88171917

Email：fzzxlps@ 163. com

皮书

智库成果出版与传播平台

✤ 皮书定义 ✤

皮书是对中国与世界发展状况和热点问题进行年度监测，以专业的角度、专家的视野和实证研究方法，针对某一领域或区域现状与发展态势展开分析和预测，具备前沿性、原创性、实证性、连续性、时效性等特点的公开出版物，由一系列权威研究报告组成。

✤ 皮书作者 ✤

皮书系列报告作者以国内外一流研究机构、知名高校等重点智库的研究人员为主，多为相关领域一流专家学者，他们的观点代表了当下学界对中国与世界的现实和未来最高水平的解读与分析。截至 2022 年底，皮书研创机构逾千家，报告作者累计超过 10 万人。

✤ 皮书荣誉 ✤

皮书作为中国社会科学院基础理论研究与应用对策研究融合发展的代表性成果，不仅是哲学社会科学工作者服务中国特色社会主义现代化建设的重要成果，更是助力中国特色新型智库建设、构建中国特色哲学社会科学"三大体系"的重要平台。皮书系列先后被列入"十二五""十三五""十四五"时期国家重点出版物出版专项规划项目；2013~2023 年，重点皮书列入中国社会科学院国家哲学社会科学创新工程项目。

权威报告·连续出版·独家资源

皮书数据库
ANNUAL REPORT(YEARBOOK)
DATABASE

分析解读当下中国发展变迁的高端智库平台

所获荣誉

● 2020年，入选全国新闻出版深度融合发展创新案例
● 2019年，入选国家新闻出版署数字出版精品遴选推荐计划
● 2016年，入选"十三五"国家重点电子出版物出版规划骨干工程
● 2013年，荣获"中国出版政府奖·网络出版物奖"提名奖
● 连续多年荣获中国数字出版博览会"数字出版·优秀品牌"奖

皮书数据库

"社科数托邦"
微信公众号

成为用户

　　登录网址www.pishu.com.cn访问皮书数据库网站或下载皮书数据库APP，通过手机号码验证或邮箱验证即可成为皮书数据库用户。

用户福利

● 已注册用户购书后可免费获赠100元皮书数据库充值卡。刮开充值卡涂层获取充值密码，登录并进入"会员中心"—"在线充值"—"充值卡充值"，充值成功即可购买和查看数据库内容。
● 用户福利最终解释权归社会科学文献出版社所有。

数据库服务热线：400-008-6695
数据库服务QQ：2475522410
数据库服务邮箱：database@ssap.cn
图书销售热线：010-59367070/7028
图书服务QQ：1265056568
图书服务邮箱：duzhe@ssap.cn

社会科学文献出版社 皮书系列
SOCIAL SCIENCES ACADEMIC PRESS (CHINA)

卡号：872735396731
密码：

S 基本子库
UB DATABASE

中国社会发展数据库（下设 12 个专题子库）

紧扣人口、政治、外交、法律、教育、医疗卫生、资源环境等 12 个社会发展领域的前沿和热点，全面整合专业著作、智库报告、学术资讯、调研数据等类型资源，帮助用户追踪中国社会发展动态、研究社会发展战略与政策、了解社会热点问题、分析社会发展趋势。

中国经济发展数据库（下设 12 专题子库）

内容涵盖宏观经济、产业经济、工业经济、农业经济、财政金融、房地产经济、城市经济、商业贸易等 12 个重点经济领域，为把握经济运行态势、洞察经济发展规律、研判经济发展趋势、进行经济调控决策提供参考和依据。

中国行业发展数据库（下设 17 个专题子库）

以中国国民经济行业分类为依据，覆盖金融业、旅游业、交通运输业、能源矿产业、制造业等 100 多个行业，跟踪分析国民经济相关行业市场运行状况和政策导向，汇集行业发展前沿资讯，为投资、从业及各种经济决策提供理论支撑和实践指导。

中国区域发展数据库（下设 4 个专题子库）

对中国特定区域内的经济、社会、文化等领域现状与发展情况进行深度分析和预测，涉及省级行政区、城市群、城市、农村等不同维度，研究层级至县及县以下行政区，为学者研究地方经济社会宏观态势、经验模式、发展案例提供支撑，为地方政府决策提供参考。

中国文化传媒数据库（下设 18 个专题子库）

内容覆盖文化产业、新闻传播、电影娱乐、文学艺术、群众文化、图书情报等 18 个重点研究领域，聚焦文化传媒领域发展前沿、热点话题、行业实践，服务用户的教学科研、文化投资、企业规划等需要。

世界经济与国际关系数据库（下设 6 个专题子库）

整合世界经济、国际政治、世界文化与科技、全球性问题、国际组织与国际法、区域研究 6 大领域研究成果，对世界经济形势、国际形势进行连续性深度分析，对年度热点问题进行专题解读，为研判全球发展趋势提供事实和数据支持。

法律声明

"皮书系列"（含蓝皮书、绿皮书、黄皮书）之品牌由社会科学文献出版社最早使用并持续至今，现已被中国图书行业所熟知。"皮书系列"的相关商标已在国家商标管理部门商标局注册，包括但不限于 LOGO（ ）、皮书、Pishu、经济蓝皮书、社会蓝皮书等。"皮书系列"图书的注册商标专用权及封面设计、版式设计的著作权均为社会科学文献出版社所有。未经社会科学文献出版社书面授权许可，任何使用与"皮书系列"图书注册商标、封面设计、版式设计相同或者近似的文字、图形或其组合的行为均系侵权行为。

经作者授权，本书的专有出版权及信息网络传播权等为社会科学文献出版社享有。未经社会科学文献出版社书面授权许可，任何就本书内容的复制、发行或以数字形式进行网络传播的行为均系侵权行为。

社会科学文献出版社将通过法律途径追究上述侵权行为的法律责任，维护自身合法权益。

欢迎社会各界人士对侵犯社会科学文献出版社上述权利的侵权行为进行举报。电话：010-59367121，电子邮箱：fawubu@ssap.cn。

社会科学文献出版社